오에 겐자부로, 작가 자신을 말하다

OE KENZABURO SAKKA JISHIN O KATARU
OE Kenzaburo
Interview & composition by OZAKI Mariko

Copyright ⓒ 2007 OE Kenzaburo / OZAKI Mariko
Korean Translation Copyright ⓒ 2012 by Moonji Publishing Co., Ltd.
All Rights Reserved.

Originally published in Japan by SHINCHOSA Publishing Co., Ltd. Tokyo.
This Korean edition was published by arrangement with OE Kenzaburo /
OZAKI Mariko, Japan through THE SAKAI AGENCY and ERIC YANG AGENCY.

이 책의 한국어판 저작권은 에릭양에이전시를 통해 저작권자와 독점 계약한
㈜문학과지성사에 있습니다.
저작권법에 의해 보호 받는 저작물이므로 무단 전재 및 복제를 금합니다.

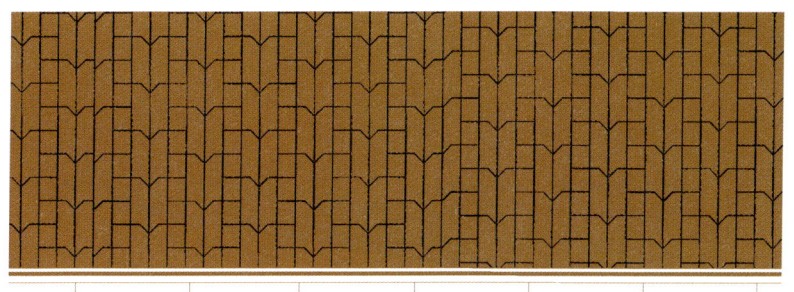

오에 겐자부로, 작가 자신을 말하다

오에 겐자부로 지음
오자키 마리코 진행·정리
윤상인·박이진 옮김

문학과지성사
2012

오에 겐자부로(大江健三郎)
1935년 1월 31일 일본 시코쿠 에히메 현에서 태어나 도쿄 대학에서 프랑스 문학을 공부했다. 전후 불안한 일본의 정치·사회에 대한 비판적 내용을 담은 소설로 주목받았으며, 장애를 가진 큰아들과 함께 살아가는 개인적 체험을 바탕으로 많은 작품 속에서 인간 구원과 인권 문제를 다루었다. 국가주의·천황제·핵무기 보유·자위대의 이라크 파병을 비판하고, 일본 평화헌법 9조 개정에 반대했으며, 솔제니친과 김지하 석방 운동에 적극 참여함으로써 실천하는 지식인의 모습을 보여주었다.
아쿠타가와 상, 신초샤 문학상, 다니자키 준이치로 상, 노마 문예상 등 수많은 상을 받았으며 1994년에는 노벨문학상을 받았다. 그러나 같은 해 일본 정부가 수여하는 문화훈장과 문화공로자상은 거부했다. 칠십대 후반까지도 작품을 발표하고 꾸준히 사회 참여 운동을 하다가, 2023년 3월 향년 88세로 타계했다.

옮긴이
윤상인
서강대학교 국어국문학과를 졸업하고 일본 도쿄 대학에서 비교문학 전공으로 석사 및 박사 학위를 받았다. 현재 한양대학교 일본언어문화학과 교수로 재직하고 있다.

박이진
성균관대학교 한문학과를 졸업하고 한양대학교에서 일본문학으로 석사 학위를, 일본 오사카대학교에서 문화표현론 전공으로 박사 학위를 받았다. 현재 성균관대학교 강사로 재직 중이다.

오에 겐자부로, 작가 자신을 말하다

초판 1쇄 발행	2012년 3월 23일
초판 4쇄 발행	2024년 10월 4일
지은이	오에 겐자부로
진행 및 정리	오자키 마리코
옮긴이	윤상인·박이진
펴낸이	이광호
펴낸곳	㈜문학과지성사
주소	04034 서울 마포구 잔다리로7길 18
전화	02)338-7224
팩스	02)323-4180(편집) / 02)338-7221(영업)
등록번호	제1993-000098호
전자우편	moonji@moonji.com
홈페이지	www.moonji.com
ISBN	978-89-320-2282-6

자택 2층 안쪽에 있는 서재에서 집필 중인 오에 겐자부로. 눈앞에는 와타나베 가즈오(渡辺一夫)의 필적과 수채화가 놓여 있다.

위 서재에 있는 에드워드 사이드 Edward W. Said의 편지와 초상.
아래 와타나베 가즈오가 직접 만든 '오에 성(城)'(본문 54쪽 참조).

나카하라 주야(中原中也) 탄생 100주년 기념식을 위해 만든 자신의 최신작을 연주하는 아들 히카리와 가락을 흥얼거리는 오에 겐자부로. 이를 지켜보는 부인 유카리. 도쿄 세이조 자택에서.

오른쪽 하라 히로시(原廣司)가 설계한 오세 중학교의 음악당에서.

아래 에히메(愛媛)현 우치코초(内子町). 중앙에 오다가와(小田川)가 흐르고, 오른쪽으로 오세 중학교, 왼쪽으로 오에 겐자부로의 생가가 있는 마을이 펼쳐져 있다.

사진 제공: SHINCHOSHA Publishing Co., Ltd.

| 차례 |

제1장 시 (詩)
    첫 소설 작품
    졸업논문

    작가 생활 50년을 앞두고 15
    어린 시절에 발견한 언어의 세계 17
    이타미 주조와의 만남 34
    소설가를 지망하다 45
    와타나베 가즈오 선생과의 교분 50

제2장 「기묘한 작업」
    초기단편
    『절규』
    『히로시마 노트』
    『개인적 체험』

    아쿠타가와상 수상 무렵 63
    소설은 이렇게 씌어진다 76
    '전후파'에 대한 경외와 위화감 82
    '안보비판을 위한 모임'과 '젊은 일본의 모임' 88
    「세븐틴」을 읽은 미시마 유키오로부터의 편지 100
    1963년 장남 히카리 탄생 111
    『개인적 체험』 간행 당시의 평가 120

제3장 『만엔 원년의 풋볼』
『손수 우리의 눈물을 닦아주시던 날』
『홍수는 나의 영혼에 이르러』
『동시대 게임』
『M/T와 숲의 이상한 이야기』

> 고향의 중학교에서　129
> 1960년 안보투쟁　138
> 『동시대 게임』을 지금 다시 읽다　156
> 멕시코 체류기간의 자극　168
> 『홍수는 나의 영혼에 이르러』를 문단은 어떻게 받아들였나　174
> 『M/T와 숲의 이상한 이야기』의 리얼리티　190

제4장 『'레인트리'를 듣는 여인들』
『인생의 친척』
『조용한 생활』
『치료탑』
『새로운 사람이여 눈을 떠라』

> 여성이 주역이 된 1980년대　199
> 『새로운 사람이여 눈을 떠라』와 윌리엄 블레이크　223
> 『조용한 생활』의 가정상　235
> 아버지라는 존재　247

제5장 『그리운 시절로 띄우는 편지』
『타오르는 푸른 나무』
『공중제비돌기』

> 1987년, 분수령이 된 해 255
> 시의 인용과 번역을 둘러싼 고찰 267
> 기원과 문학 287
> 주제가 사건을 예지하다 301

제6장 '수상한 2인조' 3부작
『2백 년의 아이들』

> 노벨문학상 수상의 밤 319
> 조코 고기토라는 화자 328
> 『2백 년의 아이들』의 판타지 340
> 어디부터가 픽션인가 347
> 성스러움과 고요함 358
> 자폭테러에 대해서 365
> 젊은 소설가들에게 376

오에 겐자부로, 106개의 질문 앞에 서다 387

인터뷰 후기 423
옮긴이의 말 | 노작가의 육성으로 쓰는 자서전 429
오에 겐자부로 연보 436

일러두기

1. 이 책은 『大江健三郎作家自身を語る』(新潮社, 2007)를 우리말로 옮긴 것이다.
2. 본문 중 〔 〕에 넣은 설명과 본문 하단에 실린 각주는 독자들의 이해를 돕기 위해 옮긴이가 추가한 것이다.
3. 본문 중에 나오는「 」표시는 시나 단편소설·논문·노래 및 영화 제목을, 『 』는 장편소설을 비롯해 신문·잡지명을 나타낸다.
4. 원문의 강조는 중고딕으로 표기했다.
5. 본문 중에 인용된 오에 겐자부로 소설은 국내에 소개된 번역서를 참고하여 옮긴이가 다시 번역했다.
6. 맞춤법과 외래어 표기는 1989년 3월 1일부터 시행된「한글 맞춤법 규정」과 『문교부 편수자료』 『표준국어대사전』(국립국어연구원)을 따랐다.

제1장

시(詩)

첫 소설 작품

졸업논문

작가 생활 50년을 앞두고

나는 지금 일흔한 살입니다. 작년(2005) 초에 일흔이 되면서 현시점이 내 인생의 전환점이 아닐까 생각했습니다. 그래서 일흔이라는 나이를 인생의 마지막 무대가 시작되는 분기점으로 삼기로 마음먹었습니다.

실제로 매일같이 그런 다짐을 떠올리며 산 것은 아닙니다. 그런데도 1년이 지나 보니, 역시 일흔에서 일흔한 살이 된 지난 1년 사이에 육체적으로나 심리적으로 변화가 있더군요. 단적으로 노년의 인간이 되었구나 하는 것을 절실히 느꼈습니다. 이런 연유로 이번 인터뷰가 내가 살아온 칠십 평생, 게다가 스물두 살의 나이로 소설을 쓰기 시작했으니까 50년에 가까운 문학 생활에 대해서도 되돌아볼 수 있는 좋은 기회가 되리라 생각합니다.

앞으로 진행되는 인터뷰에 큰 기대를 걸고 있습니다. 오에 선생님은 지금까지 발언하시는 일에 무척 신중하셨지요. 강연을 하실 때는 모든 내용을 원고용지에 써서 몇 번이고 퇴고하시고, 대담이나 좌담회 때도 그 내용이 활자화될 경우에는 그것을 세심하게 읽고 고치셨습니다. 그만큼 말하기에 있어서도 글쓰기와는 다른 의미에서의 엄격함을 지켜오셨기에, 저도 즉흥적인 질문은 하지 않겠습니다. 오에 선생님의 연보와 작품을 충분히 숙지하고 질문의 내용을 준비했지만, 되도록 의외의 전개도 기대하면서 이야기를 듣고자 합니다. 비디오 카메라로도 함께 찍는데, 이것도 하나의 장치로서 효과를 발휘하면 좋겠습니다.

나로서도 미처 생각지 못한 발견이 있을 듯합니다. 소설이나 에세이는 일단 쓴 것을 계속 고쳐가며 내용이나 문체를 확정지어가는 것이 나의 '소설가로서의 습관'입니다. 그런데 이번 기회를 통해서 이제 소설가로밖에 존재할 수 없는 나에게 자유롭게 말을 시켜보고 싶은 마음이 생깁니다. 나의 약점은 물론이고 아무리 나이가 들어도 미숙한 채 남아 있는 부분도 드러나겠지요. 영상으로 기록한다는 것은 결국 고쳐 쓸 수 없다는 이야기니까, 의식의 밑바닥에 숨어 있던 '나'가 등장하지는 않을까 싶기도 하네요. 그래도 일흔을 넘기기도 했고, 인터뷰를 하는 훈련도 충분히 해왔으니 내 의견을 어느 정도 정리해서 말할 수 있는 시점에는 이르렀다고 봅니다. 내 인생에 대한, 일단은 확정적인 결론을 이끌어내는 이야기도 나올 수 있지 않을까, 스스로도 기대하고 있습니다.

어린 시절에 발견한 언어의 세계

대학에서 불문과로 진학하고 얼마 지나지 않아, 프랑스어에서는 말하기 언어와 이야기 언어, 그리고 문장 언어가 각기 다르다는 것을 배웠습니다. 내가 태어났을 무렵인 1930년대 중반부터 활약하기 시작한 루이페르디낭 셀린Louis-Ferdinand Céline이라는 작가가 있는데, 그가 이야기 언어에 가까운 문체를 프랑스문학에 도입했다고 하더군요. 잘 알고 있다시피 점 세 개를 찍는, 일본 활자로는 '……'이 됩니다만, 문장을 끊지 않고 계속 이어가는 형태로 진행하는 그런 이야기에 가까운 문체를 쓰기 시작한 게 그 사람이라고 합니다.

그때 이런 생각을 했습니다. 일본어에서는 말하기 언어와 글쓰기 언어가 그렇게까지 확연하게 구분되어 있지는 않다고. 우리나라에서는 메이지시대에 만들어진 언문일치체가, 다시 말해서 글쓰기 언어와 말하기 언어를 하나로 만든 문체가 현대문학에까지 이어지고 있는 것이지요. 그리고 내가 태어나 자란 시코쿠 산맥의 한가운데에 자리한 작은 마을——에히메(愛媛) 현 기타(喜多) 군 오세무라(大瀨村: 현재는 우치코초 오세內子町大瀨)——에는 두 종류의 언어가 있다고 어린 시절에 생각했습니다. 하나는 일상적으로 사용하는 언어인데, 이러한 언어는 권력이 없는 약자의 언어로 정해져 있다고 느꼈습니다. 지위가 높은 사람이 말을 걸고, 그 말에 대답하는 마을 어른들의 언어가 정말이지 비굴하게 들렸습니다. 자기의 논리를 전달한다는 느낌이 없어서 그러한 언어를 쓰는 사람은 진보할 수 없지 않을까, 하고 어린 생각에도 그렇게 느낀 적이 있지요.

전쟁 중이었습니다. 우리 집은 지폐의 원료가 되는 삼지닥나무의 섬유를 정제해서 내각인쇄국〔현 국립인쇄국〕에 납품하는 것을 가업으로 삼고 있었습니다. 삼지닥나무의 껍질을 벗겨내고 새하얀 내피 부분만을 가려내어 내각인쇄국으로 보냈는데, 그러기 위해서 작업한 것을 일정한 무게와 일정한 크기로 포장합니다. 이때 포장하는 기계를 아버지가 직접 고안해 만들어서 사용했어요. 그 작업 과정을 에히메 현 '후방(銃後)' 민간산업의 한 사례로 보여주게 되었지요. 현의 지사가 시찰을 나왔습니다. 지사의 부하가 아버지에게 기계로 포장하는 과정을 시연해보라고 했어요. 그 기계는 두 사람이 양쪽에서 힘의 균형을 맞추면서 움직여야 하는데, 집에서 일하고 있던 사람들이 전장에 소집되어서 아버지 혼자뿐이었지요. 그래서 아버지는 "할 수 없습니다"라고 말했지요. 함께 온 경찰서장이 "너 한번 해봐!"였던가 "해서 보여드려!"였던가, 이런 식으로 명령을 하자 아버지가 발끈하시는 것이 느껴졌습니다. 하지만 아버지는 일어서서 기계 양쪽을 왔다 갔다 하면서 힘겹게 작업을 시작하셨지요…… 일상적인 구어에는 이렇게 권력을 가진 사람이 강요하는 말, 약자에게는 저항할 수 없는 말이 있구나, 우리 아버지는 저항할 수 없는 쪽에 속하는구나 하는 생각이 절절하게 들었습니다.

약자 측의 어투에 대해 말하자면, 제 어머니에게 "이건 어때요?"라고 물으면 "좋은데(いいことですが!)"라고 말을 끝내십니다. '좋은데'라는 말에는 두 가지 의미가 있지요. '그거 좋네'라는 맥락에서 종결어미 '가(が)'는 그것을 강조하는 경우가 있고, '좋은데 문제도 있지 않을까'라는 식의 유보나 부정을 포함하고 있는 경우도 있어서 어머니의 판단은 잘 알 수가 없는 셈이지요. 우리 마을의 언어습관은 이런 식이었습니다. 나는 그래서는 안 된다고 생각했습니다.

오에 선생님이 들은 '이야기'는 별채에서 할머니와 어머니가 노래하듯이, 그러면서도 어딘가 무뚝뚝한 어조로 들려주

셨다는 '오코후쿠'의 옛날이야기가 처음이었다지요. 『'나'라는 소설가 만들기(私という小說家の作り方)』에서 읽었습니다.

그렇습니다. 그리고 그 '이야기'의 말투가 특히나 인상적이었던 이유는 평소에는 애매모호한 구어를 쓰시던 어머니나 할머니의 말투가 그때만큼은 전혀 달랐기 때문이었습니다. 마을에 전승되어온 이야기를 들려주셨지요. 마을의 작은 역사와도 같은 이야기입니다. 그럴 땐 이야기하는 말투가 저의 흥미를 유발하려는 의도에서인지 아주 명쾌합니다. 그냥 사실이나 정보를 전달하는 게 아니라 잘 짜여 있다는 생각이 들었지요. 이렇게 이야기를 전달하는 구어와 일상회화에서의 구어가 있어요. 그리고 중요한 것은 몇 번이고 몇 번이고 이야기한 것을 말투에 신경 쓰면서 전달한다는 것, 즉 이야기를 하는 방법이 아닐까 생각했습니다. 그래서 어머니나 할머니가 이야기하는 말투 그대로를 기억해두자고 마음먹었지요. 공책에 적기도 했습니다.

흘려들을 수 없어서 기록해두어야 할 이야기가 세상에는 있다는 것. 그것을 자각하신 게 역시나 꽤나 이른 시기였네요. '오코후쿠'의 이야기가 엄청 재미있어서 이야기를 들을 때마다 가슴이 두근거리고 또 그 이야기를 토막토막 들어서 오히려 상상의 나래를 펼칠 수 있었다는 말씀이시지요?

그렇지요. 아주 단편적이었습니다. 할머니의 이야기는 오페라로 비유하자면 클라이맥스에 해당하는 가장 **극적인 부분**이니까요. 이야기되는 것은 재미있는 장면뿐이지만 계속해서 듣다 보면 중심이 되는 사건이 있어요. 이야기의 중심축이 있다는 말이지요. 그것은 에도시대 후반에 우리 지방에서 일어났던 두 번의 농민봉기로, '우치노코의 난(1750)'과 '오코후쿠의 난(1866)'입니다. 특히나 처음에 일어났던 봉기가 모든 이야기의 배경을 이루고 있지요. 할머니는 여러 재미있는 에피소드들을 하나의 거대한 오코후쿠의 이야기로 만든 겁니다.

오코후쿠는 농민봉기의 지도자인데, 앞서도 잠시 언급했지만, 우리 마을에 권력을 행사하던 온갖 인간들을 상대로 모든 것을 뒤집어엎을 계획을 세웠어요. 마을의 약자에 속하는 사람들을 다독여 기반을 만들고 강 하류에 있던 마을 사람들도 아군으로 만들어 더 큰 힘을 모을 수 있었다는 이야기. 지도자였던 오코후쿠는 어이없는 실패를 하기도 하지만 매력이 있는 인물이어서 나는 그런 오코후쿠에 대한 생각에 빠져 소년기를 보냈습니다.

'오코후쿠'는 그 후 작품 『동시대 게임(同時代ゲーム)』이나 『M/T와 숲의 이상한 이야기(M/Tと森のフシギの物語)』에서처럼

다양한 모습으로 되살아나는 인물이지요. 오에 선생님 집안에서는 이야기 들려주기, 귀로 듣고 말로 전달하기가 생활의 일부로서 이루어지고 있었다는 말씀이시네요. 그럼 지방의 유지셨다던 집안의 뿌리에 대해서는 어떤 이야기를 들으셨나요?

할머니에게 들은 바로는 증조할아버지가 강 하류의 오즈한에서 학문을 가르치셨다는 정도입니다. 한학자의 후예로서 그중에서도 이토 진사이(伊藤仁齋)의 계보였답니다. 아버지도 『논어고의(論語古義)』나 『맹자고의(孟子古義)』같은 책을 소중히 간직하셨으니까요. 나는 그 '고의'라는 단어가 왜 그런지 마음에 들었습니다. 그래서 '수상한 2인조Pseudo-couple' 3부작에 나오는 고기이(コギ-)나 고기토(古義人)라는 이름처럼, 작가인 나와 오버랩 되는 인물의 이름을 구상할 때 그 **어감**을 살려보았습니다.

한편, 오에 소년은 언젠가 감나무 가지에 맺혀 빛나는 물방울을 보고 "내 자신의 삶의 방식이 완전히 변해버릴 정도로 영향을 받았다", 다시 말해서 "분명히 나는 가늘게 흔들리는 감나무 잎을 실마리로 해서 골짜기를 둘러싼 숲 전체를 발견했다. 그것은 언제나 잘 보지 않으면 아무것도 아닌 것,

죽은 것이었다. 그런 이상, 이제 나는 수목을, 풀을 주시하지 않고서는 견딜 수가 없었다. 덕분에 국민학교 교장으로부터 멍하니 주위에 정신을 판다고 낙인찍혀 언제나 두들겨 맞는 소년이 되었다. 그래도 나는 내 생활의 새로운 습관을 바꿀 생각이 전혀 없었고——이미 전쟁이 끝나고 나서의 일이지만——, 빗**방울**을 응시하며 보낸 어느 무렵 이후에 나는 생애 처음으로 '시'를 쓰게 되었다"(『'나'라는 소설가 만들기』). 그 '시'가 지금은 유명해진 이 4행입니다.

빗**방울**에

풍경이 비치고 있다

방울 속에

다른 세계가 있다

세심하게 세상을 주시하는 눈을 가진 인간 '오에 겐자부로'가 이미 열 살 즈음부터 존재했다고 할 수 있겠지요.

그렇습니다. 선생님께 야단맞은 일을 계기로 '세심히 보지 않으면 아무것도 보지 않는 것과 같다'는 것을 깨닫게 되었지요. 스스로 터득한 내 소년 시절의 지혜였습니다. 아울러 보거나 생각하는 것은 언어로 하는 행위라는 의식도 일찍이 갖게 되었습니다. '시'를 쓰게 된 동기에 대해서는 선명하게 기억을 하고 있는데, 지금 인용하신 그대로입니다. 국민학교 4학년 때, 나에게는 아주 중요한 일련의 변화가 일어났던 것 같아요.

그런 변화 중의 하나는 '사고한다'는 것은 무엇일까, 스스로 발견한 겁니다. 전자계산기의 버튼을 누르면 3차 방정식이든 무엇이든 단숨에 해답이 나오듯이, 인간도 생각을 하면 한순간에 답이 나온다, 그것이 바로 사고하는 걸 의미한다고 생각했어요. 그런 식으로 해답을 있는 자리에서 바로 도출해내는 사람을 존경했습니다. 사고한다는 것은 마치 하늘이 내려주듯이 순식간에 답을 내는 것인데, 나는 뜸을 들여 생각하지 않으면 결론이 나지 않는 무익한 인간인 것 같았기 때문이지요. 그러다가 언어로 하나하나 쌓아 올리고 견고하게 만들어가는 것이야말로 진정으로 사고하는 걸 의미한다는 데에 생각이 미쳤습니다. 왠지 꿈이 깨진 듯한 느낌도 들더군요.

그 무렵에 내 자신은 사물을 세심히 보지 않는 인간임을 알았지요. 우리는 한 시간 정도 걸어서 바다 바로 근처에 있는 마을로 소풍을 갔었는데, 그날 숙제가 바다를 소재로 작문을 해 오라는 것이었습니다. 나는 '나는 산속에 살아서 다행이라고 생각한다. 바닷가에 집이 있었더라면 눈앞에서 늘 파도가 치고, 파도 소리가 들려온다. 그래서는 조용히 살 수 없기 때문이다'(웃음)라고 써 갔어요. 그러자 선생님이 "너는 바닷가에 사는 사람들에게 실례되는 말을 썼다"고 지적했습니다. "나는 처음으로 이 마을에 와서 사는데, 산속 마을이야말로 부스럭부스럭, 왁자지껄 시끄럽다"고 하시더군요.

그게 불만스러워서 집에 돌아와 계속 생각했습니다. 저녁밥도 거를 정도로 화가 났어요. 아침에 일어나니 배가 고프더군요. 그래서 집 뒤쪽으로 '세다와'라는 돌을 깔아 만들어놓은 샛길을 내려가 감나무 가지에 달려 있는 농익은 감을 따 먹었어요. 먹으면서 강 저편에 보이는 산을 바라보았습니다. 바람의 기척은 별로 없어 보이는데 나뭇가지가 흔들리고 가지 끝이 떨리는 걸 느꼈어요. 조용한 산이라고만 생각했는데 이런 움직임들이 있었구나 싶더라고요. 그리고 눈앞의 감나무 잎과 작은 가지가 이슬에 젖어 있는 게 보였어요. 그 이슬방울에 비친 제 모습도 있고요. 그것을 보고 지금껏 나는 제대로 보고 또 듣고 있지 않았구나, 그렇기에 산속은 조용하다고만 생각했구나, 깨달은 겁니다.

그래서 이제부터는 세심하게 사물을 보고 소리를 듣자고 다짐했어요. 그 후로 "오에하고 같이 길을 가다 보면 자꾸 멈춰 서서 물끄러미 무엇인가를 쳐다보거나 어떤 소리에 신경을 쓰거나 해. 별난 녀석이야"라고 모두가 말할 정도로 사물을 관찰하는 데에 집중하기 시작했습니다.

어머님께서 마크 트웨인의 『허클베리 핀의 모험』이나 『닐스의 이상한 여행』을 사 주신 것도 그때쯤이었나요?

책은 받은 건 좀더 전입니다만, 그 책들을 꼼꼼히 읽게 되었어요. 단편적으로 '보고 들은' 것들을 관련성을 두고 연결하는 것, '이야기하기'란 그런 작업이다. 바로 이런 점을 새삼 이해하는 데에 그 책들은 많은 도움이 되었습니다.

국민학교 4학년쯤이라면 1944년으로, 태평양전쟁 막바지였지요. 그해에는 할머님이 작고하시고 아버님도 돌연사 하셨습니다. 마을에는 큰 홍수가 나기도 했고요. 현실 사회에 급속히 눈을 뜨게 된 시기가 아니었나 싶은데요.

말씀 그대로입니다. 아버지와 할머니가 돌아가신 게 1944년입니다. 저는 1935년생이니까 아홉 살 때지요.

할머니는 이미 연로하셔서 병환이 잦으셨습니다. 평소에도 예측하기 힘든 행동을 하시곤 했는데 어느 날은 죽은 척을 하시는 바람에 놀라거나 실소하곤 했습니다. 그러다 돌아가셨기에 충격이 그렇게 크지는 않았어요.

하지만 아버지는…… 입동 전날에 아이들이 짚으로 엮은 막대기를 들고 땅을 두드리며 돌아다니는데, 아이들에게 용돈이라도 주기 위해 아버지는 가게 앞 공터에서 늦은 시각까지 술을 드시고 계셨습니다. 저는 그 옆에 앉아 있었어요. 평소에는 제 말에 그렇게 관심을 보이지 않던 분이셨는데, 그날 밤따라 이런저런 말을 시키시더라고요. 어머니께서 제 이야기가 꽤나 재미있다고 하셨던 모양입니다. 바로 그날 밤 늦은 시각에 돌아가셨습니다. 심장마비였던 것 같아요. 아침 일찍 어머니가 일어나셔서 어린 저희들에게 '아버지가 돌아가셨으니 서쪽을 향해 침을 뱉지 마라. 사내아이들은 서서 소변을 보지도 마라' 하시더군요. 그 후 장례식을 거들기 위해 이웃들이 찾아오고, 그 사람들에게 아버지가 입던 양복 같은 걸 나눠주었어요. 유품으로 받은 옷을 입은 사람들이 장례 준비를 하는 걸 보고 나는 아, 이런 식으로 '세상'은 변해가는구나, 싶더군요.

나라는 아이는 마을 아이들 사이에서 별로 존재감이 없는 편이었는데 아버지가 돌아가신 그날만큼은 어떤 특별한 신분이 주어졌어요. 마침 그때 죽마가 유행하고 있었는데, 나이가 좀더 많은 아이가 만든 죽마에 우선적으로 태워주기도 했습니다. 집 2층 창이 들여다보일 정도로 높은 죽마였어요. 그 위에 올라타서 주위를 바라보니 마을 전체가 완전히 다르게 새롭게 보였던 기억이 있습니다.

폭풍우가 잦은 해에는, 특히 가을 태풍이 오는 계절에는 거의 매주 폭우가 내리고 세차게 바람이 불었어요. 집 뒤쪽으로 흐르고 있던 오다가와가 금방이라도 범람할 태세였지요. 당시에는 비가 왔다 하면 바로 정전이었으니까요. 새까만 어둠 속에서 어머니를 가운데 두고 어린 저희는 모여 앉았습니다. 희미한 촛불을 하나 켜놓고요. 밖에서는 바람이 부는데 숲 전체가 바람에 울리는 듯했어요. 강물이 무서운 기세로 흘러가는 소리가 들려왔고요. 1944년 당시에 나라가 하고 있던 전쟁이 불리한 사태에 빠져 있던 것은 어린아이들도 들어서 알고 있었습니다. 그때 어머니가 방에서 혼자 장부를 적으시면서 "어찌해야 할꼬?" 하고 한탄하시는 걸 종종 보았어요. 그러면 저는 속으로 "무슨 방법이 있겠어요!"라고 대꾸했지요. 아버지가 돌아가시고 앞으로 우리의 생활은 어떻게 될지 모른다, 나라가 어떻게 돌아갈지도 모른다. 그렇게 불안하고 두려운, 우리의 저항 같은 건 전혀 소용없을 듯한 폭력적인 '현실'. 그런 걸 알게 된 게 1944년과 1945년이었습니다.

> 형제분들은 어떠셨습니까? 어머님은 소년이었던 선생님을 어떻게 격려해주시던가요?

저희는 7남매로 제일 위에 누나가 있습니다. 누님은 골동품상이었던 숙부가 당시 만주 신경이라는 중국 동북부의 큰 도시에서 장사를 하셨기 때문에 숙부의 일을 거들러 가 있었습니다. 첫째 형님은 해군비행 예과연습생〔예과련. 구 일본 해군의 비행하사관 학교〕으로 열여섯, 열일곱의 나이로 해군 항공대에 들어가 훈련을 받고 있었고요. 둘째 형은 마쓰야마 상업학교에 다니고 있어서 집에는 없었어요. 한두 살 많은 누나하고 나, 그리고 여동생과 남동생이 다였습니다. 의지가 되는 사내라고는 집에 나밖에 없던 셈이지요. 그런 상태였습니다.

어머니가 의지할 만한 사람은 아무도 없었을 겁니다. 식량난을 겪을 때이기도 해서 집 뒤로 강을 끼고 밭을 일구어 야채를 기르기도 했는데, 어머니는 어두운 얼굴로 일을 계속하셨습니다.

> 무척이나 힘든 시기였겠습니다. 1935년생 작가들의 대부분이 자신이 열 살 정도의 나이였을 때 겪었던 패전의 기억에 대해 글을 쓰시던데, 역시나 강렬한 시대의 자극이라는 게 있었기 때문일까요?

취학연령으로 따져서 같은 학년으로는 극작가인 이노우에 히사시*

---

* 井上ひさし(1934~2010). 소설가, 극작가. 야마가타 현 출신. 5세에 아버지와 사별하고 가톨릭계 아동 보호 시설에 맡겨졌다. 학창 시절부터 아사쿠사 프랑스 극장 등에서 대본을 쓰기 시작하고, 1960년에 소피아 대학을 졸업하면서 방송 작가나 드라마 작가

가 있습니다. 그의 아버지는 고등교육을 받은 분이셨는데, 아버지가 돌아가시자 어머니 손에 자랐습니다. 여러 가지 생활의 변동을 겪었다는 점에서 그는 도시, 나는 산촌에서 생활했지만 비슷한 소년기를 보낸 것 같아 친근한 생각이 듭니다. 두말할 나위 없는 지식인이지만 대학교수가 되거나 회사나 관공서에 취직하지도 않고, 청년기에 풍파를 겪을 대로 겪으면서 극작가가 될 수 있었던 게 이노우에 씨지요. 그리고 나보다 두 살 아래인 후루이 요시키치*는 어린 시절에 요코하마인가에서 대공습을 경험했는데, 독일문학 전문가로 대학교수직을 버리고 작가의 길을 걸었습니다.

전쟁이 일어나고 패전으로 끝났지요. 진주군, 점령군이 들어오고 새로운 국가 체제가 시작되었고요. 극심한 변동기 속에서 열 살부터 열네 살까지를 보냈습니다. 그래서 우리는 사회는 변하는 것

로 일하다 극작가로 전환했다. 언어유희와 개그를 이용하여 기성 체제와 권력을 풍자하는 희곡을 쓰기 시작해『진역 성서(珍譯聖書)』(1973) 등을 창작했다. 간세이 시기(寬政期, 1789~1894)의 극작가를 소재로 한 소설『동반자살(手鎖心中)』(1972)로 나오키(直木)상을 수상했으며, 소설『기리기리 인(吉里吉里人)』(1981), 『배반자(不忠臣藏)』(1985) 등을 남겼다.

* 古井由吉(1937~). 소설가, 독일문학자. 도쿄 출신. 도쿄 대학 독문과 졸업. 릿쿄 대학(立敎大學) 등에서 독일문학을 가르치는 한편,『둥글게 모여앉은 여자들(円陣を組む女たち)』(1970)과 같은 작품이 문단에서 인정받게 되면서 문필활동에 전념하게 되었다.『요코(杳子)』(1970)로 아쿠타가와상을 받고, 현대인의 불안을 내면적으로 조형하는 작품 등을 발표하며 '내향의 세대(內向の世代)'의 대표 작가로서 사소설적 리얼리즘에 입각한 창작 태도를 보였다. 대표작으로『성(聖)』(1976) 등이 있다.

이라는 걸 알았지요. 불안정한 것이라는 생각을 가졌습니다. 안정된 미래나 사회의 번영 같은 건 생각해본 적도 없었어요. 전쟁, 패전 전후의 커다란 변화가 우리 소설가나 극작가를 만든 셈입니다. '매사는 변한다'는 것을 어릴 때 알았고 그런 깨달음은 상상력을 키우는 데 있어서만큼은 유효했다고 봅니다.

팔레스타인 출신이지만 이집트에서 자라고 미국에서 대학 교육을 받은 에드워드 사이드*는 뉴욕에서 대학교수로 삶을 마쳤습니다. 그도 1935년생으로 2003년에 고인이 되었습니다만, 팔레스타인인으로서 사회적 발언을 하고 행동도 하면서 그야말로 파란만장한 인생을 보냈지요. 아주 좋은 집안의 자제로 선택받은 교육을 받은 사람이었는데, 그도 역시 같은 연대, 같은 세대의 감각을 갖고 있던 친구였습니다.

---

* Edward Wadie Said(1935~2003). 미국의 문학연구자이자 문학비평가. 팔레스타인계 미국인. 주요 저서 『오리엔탈리즘Orientalism』(1978)을 통해 오리엔탈리즘의 이론과 포스트콜로니얼 이론을 확립했다. 오에 겐자부로와의 관계는 익히 알려져 있던 바로, 2002년 『아사히신문』에 두 사람의 왕복서간이 연재되기도 했다. 일본의 사토 마코토(佐藤眞) 감독이 「에드워드 사이드 OUT·OF·PLACE」(2006)라는 다큐멘터리 영화를 만들어 팔레스타인에서 화해와 공생을 도모해온 지식인 사이드를 기념하기도 했는데, 오에는 이 영화시사회에서 기념 강연을 했다. 이때의 강연 제목이 「'만년의 양식'이라는 사상—사이드를 전체적으로 읽기('後期スタイル'という思想—サイードを全體的に讀む)」로, 사이드와의 첫 만남을 비롯해 사이드의 '고향상실exile의 사상' 등을 설명했으며, 특히 사이드의 유고작 『만년의 양식에 관하여On Late Style』를 읽고서 오에 자신의 '만년의 작업'을 새삼 시도해보게 되었다고 한다.

일본에서는 전후 학제 이행기에 중학교, 고등학교를 다닌 세대도 있었지요.

그렇지요. 여섯 살에 입학한 게 오세 국민학교였는데 독일 학제를 따르고 있었습니다. 더구나 전후 2년 정도까지 독일 학제가 지속된 탓에 나와 이노우에 히사시는 국민학교에 입학해서 국민학교를 졸업한, 유일한 학생 그룹에 속합니다. 신제 학기는 1945년에 전쟁이 끝나고 1946년에 신헌법이 공포되면서 이듬해인 1947년부터 시행되었어요. 동시에 교육기본법이 만들어져 신제 중학교가 생겼지요. 그 중학교가 우리 마을에 생기지 않았더라면 나는 진학을 하지 못했을 겁니다. 우리 마을에서 통학할 수 있는 지역 안에는 구제 중학교가 없었기 때문에 마쓰야마로 가서 하숙을 해야 하는 실정이었지요. 엘리트였던 아이들에게만 가능한 이야기였어요. 나는 아버지가 별세하신 탓에 완전히 포기하고 있었습니다. 그런데 마을에 신제 중학교가 생겨서 전원 진학할 수 있게 되었지요. 환희에 차서 중학교를 다녔습니다. 교육기본법이 아이들의 미래를 위한 교육의 근본을 말하는 것이라고 선생님은 가르쳐주셨습니다. 나는 공책에 베껴 쓰며 아이들을 위한 좋은 법률이라고 생각했지요. 그 법률이 목적으로 하고 있는 바는 국가이지 우리 같은 아이들은 아니었지만요(웃음).

선생님들도 새로운 민주주의 체제를 가르치려고 아주 열심이셨어요. '너희들, 자주적으로 행동해라' '민주적으로 하거라', 틈만 나면 말씀하셨지요. 나는 어린이농업조합의 조합장으로 뽑혀 작은 사업도 벌였어요. 직업과 담당 선생님과 둘이서 일을 했는데, 당시 돈으로 10만 엔을 농협에서 빌려 와서 병아리를 키울 커다란 **방**을 갖춘 닭장을 만들고 2백 마리 정도 키워 농가에 내다 팔았습니다.

그 후에 야구부가 생겨서 유격수를 했어요. 독서도 하면서 자유롭고 발랄하고 충실한 생활을 했지요. 그런 생활의 연장으로서 자연히 옆 마을에 있는 신제 고등학교에 진학하게 되었습니다.

> 1950년 4월에 고등학교에 입학하셨습니다. 아직 점령군하에 있었고 전후의 혼란스러움과 격한 분위기가 지방 구석구석에서도 소용돌이치고 있었으리라 짐작됩니다. 다음 해, 마을에 있던 현립 우치코 고등학교에서 마쓰야마히가시 고등학교 2학년으로 전학을 하시게 되는데, 어떤 이유가 있었습니까?

에히메 현 내의 학군구분제 때문에 그때까지 마쓰야마나 우와지마 또는 오즈에 나가 있던 근교의 학생들이 마을로 돌아와 같은 고등학교에 다니게 되었습니다. 상급생 중에는 해군비행하사관 학교에 다니던 학생도 있었는데 그런 학생들이 폭력적인 지배 네트워크를 만들었어요. 상급생이나 야구부원으로 이루어진 불량소년 그룹의 눈 밖에 나게 되면 정말이지 못된 짓을 당했습니다. 나는 태평스러운 구석이 있어서 그런지 신제 중학교에서처럼 생활했어요. 야구부가 위세를 부리고 있다는 내용의 작문을 아무렇지도 않게 쓰기도 했습니다. 그래서 나도 그들의 눈 밖에 나게 되었고 저항을 하기도 했었는데, 더는 이 학교에 있을 필요가 없다는 생각이 들더군요. 어머니한테 말씀드리니 그것도 괜찮을 것 같다고 하셨는데, 아무래도 지금 생각해 보니 어머니가 교장선생님께 가서 상의를 하신 게 아닌가 싶어요. 1학년 3학기에 담임선생님이 "자네는 마쓰야마로 전학가게 되었네"라고 하시더군요. 그 그룹은 마을의 불량배들하고도 연계되어 있는 듯했는데, 그들한테서 괴롭힘을 당하던 학생 하나를 구제해주려던 게 아닌가 싶습니다. 선생님이 하숙도 구해주시고, 어머니가 돈을 마련해서 마쓰야마로 옮겼던 겁니다.

● **이 타 미 주 조 와 의   만 남**

전학을 간 마쓰야마히가시 고등학교에서 이타미 주조* 씨, 그의 여동생인 유카리 씨와 후에 결혼하셨으니까 처남이기도 하시지요. 그런 평생의 친구와 만나시게 됩니다. 이타미 씨는 아주 도회적인 분위기에 잘생긴 소년이셨다지요?

그렇습니다. 내 인생에서 최고로 행복한 만남이었습니다. 이타미 주조는 원래 호적에 실려 있는 이름이 이케우치 요시히로(池内義弘)인데 집에서는 다케히코(岳彦)라고 불렀어요. 특히나 어머님은 유서 깊은 집안 출신이셨는데, 말하자면 아명이었지요.

그때까지 내가 갖고 있던 책은 구제 고등학교 이과에 다니던 선배한테서 받은 이과계열의 책이 대부분이었지만, 책은 열심히 읽는 학생이었어요. 받은 책 중에서 문학서에 흥미가 생기기도 했습니다. 어머니가 국민학교 때 주신 『허클베리 핀의 모험』의 원서를 보고 싶다는 생각에 전학하고 얼마 후에 마쓰야마 미국문화센터에 갔

---

* 伊丹十三(1933~1997). 영화감독, 배우, 에세이스트, 상업디자이너, 일러스트레이터, CF 감독, 다큐멘터리 작가. 교토 출신. 교토 제1중학교를 다니다 에히메 현 마쓰야마로 전학을 가면서 오에 겐자부로와 만나게 되었다. 대학 입학시험에 떨어져 도쿄로 상경, 신토호(新東寶) 편집부를 거쳐 상업디자이너로 활동했다. 배우 등의 일을 겸하다가 1984년 『장례식(お葬式)』으로 영화감독으로 데뷔하면서 일본아카데미상을 수상, 일본 내에서 높은 평을 받았다. 일본 사회에 대한 강한 문제의식을 바탕으로 오락성이 강한 영화를 만들기 시작해 일본을 대표하는 영화감독으로 부상하면서 '이타미 스타일의 영화'라는 하나의 브랜드를 쌓게 되었다. 1997년 불륜 의혹이 제기되자 결백을 증명하겠다며 자살했다. 작품으로 『단포포(タンポポ)』(1985), 『민보의 여인(ミンボーの女)』(1992), 『중환자(大病人)』(1993), 『마루타이의 여인(マルタイの女)』(1997) 등을 남겼다.

어요. 그곳에서 크고 멋진 원서를 찾았고 넓은 책상에 앉아 읽기 시작했지요. 학교 친구들에게도 "거기에 가면 공부가 잘 돼"라고 가르쳐주고 매일같이 다녔어요. 친구들은 수험공부를 했는데 나는 오로지 마크 트웨인만 읽고 있었습니다. 번역서를 몽땅 기억하고 있을 정도였기 때문에 영어 문장이 대충은 읽히더군요.

그런데 그곳으로 공부를 하러 갈 타입으로는 보이지 않는, 매우 자유분방한—우리는 교복을 입고 있었는데 그 소년만 남색 반코트를 입었고, 정말로 준수한 소년이 있어서 모두가 특별하게 보고 있었습니다. 아니, 소외시키고 있었을지도 몰라요. 내가 전학 간 지 얼마 안 되었을 때, 혼자 교실 청소를 하고 있는데 그 소년이 다가와서는 "네가 오에니?"라고 하기에 맞다고 했지요. 그랬더니 "네가 쓴 글 읽었어"라고 하더군요. 전에 다니던 고등학교 자치회지에 실었던 짧은 글을 읽었던 모양입니다. 그 소년은 문예부로 글을 쓰진 않지만 삽화를 잘 그린다고 하더군요. 그리고 글쓰기에 재능이 있어 보이는 사람을 찾아가 격려해서 글을 쓰게 한다고도 말했어요. 비범한 인물이었습니다. 그 소년이 "글 재미있게 읽었어"라고 해서 우리는 친구가 되었어요. 바로 그 소년이 이타미 주조입니다.

> 이타미 씨와 만난 시기와 같은 시기에 '평생의 은사'로 여기시는 와타나베 가즈오* 선생이 쓰신 유명한 책을 읽게 되시

지요. 이와나미신서 『프랑스 르네상스 단장(フランスルネサンス斷章)』이라는 책으로 현재 『프랑스 르네상스의 인물들(フランスルネサンスの人々)』이라는 제목으로 복간된 책이지요?

그렇습니다. 지금 갖고 있는 건 이와나미신서 초판본입니다. 제 책은 너덜너덜해져서 선생님의 부인께서 유품으로 주신 겁니다. 1950년 9월에 발행된 책으로, 이와나미신서가 생긴 이래 43번째로 출간한 책이지요. 나는 그 책이 발행된 다음 해에 마쓰야마로 전학을 갔습니다. 열여섯 살이었지요. 마쓰야마에는 오카이도라는 번화가 있습니다. 당시에는 수중에 돈이 없었기 때문에 매일같이 오카이도에 있는 책방에 가서 새로 나온 책을 봤습니다. 그리고 심사숙고 끝에 책 한 권을 사지요. 예를 들어 오오카 쇼헤이(大岡昇平)가 편집한 『나카하라 주야(中原中也) 시집』을 찾았고, 도미나가 다로(富永太郞)의 시집도 읽었어요. 둘 다 소겐샤에서 출간한 책입니다. 역시 같은

---

* 渡邊一夫(1901~1975). 불문학자, 도쿄 대학 교수. 도쿄 출신. 프랑수아 라블레 작품을 번역하고 소개했으며, 프랑스 르네상스 휴머니즘을 연구하는 등 많은 업적을 쌓았다. 특히 번역불가능이라 일컬어지던 『가르강튀아/팡타그뤼엘 Gargantua et Pantagruel』 (전5권)을 일본어로 완역하여 1964년 요미우리문학상(讀賣文學賞), 1971년 아사히상(朝日賞)을 수상했다. 대학교수로서는 오에 겐자부로를 비롯해 쓰지 구니오(辻邦生), 기요오카 다카유키(淸岡卓行), 시미즈 도오루(淸水徹) 등의 많은 문학자를 양성한 것으로 알려져 있다.

출판사의 책으로 『에드거 앨런 포 시집』도 읽었지요. 이타미와 친하게 되면서 문학에 급속도로 빠져들어갔습니다. 헌책방에 가서 미요시 다쓰지(三好達治)의 『측량선(測量船)』 초판본을, 그것도 보존이 잘 된 상태의 책을 저렴하게 사기도 했습니다. 그러던 중에 『프랑스 르네상스 단장』이라는 책과 조우하게 되었습니다. 와타나베 가즈오라는 이름도 전혀 몰랐던 때였어요. 프랑스 문학이나 사상에 특별히 흥미가 있던 것도 아닙니다. 그런데 어떻게 해서 그런 책과, 그야말로 내 생애에서 가장 훌륭하다고 생각하는 책과 만날 수 있었는지 지금 생각해도 그 행운이 믿어지지 않습니다.

예를 들어 유럽인들은 '관용과 불관용'에 대해 줄곧 고민해왔다, 16세기 프랑스에서는 그랬다고 와타나베 선생님은 쓰고 계십니다──이것을 읽은 때가 내가 도저히 참을 수 없었던 고등학교 1학년 시절인데, 너무나도 불관용적이고 짓궂고 잔혹한 일, 폭력적인 일, 그런 일들 때문에 괴로웠어요. 그래서 도무지 너그러운 마음이라고는 주변에서 찾아볼 수가 없었지요. 그런 경험을 한 직후였습니다.

이렇게 훌륭한 생각을 하는 사람들이 있구나, 그것을 이렇게 일본인에게 전해주는 사람이 있구나, 새로운 자극에 푹 빠져버리고 말았습니다. 좀더 이성적으로 말하자면 '자유검토의 정신'이라고 그 책에 자주 반복되어 나오는 말이 있는데, 이 말이 나에게 미래를 위한 길을 제시해주는 듯했어요. 마치 나를 위한 문장이라고 생각했지요. 신제 중학교의 교육 방침은 자유롭게 조사하고 사고하는 것이 중심이었으니까요. 구가나(舊仮名)로 씌어 있는 책 원문을 당시 노트에 베껴 쓴 대로 인용해보면, "르네상스는 중세 그리스도교 신학의 절대 제도로부터 인간을 해방하고 인간성을 확립했다고 한다. 여기에 이론의 여지는 없지만 이를 다른 말로 설명하자면 고대로부터 인간에게 주어진 자유검토libre examen 정신의 재인지·복위·복권·전진이 이루어졌음을 의미한다. 그리고 이 정신이 갖는 강인한 힘이 있었기에 르네상스를 근대의 개막이라고 말하는 것이리라." 이렇게 고등학생에게는 당연히 어려웠습니다만, 이런 문장은 처음으로 접했더랬어요. 그리고 이 책에는 약자의 입장에 있는 인간이 어떻게 해서든 저항하여 자신의 사고방식을 넓히려 하는, 비록 싸움에 져서 죽는다 해도 그러한 인간이 갖는 가치에 대해서도 씌어있었습니다. 그래서 프랑스 르네상스를 공부하면 단 몇 명이라도 내가 좋아하는 타입의 인간과 만날 수 있을 거라는 느낌이 들었습니다.

　책을 사서 돌아와 그대로 읽기 시작해 이튿날엔 학교도 쉬었습니다. 실제로 그때까지 대학에 가고 싶다는 생각은 별로 없었어요. 무엇을 공부하면 좋을지 몰랐기 때문이지요. 어머니는 하루빨리 숲으로 돌아오라고 계속 말씀하셨고요. 하지만 저는 프랑스 르네상스에 대해 공부하기로 결심했습니다. 그래서 다다음날 학교에 가서 이타미 군을 찾았지요. 지각을 알리는 종이 막 울릴 시간이 되어서야 나타나는 이타미를 교문에서 기다렸다가 함께 교실까지 걸어가면서 "와타나베 가즈오의 『프랑스 르네상스 단장』을 읽었어"라고 말했지요. 그는 "아, 그래?"라고 하더군요. "이 저자가 내가 지금까지 읽은 책 중에서 제일 훌륭한 사람 같아"라고 하니, 이타미가 "도쿄 대학 불문과에서 가르치고 계신대"라고 말했어요. 비로소 내가 나아갈 길이 열렸다는 생각에 이타미 군 교실 앞에서 헤어져 우리 반으로 돌아가면서도 계속 고민했고, 방과 후에 다시 만나 "도쿄대 불문과에 갈래. 거기서 공부를 새로 시작할 거야. 너하고 매일 만나서 수다나 떨면 대학에 갈 수 없으니까, 이제 그만 만나자!"라고 했습니다. "그게 좋겠어." 그 친구도 동의해주어서 나는 수험공부를 시작했어요.

아무튼 고등학교 2학년 막바지에 입시 공부를 시작해서 고등학교 3학년과 그 후 1년간의 재수 생활을 거쳐 열아홉에 도쿄 대학의, 당시로 말하자면 문과2류에 들어갔습니다.

> 처음으로 와타나베 선생과 실제로 대면하신 건 스무 살 때입니까?

스무 살 끝자락에서 스물한 살 초입인가, 아무튼 고마바 캠퍼스에서 교양학 과정을 마치기 전까지, 와타나베 선생님의 에세이집과 번역서 전부를 읽고 혼고 캠퍼스에 있는 불문과에 들어갔지요. 그 전에 고마바에서 열린 학과설명회 때인지, 혼고 18번 교실의 첫 수업 때인지 정확하지는 않습니다. 학생들이 앉아 있는데 선생님이 들어오셔서 외투를 척하니 벗어 둘둘 말아 교단 옆 마루에 던져놓고는 수업을 시작하셨습니다. 그런 행동거지 하나하나가 모두 멋져 보였습니다(웃음). 너무나 위엄 있는 얼굴이었고 목소리 톤도 좀 높은 듯한 게 힘찼어요. 에도 억양을 쓰는 희극배우, 에노켄〔쇼와시대를 대표하는 희극왕 에노모토 겐이치의 애칭〕과 닮았다는 인상이었습니다. 세련된 어투란 저런 거구나 싶었지요. 모든 게 완성되어 있는 배우가 눈앞에서 연기를 펼치는 듯한, 게다가 퍼포먼스 전체가 와타나베 가즈오 그 자체인 것 같은 감동을 받았어요. 지금 이 순간부터가 새로운 인생의 시작이다, 그렇게 생각했습니다.

당시 불문과에 입학한 동급생에는 어떤 분들이 있었습니까?

고마바에서 프랑스어 미수강과 기수강 클래스를 나누어서 수업을 시작했기 때문에 기수강 클래스에 속하는 사람들이 연구자가 되는 게 확실했습니다. 우리가 학부에 들어갈 때 조교로 시미즈 도오루(淸水徹) 씨가 계셨지요. 불문과에 진학해서 친구가 된 이시이 세이이치(石井晴一)는 지금 발자크의 『30편의 해학 단편들 *Les Contes drola-*

tiques』이라는 재밌고 방대한 책을 번역해 출간을 준비하고 있습니다만, 그도 기수강에 속해 있었을 겁니다. 연구자가 되는 대신 편집자가 되어 『우미(海)』라는 잡지로 한 시대를 구축한 하나와 요시히코(塙嘉彦) 군도 있었지요. 미수강 클래스에서 친구가 되어 내가 지금까지도 경애하고 있는 사람은, 영문과 지망생으로 제2외국어로 프랑스어를 배우던 야마노우치 히사아키(山內久明) 군입니다. 한 단계 한 단계 착실하게 앞으로 나아가는 수재 타입은 처음 보았습니다. 아, 이런 사람이 학자가 되는 거구나, 납득이 가더군요.

하지만 이미 첫 수업에서 이렇게 훌륭한 학자의 가르침을 받게 된 건 행운이지만 나에게는 연구자가 될 만한 실력은 없다고 판단했습니다. 그래서 일단 불문과에 들어가기는 했지만 영문학 읽기에도 힘써야겠다고 생각했어요. 고마바의 생활협동조합 서점에서 후카세 모토히로(深瀨基寬) 번역의 『오든 시집』과 『엘리엇』이라는 책을 찾아 읽기도 했지요. 학자로서의 길을 처음부터 밟아온 학생은 애초에 아니었습니다. 그런 식의 포기는 빠른 성격입니다.

> 그러는 한편, 대학교 1학년 때 이미 하숙집에서 학생 연극용 각본을 열심히 쓰고 계셨다지요?

아직 고마바에 있을 때 혼고의 야스다 강당에 학생과가 있었는데 거기서 '학생연극을 위한 각본'을 모집했어요. 단막극이었는데 1등을 하면 5천 엔의 상금을 줬던 것 같아요. 5천 엔이면 한 달 책값으로는 충분한 돈이었습니다. 프랑스 희곡을 번역한 책에 흥미를 갖고 자주 읽고 있던 때였습니다. 예를 들어 장 아누이의 희곡 같은 걸요. 그래서 나도 재미있는 희곡을 써보자는 마음에 응모했는데 1학년, 2학년 연속으로 1등을 해서 5천 엔을 받았어요.

같이 상경해서 친척집의 상업미술 사무소에서 일하고 있던 이타미 군을 즐겁게 해주자는 단순한 목적으로 소설을 썼습니다. 이타미 군도 오사카 대학 이학부에 지원했어요. 그런데 수험공부라고는 전혀 하지 않던 사람이었으니 시험에 떨어져 도쿄로 왔고 그림을 잘 그리니까 포스터 밑그림을 그리는 일을 하고 있었습니다. 우쓰노미야 도쿠마(宇都宮德馬)라고 자민당 국회의원인데, 평화 문제에 관해 제대로 발언했던 사람 있지요? 그 사람이 미노파겐 제약이라는 회사의 경영자였고 이타미 군은 그 제약회사의 포스터를 만드는 사무소에 있었습니다. 가느다란 붓으로 '미노파겐'이라는 글자를 썼는데 꽤나 멋졌어요. 동료들은 모두 화가 지망생이었는데 이타미 군이 망연해 할 정도로 교양이 없어서 따분해했어요. 나는 가끔 말동무나 하러 갔지요. 내가 안 가면 이타미 군이 전보를 치기도 했는데 막상 가도 그 친구는 바이올린만 켜곤 했습니다.

그런 이타미 군을 즐겁게 해줄 요량으로 장난삼아 탐정소설을 쓰기 시작했어요. 교양학부 이과계 수업에서 계산할 때 사용하는 갱지 위에 연필로 길게 써 내려갔습니다. 그것이 내가 쓴 최초의 소설입니다.

> 그 소설은 아직까지 미공개이지요. 도대체 어떤 소설이었는지 궁금합니다.

끔찍하도록 살이 찐 어느 여성—나는 살찐 여성에게 관심이 있었지요(웃음)—그녀가 우에노를 출발해 니가타로 가서 거기서 어선을 타고 밀항을 하게 돼요. 여러 고초를 겪은 끝에 블라디보스토크에 표착하게 되고 다시 고생고생해서 소비에트를 횡단해 유럽으로 간다는 내용입니다. 한참 뒤에 『카치아토를 쫓아서 *Going After Cacciato*』라는 미국 작가 팀 오브라이언의 소설이 나왔습니다—베트남 전쟁에서 싸우고 있던 병대가 도망쳐 8천 6백 마일이나 떨어진 파리를 향해 탈주한다는 아주 훌륭한 소설인데, 이와 똑같은 착상이었습니다. 어쨌든 한 일본인이 종잡을 수 없는 참담한 역경을 헤쳐나가며 파리로 가게 된다는 소설을 썼습니다. 고마바에 있던 2년 동안 이타미 군과 만날 때마다 완성된 분량을 건네주었고요.

> 그 원고는 남아 있나요? 출간한다면 좋겠네요. 꼭 읽어보고

싶습니다. 분량은 어느 정도였습니까? 제목은 기억하고 계 신지요?

제목은 빅토르 위고의 『에르나니 Ernani』에 나오는 대사로 와타나베 선생님의 에세이에 있던 『가는 힘 Force Qui Va』이라는 제목과 같습 니다. 갱지의 절반 되는 크기의 종이를 작은 글씨로 빽빽이 채웠는 데 족히 3백 장은 넘었습니다. 이타미 군은 재미있게 읽어주기는 했지만 보존하거나 하는 성격은 아니니까요(웃음). 나는 이타미 군 의 아버지, 이타미 만사쿠(伊丹万作) 씨의 유고를 그가 도쿄 하숙집 을 전전하며 옮겨 다니는 사이에 흩어져 분실되지 않도록 귤 상자에 넣어 보관해주기도 했지만요.

소설가를 지망하다

졸업논문도 준비하기 시작하셨을 텐데, 그때의 이야기를 듣 고 싶습니다. 파스칼과 사르트르를 두고 누구를 선택할지 고민이 많으셨다고 들었습니다.

대학교 3학년 때에 주제를 선택하게 되는데, 처음에는 파스칼에 관해 쓰고 싶었습니다. 처음으로 프랑스어 문법을 가르쳐주신 마에다 요이치(前田陽一) 선생이 세계적인 파스칼 전문가였지요. 그러다가 나는 종교에 관한 관심이 약하기 때문에 파스칼은 도저히 이해할 수 없을 것 같다는 생각에 장 폴 사르트르를 선택했습니다. 논문 테마는 '사르트르의 상상력에 관해서'입니다. 사르트르에게는 상상력을 둘러싼 철학논문이 두 편 있어요. 최초의 것이 상상력에 대한 그야말로 철학적인 짧은 글이고, 다음 것이 유명한 『이마지네르 L'Imaginaire』로 '상상계' 정도로 번역할 수 있을지 모르겠는데, 웅변을 토한 책입니다. 이 책은 아주 열심히 읽었습니다. 나도 당시에 상상력에는 인간이 인식하는 힘과 직관적으로 신을 향해 나아가는 힘이 있다, 좀더 실질적으로 말해서 무엇인가 여기에는 없는 것을 만들어내듯 사고하는, 현실을 바꿔나가듯이 사고하는 상상력이 다양하게 존재하고 그것이 인간에게 가장 소중한 것이 아닐까 하는 식의 생각을 하고 있었습니다. 그래서 사르트르의 『상상계』의 철학과 『자유의 길 Les Chemins de la liberté』 제1부에 해당하는 『이성의 시대 L'Âge de raison』에 나오는 이미지군을 분석해 논문을 써보기로 한 겁니다.

학자의 길을 지망해본 적은 역시나 한 번도 없으셨습니까?

앞서도 말했지만, 일찍부터 학자는 될 수 없다고 단념했더랬어요.

주변에 우수한 학생들뿐이었습니다. 더구나 선생님들도 압도적으로 월등한 분들이어서 나로서는 범접도 할 수 없다는 생각이 들었지요. 와타나베 가즈오 선생님은 물론이고 스기 도시오(杉捷夫), 고바야시 다다시(小林正), 이노우에 규이치로(井上究一郎), 가와구치 아쓰시(川口篤), 야마다 자쿠(山田爵), 아사쿠라 스에오(朝倉季雄)와 같은 분들의 수업을 모두 수강하였는데, 하나같이 뛰어난 선생님들이었습니다. 어느 한 사람에게도 내 자신을 비견할 수 없다는 생각이 들었지요.

나는 내가 진심으로 학문에 뜻을 두었던 적이 생애에 단 한 번도 없었다고, 지금은 더 확실히 자각하고 있습니다. 이는 요즘 들어 분명히 밝혀두고 싶은 점 중의 하나입니다. 나는 와타나베 가즈오 선생님의 저작을 만나 '와타나베 가즈오'라는 커다란 인물을 우러러보며 살아가자고 마음먹었어요. 그렇지만 선생님이 지향하는 학문의 방향으로 내가 초보 학자로서 정진해가는 건 불가능하다, 그럴 능력도 인내력도 없다, 그럼에도 나는 '오에 겐자부로'라는 인간을 실현하고 싶다. 그것이 나를 소설가의 길로 서둘러 들어서게 한 이유입니다. 하지만 소설가로서의 나를 만들어가면서도 항상 그 커다란 산을 우러러보며 살 작정이었지요. 더 솔직히 말해서 한 2년간은 "나는 안 돼. 나는 저런 학자의 미니어처도 될 수 없는 인간이야!"라고 생각하기도 했습니다. 그런데 한편으론 미련도 있어서 대학원에 갈까 말까, 우물쭈물하고 있었어요. 그러다 은근슬쩍 더 이상은 유희가 아닌 소설을 쓰기 시작했습니다. 그 소설의 '문체'는 피에르 가스카르Pierre Gascar에 관한 와타나베 선생님의 번역문과 원서를 세밀하게 읽고 비교해서 나의 일본어 스타일로 만든 거였습니다.

나는 어릴 때부터 스스로에게 어떤 능력이 있는지도 모르는 채 진로를 결정해버리는 습성이 있었고, 또 그런 식의 결정을 반복해온 인간입니다. 그런 데다가 내가 다른 선택을 해야만 한다면 그것도 주저 없이 합니다. 부득이한 경우라도 용기백배하죠(웃음). 어머니한테 받은 『허클베리 핀의 모험』에는 허크가 친구를 배신하지 않으려고 "그럼 좋아, 지옥엔 내가 간다!"고 결심하는 대목이 있습니다. 그것이 일종의 제 마음속의 입버릇으로 무엇인가 어려운 선택을 해야만 한다면 힘든 쪽을 선택하고는 후회하지 않고 뒤돌아보지도 않았지요. "좋아, 지옥엔 내가 간다!"고 생각하기로 했습니다. 아무튼 나는 소설가가 되려고 마음먹었어요. 그리고 소설 쓰기에 전념하자, 확실하게 학문 쪽은 단념하자고 결심하고 대학원 진학 원서를 철회할 것을 와타나베 선생님께 말씀드리러 갔습니다.

　　그건 언제쯤의 일인가요? 와타나베 선생께서는 뭐라고 말씀하셨나요?

1년을 유급하고, 스물네 살 때입니다. 이미 아쿠타가와상을 받은 후였는데 문학으로 입신출세하자는 적극적인 의사는 없던 때였습니다. 소설을 쓴다는 것은 그때까지 학생으로서 해온 아르바이트 같은 수준으로 요즘 말하는 프리터 정도의 일이었지요. 학자의 길에서 탈락했다는 생각이 있었어요. 그러다 점차로 절박한 선택의 기로에 서 있다는 생각에 와타나베 선생님한테 가서 "대학원 진학을 하지 않겠습니다. 그리고 친구의 동생과 결혼하고 싶습니다"라고 했지요. 선생님은 심기가 불편한 얼굴로 생각에 잠기셨는데, 잠시 후에 "상대는 아름다운 여성일 테지?"라고 하셨습니다.

그 전에 이미 결혼 약속을 하셨습니까? 어떻게 된 일인가요?

대학입학 시험을 치른 해에 이타미 군에게 소개받았고 그 후로 편지를 주고받으며 1년에 두세 번 정도 데이트를 했습니다. 중간에 결혼 이야기가 나왔을 때는 이타미 군이 반대하기도 했지요.
아쿠타가와상을 받기는 했지만, 진지하게 장래를 선택했다고 자신할 수 없었어요. 대학을 나와 그대로 소설가로 살아간다는 것이 믿음직한 생활수단의 확보와는 거리가 먼 듯했습니다. 그런데도 일단 시작한 이상 아무도 쓰지 못했던 소설을 쓰고 싶은 모험심은 있었어요. 이타미 군이 결혼에 반대하는 것도 당연하다고 생각했지요. 하지만 선생님께는 "소설을 써서 먹고살 겁니다"라고 해버렸지요.

와타나베 가즈오 선생과의 교분

와타나베 선생께서는 소설가가 되겠다는 말을 듣고는 격려해주셨나요?

그렇게까지 확신에 차서 발을 내딛은 것은 아니지만 일단 시작해보니 소설가로서의 생활이 내 생활의 전부가 되었어요. 그러는 사이에 결혼도 했지요. 선생님께서 결혼식 후견인이 되어주셨습니다. 그로부터 수십 년이 지나서, 선생님이 확연한 농담체로 "오에 군이 문단에 나왔을 때……"라는 내용의 가벼운 글을 쓰셨어요. 그런데 꽤나 시간이 지나서 오니시 교진(大西巨人) 씨가 젊은 비평가들과 함께하는 좌담회 막바지에, 덧붙이는 말이었습니다만, 그 내용을 인용하며 와타나베 선생님을 폄하하는 말을 하더군요. 나는 그 내용을 그대로 게재한 문예지와 오랫동안 관계를 끊기로 했습니다. 오니시 씨의 발언은 완전히 잘못된 생트집이었습니다. 선생님은 자신의 학생들이 문학을 배워서 다양한 방향으로 나아가는 것에 대해 조언을 해주시기도 했지만, 역시나 학자를 키우는 것이 교육의 중심이었습니다. 학자로서의 꿈은 있으나 스스로 탈락해가는 학생들 중에 소설을 선택해 써보려는 사람이 있으면 그 젊은이를 격려해주자는 생각을 갖고 계셨다고 봅니다. 선생님은 제가 소설가가 되는 것을 특별히 기뻐해주신 건 아니지만 항상 독려해주셨어요. 우선 근본적으로 교육자이셨던 겁니다. 그리고 내 입장에서는 와타나베 가즈오라는 저자이자 선생님을 만나지 못했더라면 내가 문학에 발을 들여놓을 일은 없었을 거라고 분명하게 말할 수 있습니다.

선생님한테 직접적으로 내 소설이 전체적으로 좋은지 나쁜지, 이야기를 들은 적은 없어요. 저를 상대로 일일이 소설 이야기를 하시진 않았지요. 딱 한 번, 우리 선배로 역시나 소설을 쓰던, 게다가 학문도 병행했던 쓰지 구니오(辻邦生) 씨에게 와타나베 선생님이 "오에 군은 숲 속에서 태어난 것 같아. 숲의 샘물이 솟아나듯 소설을 쓰는 것이, 이제 아무것도 없으려니 하면 다시 새로운 물을 긷듯이 하던데"라고 말씀하셨답니다. 그것이 선생님이 말씀하신 소설가로서의 저에 대한 유일한 평가였습니다.

> 와타나베 선생의 『프랑스 르네상스 단장』 『광기에 대하여(狂氣について)』 『패전일기(敗戰日記)』와 같은 저서와, 나중에 오에 선생님이 쓰신 『일본 현대의 휴머니스트 와타나베 가즈오를 읽다(日本現代のユマニスト渡邊一夫を讀む)』, 또는 에세이 「와타나베 가즈오 가상의 청강기(渡邊一夫架空聽講記)」를 읽으면 와타나베 선생에 대한 이미지가 그려집니다. 대단한 석학이셨던 동시에 매우 예술가적인, 소설가적인 관심을 가지고 인간을

바라보던 분이 아니셨을까 상상해봅니다만, 어떠셨는지요?

소설가로서 살기 위한 조건은 두 가지가 있다고 봅니다. 하나는 자신의 문체를 만드는 것이 가능한가, 아닌가. 다른 하나는 이야기를 만드는 재능이 있는가, 없는가. 와타나베 선생님의 번역, 특히 『가르강튀아/팡타그뤼엘 Gargantua et Pantagruel』이라는 대작의 번역을 보면, 아직 40대 초반인 나이에 이미 완전한 문체를 구사하고 계십니다. 가스카르와 같은 현대소설 번역에서도 평소 견고한 문체를 지닌 번역가이시기에 저는 거기에 많은 영향을 받았습니다. 이런 점에서는 선생님이 소설가가 되셨다면 훌륭한 문체를 완성하셨으리라 봅니다.

선생님은 만년에 『전국시대의 빛과 그림자, 두 왕비(戰國明暗二人妃)』라는 작품을 중심으로 앙리 4세를 둘러싼 여성들——정처인 마르고 공비 Marguerite de Valois와 가브리엘 데스트레 Gabrielle d'Estrées라는, 전장까지도 데리고 다닐 정도로 총애했는데 암살당한 정인, 그리고 앙리 4세의 할머니로 『엡타메롱 Heptaméron』을 쓴 마르그리트 공비 Marguerite de Navarre ——, 이렇게 독특한 여성들을 부각시킨 인간상을 그려 멋진 평전을 구상하셨습니다. 인물상에 관한 묘사에 있어서는 이미 명수이셨다고 할 수 있지요. 인물과 인물을 대비시켜서 하나의 장면을 만드는 것에도 뛰어나셨어요. 또 이런 점에서 극작가의 재능을 가지고 계시기도 했습니다.

그런데 말이죠, 선생님은 이야기를 창작하는 데에는 관심이 없으셨던 게 아닐까 싶어요. 저에게 쓰고 싶은 소설이 있다고 말씀하신 적이 있어요. '동유기(東遊記)'라는 제목으로, 일본에서 프랑스문학을 배우기 시작해 파리로 유학을 간 뒤 삼십대 초반까지 프랑스 문화 속에서만 살아가던 특수한 일본인이, 마침 중국 침략이 시작되던 시기에 일본에 돌아와서 전쟁과 패전을 체험한다, 그 후로 그는 어떠한 일본인이 될까, 라는 이야기라고 들었습니다. 하지만 쓰지 못하셨지요. 그 대신 만년에 『전국시대의 빛과 그림자, 두 왕비』라는 평전의 연작을 통해 여성들을 묘사함으로써 소설 창작에의 욕구를 채우신 게 아닐까 싶습니다. 고증이 작품의 커다란 기둥을 이루고 있는 것이 그야말로 학자로서의 성과라 할 수 있습니다. 전후에 평전을 쓴 학자로서 와타나베 가즈오와 나카노 요시오(中野好夫), 이렇게 두 분이 걸출한 외국문학자였다고 생각합니다.

> 오에 선생님의 단편 「마르고 공비의 **호주머니 달린** 치마(マルゴ公妃のかくしつきスカート)」와 같은 작품을 읽으면, 와타나베 선생의 『전국시대의 빛과 그림자, 두 왕비』에서 영향을 받은 관심사에 대한, 변주곡과도 같은 강한 연결고리가 느껴집니다. 그리고 와타나베 선생께서는 전전과 전후라는 시기를

모두 걸쳐 사셔서 그런지, '무엇을 해도 이젠 소용없다'는 식의 다소 네거티브한 측면을 지니고 계신 분이 아니었을까, 하는 생각도 듭니다. 그렇지만 거기에 그치지 않고 "우리들은 페시미스트이기는 하지만 단호하게 전진하는 페시미스트가 되어야 한다", 인류는 언젠가 틀림없이 멸망하겠지만 있는 힘을 다해 저항하고 그러고 나서 멸망해야 하지 않겠느냐고 호소하는 말도 남기고 계시지요. 오에 선생님 본인께서도 그런 정신의 계승자라는 자각을 강하게 하고 계신 건 아닌지요?

와타나베 가즈오의 정신을 계승한 사람은 폭넓은 범위에서, 또 여러 세대에 걸쳐 많이 있으리라 봅니다. 프랑수아 라블레 연구에 있어서는 우선 니노미야 다카시(二宮敬) 씨가 있습니다. 프랑스 르네상스 전문가로서 누구보다도 선생님의 만년의 연구를 지지했지요. 선생님의 저작집 편집에는 저도 참여했습니다만, 학문적인 세계는 니노미야 씨가 있었기에 가능했습니다. 좀더 윗세대로는 사상가인 가토 슈이치(加藤周一) 씨야말로 와타나베 선생님의 사상을 제대로 계승했다고 봅니다. 학자도 사상가도 아닌 나는 여러 가지 불안감을 지닌 채, 앞서 말한 대로 친구의 여동생과 결혼을 하고 그런 후 히카리가 장애를 가지고 태어나기도 해서, 뭐가 되었든 간에 히카리가 이렇게 살아 있다는 것이 소설의 중심 내용이 되어가던 상황이었지요. 일흔을 넘길 때까지도 그러한 상황의 연장이었습니다. 나는 이미 뼛속까지 소설가이기에 와타나베 선생님의 영향도 순전히 소설가의 입장에서 받아들였습니다. 예를 들면 「마르고 공비의 **호주머니 달린** 치마」는 죽은 연인들의 심장을 커다란 치마에 달린 여러 개의 호주머니 속에 넣어두었다고 전해지는 인물로부터 제목을 따왔어요. 먼저 그런 인물을 역사에서 끄집어내서 재미나는 전기물을 쓰는 분이 와타나베 선생님이셨고, 나도 그런 식의 그로테스크한 내용을 무척이나 좋아하기에(웃음), 선생님의 학문적인 연구의 일부분을 빌려서 소설에 쓴 적은 있습니다.

와타나베 선생님은 강고하게 당신의 의견을 제시하거나 하지도 않으셨고 이 나라의 장래에 관해서도 어두운 예견을 하고 계셨지만, 그래도 자기 스스로 지금 해야 할 일을 완수하고자 하는 태도—그야말로 프랑스 휴머니즘을 연구한 사람다운 사상을 가지고 사신 건 확실합니다. 우리는 멸망할지 모른다. 그러나 멸망시키는 쪽이 정당하고 우리들 멸망하는 인간이 잘못된 때문은 아니다. 그것을 분명하게 밝히면서 역사 속에서 저항하며 멸망해가자—이런 사고를 가지고 계셨지요. 예를 들면 토마스 만Thomas Mann이나, 아니면 공산주의자로서 일생을 다했던, 실천적인 강한 인간이었던 나카노 시게하루(中野重治) 씨와 같은 사람과는 '전투적인 휴머니스트' 동지로서 깊은 신뢰관계와 우정으로 묶여 있었습니다. 나카노 씨의 『국회연설집(國會演說集)』의 표지 글씨를 와타나베 선생님이 쓰셨어요. 다른 책의 장정도 직접 하셨고요. 두 분 사이에 공개 서간이 오간 적도 있습니다.

도쿄의 좋은 가정에서 자란 와타나베 선생님의 글은 비관적인 성격이 본바탕에 깔려 있기도 하고 해서 자신을 비하하는 내용도 서슴없이 쓰는 스타일이지요. 특히 만년에 그러했습니다. 호쿠리쿠 지방의 소지주 집안에서 자란 나카노 씨는 작품을 손으로 만들어내듯이 자신의 비유나 표현을 훌륭하게 빚어냅니다. 독일문학의 영향을 받은 모던한 문장가이기도 했는데, 그런 나카노 씨가 와타나베 선생님과의 왕복 서간에서 이렇게 썼습니다. "나는 당신의 손에 나의 손을 포갭니다. 그리고 나는 당신 글 속의 가정법에 대해 쓰고 싶습니다. 당신 안에는 페시미즘이 가정법과 결부되어 있지는 않을까 하는 내용입니다. 나는 그렇다면 그것은 문법적이지 않을 것이라고 생각합니다." 이런 나카노 씨다운 유머가 보여주는 격조 높음에는 그저 감탄할 따름입니다. 여기에 덧붙인 결론은 이렇습니다. "나는 당신의 글의 역점이 문법적으로 그쪽, 페시미스틱한 쪽으로 흐르지는 않을까 두려웠던 겁니다. 〔……〕 그러나 거듭해 말하자면, 가장 천박한 옵티미스트들이 전쟁을 일으키고 싶어 하는 이상, 우리들 페시미스트는 단호하게 전진하지 않으면 안 된다고 생각합니다." 정말이지 아름다운 문장입니다.

　와타나베 선생님은 문장에 확신을 담아 전차가 진격하듯이 글을 쓰는 분은 아니셨어요. 당신과 마찬가지로 그렇게 하지 못했던 유럽의 사상가에게 빛을 비추는 분이셨습니다. 그렇지만 시대의 위기에는 언제나 주의 깊게 지켜보셨지요. 그리고 경고하는 글도 쓰셨습니다. 좀 다른 방향의 이야기입니다만, 제가 보기에 선생님에게는 감수성 면에서 몹시 어두운 부분이 있지 않았나 싶어요. 선생님의 유품으로 받은 나가이 가후(永井荷風)의 『산호집(珊瑚集)』 중에 샤를 피에르 보들레르의 굉장히 어두운 시인 「쾌활한 사자(死者) Le Mort Joyeux」──죽은 자신의 육체를 벌레가 갉아먹어치우는 상태를 꿈꾼다는 내용의 시가 번역되어 있는데, 이 시에 소년 시절의 와타나베 선생님이 책갈피로 표시해두셨더군요. "오 구더기들아! 눈도 귀도 없는 더러운 친구들아,/보라, 자유롭고 쾌활한 사자가 너희를 찾아왔다./방탕의 철학자, 부패의 아들들아,/주저 없이 내 송장 파고들어가 내게 말해다오,/죽은 자들 사이에 끼어 있는 넋 없는 이 늙은 시체에게/아직 무슨 고통이 남아 있는가를!" 이런 시에 말입니다.

　결국 저도 와타나베 가즈오라는 사람의 전부를 알고 있다고는 말할 수 없겠지요. 그런데 지금, 벌써 선생님이 돌아가신 춘추에 가까워지고 있네요. 선생님은 1901년에 태어나 1975년 5월에, 일흔

셋의 나이로 돌아가셨습니다. 저에게는 앞으로 2년밖에 남지 않았지요. 그래서 2년 동안 건강히 살면서 선생님께서 쓰신 것을 전부 이해하는 수준까지 올라갈 수 있다면 좋겠다는 바람입니다. 어두운, 우울한 와타나베 가즈오도 포함해서요.

> 와타나베 선생과 오에 선생님은 서른네 살 터울이 지시지요. 앞서 말씀하신 「가상의 청강기」에는 일흔이 되신 와타나베 선생께 서른다섯의 오에 선생님이 쓰신 "지나가버린 날의 우리 고뇌에 지금 책망을 듣는 자, 어디에 있을까?"라는 문장이 나옵니다. 시간의 흐름이 느껴집니다.
> 아, 이게 바로 와타나베 선생께서 주셨다던 '가공의 성관'(권두화보 참조)입니까? "선생님께서 내게 주신 유형의 물건 중에 조소용 석판으로 만든 가공의 성관이 있다. 이 건조물의 뒤쪽에는 '탈출구'라고 지시된 작은 구멍이 뚫려 있고, 나는 갈 길이 막막한 느낌이 들 때면 그 '탈출구'를 바라본다"고 「가상의 청강기」에 쓰셨지요…… 실제로 보니 '탈출구'가 너무 작은데요!

돌아가시기 직전, 그러니까 입원하시기 조금 전에 선생님께서는 당신의 일기 같은 노트류를 조용히 정리하셨던 모양입니다. 그중의

한 권이 바로 『패전일기(敗戰日記)』입니다. 니노미야 다카시 씨가 와타나베 선생님의 라블레 연구와 관련 깊은 책이나 노트를 전부 인수했고, 그 속에서 전쟁 중에 프랑스어로 쓴 일기를 발견했어요. 저도 같이 갔었는데, 사모님의 허가를 받으러 갔다가 이와나미쇼텐에서 간행하는 잡지 『세계(世界)』에 발표하게 되었지요. 니노미야 씨와 와타나베 선생님 장남의 번역으로 실었습니다. 그와는 별도로 제게는 전쟁 전에 만들어진 장정이 예쁜 프랑스제 노트를 선생님께서 주셨습니다. 젊은 날의 일기로 출간하기에는 적합하지 않은 사적인 내용이 담긴 페이지가 있었고 이어서 프랑스어로 "나는 어중간하게 포기하는 인간이다"라고 적혀 있었습니다. 이 말에 느낌표가 달려 있고 그것으로 일기 전체가 끝나더군요.

"자네는 언제까지 어중간한 인간으로 살고 있을 참인가!"라는 생각에 저에게 주신 걸까 하는 생각이 들었어요. 나는 마흔을 앞 둔 시기였지요. 아무튼 그처럼 완벽하게 자기다움을 실현한 학자가 40대 초반에, 태평양전쟁이 막 시작된 때지요, 1901년에 태어나셨고 그때는 1941년이었으니까요. 그 무렵 선생님께서 "나는 어중간하게 포기하는 인간이다"라고 깊이 절망하고 계셨다는 것을 알고는 정말로 충격을 받았습니다.

소설을 처음 쓰기 시작했을 당시에 언젠가 내 소설을 프랑스 갈리마르Gallimard 출판사에서 출간해서 가장 좋은 번역으로 여겨지는 작품을 선생님께 드리자고 다짐했습니다. 그런 생각을 하면서 스스로 소설에 여러 가지 실험을 시도했고, 그때마다 내가 가지고 있던 능력보다 한 단계 위의 지점으로 내 소설을 끌어올리려고 노력했지요. 줄곧 그런 식으로 해왔고 후회는 없지만 이런 강박관념에서 자유로운, 안정되어 있는, 잘 짜인 소설을 쓴 적은 결국 한 번도 없지 않았나, 하는 생각이 가슴 한쪽에 있습니다. 이게 가장 잘된 소설이라고 선생님께 보여드릴 수 있는 작품은 아직도 없다는 생각이 드네요. 어찌 됐든 간에 이제는 건강도 쇠하기 시작한 나이가 되고 했으니 그 일기를 다시 한 번 꺼내어 그 부분을 읽어보려고 합니다. 나는 어중간하게 포기하는 "s'arrêter à mi-chemin" 인간이다, 라고 씌어진 부분을 말이지요.

제2장

「기묘한 작업」

초기단편

『절규』

『히로시마 노트』

『개인적 체험』

아 쿠 타 가 와 상   수 상   무 렵

1958년에 잡지『문학계(文學界)』1월호에 실린「사육(飼育)」이라는 작품으로 그해 상반기 제39회 아쿠타가와상을 받으셨습니다. 같은 해 3월에는 최초의 단편집『죽은 자의 사치(死者の奢り)』가 분게이슌주신샤에서, 6월에는 첫 장편소설『짓밟히는 싹들(芽むしり仔擊ち)』이 고단샤에서, 또 10월에는 단편집『보기 전에 뛰어라(見るまえに跳べ)』가 신초샤에서 나왔지요. 그야말로 눈부신, 본격적인 문단 데뷔의 해였습니다. 그런데 "이해 갑자기 작가 생활로 인한 중증의 수면제 중독에 빠짐"이라고 직접 편집하신 연보(쇼가쿠칸『군조 일본의 작가 23 오에 겐자부로(群像 日本の作家23 大江健三郎)』수록)에 기록하고 계십니다.

당시의 신문이나 잡지 기사를 찾아봤더니 신선한 감수성, 참신한 문체를 극찬하는 비평과 그러한 평가로 인해 하루아침에 매스컴 전면을 장식하며 성실하게 취재에 응하고 계신 학생복 차림의 오에 선생님 사진을 많이 볼 수 있었습니다. 급변하는 상황 속에서 선생님 본인은 상당히 당혹스러우셨을 거라고, 반세기에 가까운 시간이 지난 지금 생각해보았습니다.

내 인생을 되돌아보면 용케도 그 순간을 잘 넘겼구나 하고 몸서리쳐지는 때가 몇 번 있습니다. 가장 그러했던 때가 소설을 쓰기 시작하고 나서 4년인가 5년째가 되는 해였다고 생각됩니다.

작년 여름에 가루이자와 산장에서 지붕이 새는 바람에 젖어버린 프랑스어 책을 전부 난로에 태우고 있던 중에, 「기묘한 작업(奇妙な仕事)」이 실린 『도쿄대학신문』을 발견하고는 당시의 일이 생생하게 떠올랐습니다. 이 단편은 1957년 도쿄 대학의 5월축제상에서 아라 마사히토(荒正人) 씨의 선고로 수상작으로 결정되었지요. 『도쿄대학신문』에 게재되자 먼저 히라노 겐(平野謙) 씨가 『마이니치신문』의 '문예시평'란을 통해 호평을 실어주셨고, 편집자 분이 관심을 보이시며 '소설을 쓰도록' 권면하셨습니다. 그 시점부터 저는 곧바로 소설가 생활을 시작하게 된 셈이지요. 겨우 스물두세 살에…… 하지만 아주 열정적인 풋내기였지요.

대학교 3학년에서 4학년으로 올라가는 봄방학 때, 피에르 가스카르의 『짐승들 Les bêtes』 『사자(死者)의 시간 Les temps des morts』을 원서와 와타나베 가즈오 선생의 번역을 대조해가며 읽었습니다. 그러면서 소설을 써보자는 생각이 들어 쓰다 보니, 금방 60매 정도가 씌어져서 5월축제상에 응모했어요. 지금 읽어보니 가스카르를 그대로 옮겨놓은 것에 지나지 않더군요. 그런데도 혼자서는 자못 독창적인 소설이라고 자신했었구나 싶어 질겁할 정도였는데, 대신에 당시에는 의식하지 못했지만 지금도 지속되고 있는 나의 독창적인 면이 보이기도 하더군요.

그 무렵, 한 친구가 도쿄대학병원에 입원을 했는데──지금 생각해보니 그 친구는 자살미수였던 것 같습니다. 문병을 가서 "좀 어떠냐?"고 물었더니, "매일 오후 6시가 되면 도쿄대학병원에서 기르는 실험용 개가 짖어대기 시작해"라고 하더군요. 그 친구가 죽지 않고 살아서 병원에서 개 짖는 소리를 듣고 있다는, 실제 생활에서 일어난 사건을 전해 들은 것이 『짐승들』 『사자의 시간』을 읽은 때와 우연히 같은 시기였어요. 그래서 그 소설이 완성될 수 있었다고 봅니다. 개를 도살하는 아르바이트를 시작한 청년이 일을 하면서 자신이 수렁에 빠져 있다는 사실을 자각한다는 내용의 소설입니다.

> 그 작품도 그렇지만 '개'로 대표되는 작은 동물이 사회에 대한 일종의 비통한 우의(寓意)를 담고 있는 것이 오에 작품의

특징 중의 하나로, 초기부터 인상 깊게 드러나 있습니다.

그 개들은 서로 지독히 닮아 있었다. 대형견이나 소형의 애완견, 그리고 대부분 중간 크기의 붉은 개가 말뚝에 매여 있었는데, 그들은 서로가 비슷하게 닮아 있었다. 어디가 어떻게 닮았는지 나는 생각해보았다. 전부가 싸구려 잡종이고 야위어 있다는 점일까? 말뚝에 매인 채 완전히 적의를 상실하고 있다는 점일까? 틀림없이 그럴 것이다. 우리라고 해서 그렇지 않다는 보장은 없다. 완전히 적의를 상실하고 무기력하게 매여 있는, 서로 닮은 채 개성을 잃어버린, 애매한 우리들, 우리 일본의 학생. 그러나 나는 그다지 정치적인 흥미를 가지고 있지 않았다. 나는 정치를 포함한 거의 모든 일에 열중하기에는 너무 젊었든지, 아니면 너무 나이를 먹었다. 나는 스무 살이었다. (「기묘한 작업」)

그렇습니다. 작품의 커다란 골격을 이루고 있는 차원이라기보다는 자잘한 비유로서 작은 동물이 자주 등장합니다. 오히려 이런 점에서 가스카르 문장의 특질로부터 받은 영향이 역력합니다. 가스카르의 글에 묘사되어 있는 작은 동물에 대한 표현은 정말로 훌륭합니다.

2007년 5월이 마침 '5월축제상'을 받은 지 정확히 50년이 되는 시기입니다. 1955년 9월에 도쿄 대학 고마바 캠퍼스의 교내지 『학원(學園)』에 실린 작품 「화산(火山)」이 활자화된 소설로서는 최초이지요?

그랬습니다. 갓 스물 정도였는데 대학에 진학하고 얼마 안 있어, 시인인 기시다 에리코(岸田衿子) 씨와 알게 되었습니다. 기시다 씨가 자기 동생 집에 같이 가자고 했어요. 도쿄 지리도 하나도 몰랐던 시절이었습니다. 어쨌든 롯폰기 사거리에서 언덕을 내려가니까 도중에 집이 있었고, 에리코 씨의 동생이 누구인지도 모른 채 갔는데 문을 여니까 여배우인 기시다 교코(岸田今日子) 씨가 있더군요. 현관 반대편에 2평 정도 되는 다다미방이 있었고 방에 놓여 있는 네모난, 낮은 토치카같이 생긴 것을 가운데 두고 네 명이 서로 마주 앉았지요. 그러고는 내가 도쿄의 젊은 예술가들은 이런 식으로 모여서 교류를 하는구나 하고 감탄하니까, 에리코 씨였는지 교코 씨였는지 —그게 마작판이라고 알려줬어요(웃음). 같이 있던 사람이 "자네가 「화산」이라는 소설을 쓴 친구인가?" 하고 묻고는 "굉장히 좋은 작품일세"라고 하더군요. 다케미쓰 도오루* 씨였지요.

---

* 武滿徹(1930~1996). 작곡가. 도쿄 출신. 태어나서 바로 아버지를 따라 만주 다롄

다케미쓰 씨가 작업한 것도 당시에는 레코드로 나온 게 「현악을 위한 레퀴엠(弦樂のためのレクイエム)」밖에 없었어요. 하지만 평범한 사람이 아님을 피부로 느꼈습니다. 그가 "자네는 진정 소설가라고 생각해"라고 말해주었습니다. 말하자면 다케미쓰 씨가 저를 만나고 싶어서 교코 씨에게 부탁했고, 교코 씨가 언니에게 전하니까 에리코 씨가 저를 불러낸 것이었지요. 다케미쓰 씨는 51년 전에 쓴 제 작품을 읽은 사람입니다. 이후로 줄곧 경애하는 친구 사이가 되었습니다.

그렇게 이른 시기부터 다케미쓰 씨는 오에 선생님을 발견한 거네요. 「화산」과 「기묘한 작업」 사이에도 「검은 트럭(黑い ト

(大連)으로 건너갔다가 1937년에 일본으로 돌아왔다. 거의 독학으로 음악을 배우며 피아노를 치기 시작해 1950년에 처녀작 「두 개의 렌토(2つのレント)」라는 피아노곡을 발표했으나 작품성을 인정받지 못했다. 이후 1959년에 일본에 방문 중이던 스트라빈스키가 다케미쓰의 「현악을 위한 레퀴엠(弦樂のためのレクイエム)」을 듣고 절찬을 하게 되면서 세계에 이름을 알리기 시작했다. 1970년에는 일본 만국박람회에서 음악감독을 맡기도 하고 전위적인 작곡기법으로 일본적인 음감각을 표현한 것으로 평가받아 현대음악 분야에 있어서 세계적인 유명세를 떨치게 되었다. 오에 겐자부로와는 함께 대담집 『오페라를 만들다(オペラをつくる)』(岩波新書, 1990)를 발표하기도 하고, 다케미쓰 도오루 추모 5년제에서 오에 겐자부로가 「다케미쓰 도오루의 일레버레이션(武滿徹のエラボレーション)」이라는 제목의 강연을 하기도 했다. 이때 오에는 1963년에서 1968년까지 5년간 다케미쓰와 서로 이웃에 살면서 교류했던 소중한 시간을 비롯해 다케미쓰의 음악세계를 자신의 작품과 관련해 설명했다.

ラック)」이라는 단편을 발표하셨습니다. 그밖에도 「친절한 사람들(優しい人たち)」「화장 이후(火葬のあと)」라는 단편소설을 쓰셨다는 기록이 시노하라 시게루(篠原茂) 씨의 『오에 겐자부로 문학사전(大江健三郎文學事典)』에 나와 있습니다. 그리고 희곡이 재학 중의 기록에 남아 있는 것만 해도 3년 동안 네 작품 ――「하늘의 탄식(天の嘆き)」「여름 휴가(夏の休暇)」「죽은 자는 말이 없다(死人に口なし)」「짐승들의 소리(獸たちの聲)」――이나 되던데요. 이런 페이스로 창작을 하셨기에 「기묘한 작업」을 계기로 갑자기 출판사의 의뢰를 받았더라도 차례차례 응하실 수 있었던 거군요.

글쎄요, 역시 분명한 분기점은 있었습니다. 내 스스로 「기묘한 작업」은 지금까지 장난처럼 쓴 습작하고는 다르다는 생각이 있었어요. 신인작가에게는 그렇게 '도약'하는 분기점이 누구에게나 있을 겁니다. 그런데 「기묘한 작업」을 『도쿄대학신문』에서 읽은 문예지 관계자의 주문이 있은 후에, 지금 말한 대로 한 번의 '도약'을 했다는 생각이 들어 곧바로 다른 작품을 써서 편집자에게 건넸습니다. 그러자 다행스럽게도 혜안을 가진 편집자라서 "이건 별로네"라고 말해주더군요. 글을 돌려받아서 다시 읽어보니 스스로도 금방 알 수 있었습니다. 좋지 않다는 것을요. 그 원고는 찢어버렸지만 동시에 '그럼 다시 써보자' 하는 의욕이 생기더군요. '다시 써보자'라고 생각한 시점이, 내가 의식적으로 소설가가 된 첫걸음이 아니었을까 합니다. 작품을 다 쓰고 나면 그 작품에 대해 검토를 합니다. 외국의 새로운 소설을 읽는 독자로서는 이미 경험이 많았기에 일단 비평 능력은 갖추고 있었다고 봅니다. 나 스스로 매끄럽지 못하다고 느껴지면 곧바로 다시 고쳐 썼지요. 현재까지 변함없이 이어지고 있는 나의 글쓰기 방식을 시작한 첫 순간이었습니다.

그렇게 다시 고쳐서 「타인의 다리(他人の足)」(원고지 76매)와 「죽은 자의 사치」(152매)라는 단편을 썼습니다. 「타인의 다리」에도 분명하게 사르트르의 소설을 읽었기에 가능했던 공상이 개입되어 있습니다. 「죽은 자의 사치」는 아르바이트로 헛짓만 하던 청년이 일을 하면서 자신이 위기에 처해 있다는 사실을 자각한다는 이야기로, 주제로 보나 이야기의 진행 방식으로 보나 완전히 「기묘한 작업」을 변주한 것에 지나지 않았어요. 히라노 겐 씨가 "동공이곡(同工異曲)"이라는 식으로 말씀하셨으니까요(웃음). 그 말 그대로입니다. 「타인의 다리」는 조금 다른 소설이었지만요.

어쨌든, 처음에 무모하게 도전했던 소설이 『도쿄대학신문』에 실리고, 그것을 계기로 소설을 쓰라는 이야기를 들었기에 분발해서 썼어요. "이건 별로다"라는 말에 비로소 진심으로 소설을 다시 고쳐 써보자는 생각이 들었고, 그런 식으로 시작해서 1년 동안에 두

권의 단편집과 6백 매 정도의, 내 나름대로는 장편이라고 생각했던 『짓밟히는 싹들(芽むしり仔擊ち)』을 썼습니다.

『짓밟히는 싹들』은 애독자가 매우 많습니다. 그것도 문장 자체가 좋다는 사람이 많아요.

살육의 시대였다. 오랜 홍수처럼 전쟁의 집단적인 광기가, 인간 정념의 깊은 골, 육체의 모든 구석, 숲, 거리, 하늘에 범람했다. 우리가 수용되어 있던 낡은 기와지붕 건물 안에 있는 뜰에도 예외 없이, 돌연 하늘에서 내려온 병대(兵隊), 비행기의 반투명한 동체 안에서 외설스러운 자세로 엉덩이를 내밀고 있던 젊은 금발의 병대가 허둥지둥 기관총을 쏘아대었다. 이른 아침, 노역을 시작하기 위해 정렬해서 문밖을 나서려면 악의에 찬 가시철조망으로 얽힌 문 바깥에 막 굶어 죽은 여자가 기대어져 있다가 불현듯 인솔하는 교관의 코앞으로 쓰러지곤 했다. 거의 매일 밤, 때로는 한낮까지 공습에 의한 화재가 마을을 뒤덮은 하늘을 밝게 비추었고, 혹은 검은 연기로 흐리게 했다.

마을을, 광기에 찬 어른들이 광분해 있던 그 시대에 몸 전체의 피부가 부드럽고 밤색으로 빛나는 솜털밖에 가지지 못한 자들, 하잘것없는 악행을 저지른 자들, 그중에는 비행소년 같은 경향을 지녔다고 판단될 뿐인 자들을 계속 감금해두는, 기묘한 정열이 있었던 것은 기록해둘 가치가 충분히 있을 것이다.

어둡고 불결한 묘사가 이어지고 있는데도 주체할 수 없이 밝아요. 활기에 차 있는 듯도 하고요. 이러한 표현이 가능했던 것은 역시 작가나 시대 자체가 두려움을 모른다고나 할까, 가공할 정도로 젊어서 에너지가 넘쳤기 때문이 아닌가 합니다.

그때만 해도 지금 읽어도 꽤나 재미있는 작품이 있어요. 그렇지만 그 후로 2, 3년간 쓴 소설은 좋지 않아요. 스스로 좋지 않다고 판단했지만 문예지라는 것이 일단 얼굴을 수면 밖으로 내민 신인에게는 관대해서—지금도 그런 경향은 있습니다만—, 받아들여주니까 작품을 발표한다는 식으로 문단 생활을 시작한 겁니다. 아쿠타가와 상을 받았다는 것도 작용했습니다. 『늦게 온 청년(遅れてきた靑年)』이라고, 전후를 살아가는 청년의 허구적인 자전 소설이라고나 할까, 지금도 제목만큼은 잘 기억하고 있는 그 소설도 그런 상태에서 쓴 겁니다.

한편으로는 이런 식으로는 안 된다, 막다른 길에 이르렀다는 침체된 느낌에 사로잡혀 있었습니다. 하지만 이름이 어느 정도 알려져 있었기 때문에 다시 학생으로 돌아가 공부를 한다거나 또 발표할 예정이 없는 소설을 써나가는 방식으로 공부를 하는 것은 불가능했지요. 공중에 붕 뜬 듯이 괴로운 시기였습니다.

> 1996년, 예순하나의 나이에 간행하신 『오에 겐자부로 소설』 전10권에는 『늦게 온 청년』이나 『일상생활의 모험(日常生活の冒險)』과 같이, 초기부터 그때까지 줄곧 읽혀오던 작품이 수록되지 않았습니다. 소위 "젊은 필체"의 작품이 들어가 있지 않아서 독자로서는 의외였는데요. 이 역시 엄격한 자기 비평의 결과였습니까? 현재와는 전혀 다른 '오에 겐자부로'를 발견하고 싶다면 『늦게 온 청년』이나 『일상생활의 모험』을 읽는 게 유효할지도 모르겠네요.
> 예를 들면 『일상생활의 모험』에 등장하는 주인공 청년, 사이키 사이키치에 대한 이런 묘사.

사이키치는 1미터 75센티미터의 작지 않은 키에 베를렌이 스케치했던 랭보와 비슷한 외모를 갖추고 있었다. 그리고 지방 영화관이나 삼류 영화관에서 상영하던 프랑스 영화 「육체의 악마 Le Diable au corps」에서 주인공 역을 맡았던 제라르 필립과도 닮았다. 사이키치를 만나면서 여러 번 느꼈던 것이지만, 나는 그의 얼굴 어디에서도 특별한 점은 발견할 수가 없었다. 하지만 많은 사람들 중에서 사이키치의 이목구비는 유난히 돋보였다. 그는 상황에 따라 매우 다양한 사람의 얼굴, 그것도 매우 개성적인 타입의 용모를 가진 다른 사람의 얼굴을 떠올리도록 만들었다. 제임스 딘이 자동차 사고로 죽었을 때, 사이키치는 눈이 나쁜 이 미국인을 연상시키는 태도로, 우아한 눈을 가늘게 뜨고는 이마를 머리카락으로 약간 가린 채 걸어다니고 있었다. 여러 사람이 그를 동양인 중에서 가장 제임스 딘을 닮은 얼굴이라고 평했다.*

이 부분에서 이타미 주조 씨의 용모가 오버랩되는데, 신통하게도 소설에 담아낸 절묘한 묘사라고 실감하는 사람도 있을 겁니다. 그렇게 받아들인 독자가 많지 않았을까요?

이타미 주조가 죽었을 때, 매스컴 세계에 속한 그의 친구들과 저와는 서로 다른 기억이 있었지만, 그건 아무래도 상관없습니다. 그렇지만 앞서 말씀드린 대로 쓰는 사람의 입장보다는 읽는 사람의 입장에서 내 눈이 더 정확했기에 당시 활자화된 것을 다시 읽고는 작품성 면에서 부족하다는 생각이 들었습니다. 그런 느낌이 드는 작품

---

*『일상 생활의 모험』, 정영표 옮김(하문사, 1994) 참조.

들은 전집에서 제외시켰어요. 『일상생활의 모험』 같은 작품도 애독해주시는 독자가 아직 계시는 모양입니다만, 기법이나 인물을 다루는 방식 등은 소설의 기본적인 레벨을 충족시키지 못하고 있어요.

나는 일찍부터 소설을 쓰기 시작했기 때문에 젊을 때 이미 많은 작품을 썼지만, 지방의 작은 마을에서 가족들의 비호 속에 자란 늦된 인간이지요. 아역 출신 배우가 성숙한 모습을 보여도 늘 미숙하다는 결점을 지적받는 경우가 있는데, 나에게도 그런 부분이 있습니다. 그야말로 늦된 작가이지요. 다만, 늦된 작가는 끊임없이 소설 기법의 완성을 추구하는 삶을 살 수 있지요. 이 점은 스스로도 긍정하고 있습니다. 그것이 late work, '만년의 작업'에 연연하는 이유이기도 합니다.

미시마 유키오 씨를 생각해보면, 그는 처음부터 완벽한 작가로서의 자신을 믿고서 "나는 이런 사람입니다" 하고 세상에 과시하는 능력이 있었지요. 처음부터 완성도 있는 스타일을 보여주는 사람. 그런 사람이 조숙한 작가라고 봅니다. 내 경우는 문학을 어떤 방향으로 파고들어가면 재미있을 거라는 건 알고 있어요. 이것은 필요조건이라고 할 수 있지요. 따라서 나에게는 어떤 식으로 진행해갈 필요가 있다는 것을 알고서 글을 쓰고 있는 것은 분명한데, 그런 식으로 스스로 모색해서 기획한 성과를 독자 혹은 세상이 충분하게 받아들여주리라는 확신은 없어요. 충분조건이 내게 겸비되어 있다는 자각은 없던 게지요. 마치 공을 받아줄지 어떨지 모르는 상대방을 향해 볼을 던지는 것과 같은 출발이었습니다. 미시마 유키오 씨는 당시 이미 존경받는 대가로, 저보다 열 살밖에 많지 않았는데 스물다섯이나 서른 살 정도는 차이가 나는 것 같았습니다. 그리고 자신이 실천하는 문학적 행위, 사회적 행위가 세상에 어떤 식으로 받아들여질 것인가에 대한 확신이 미시마 씨에게는 있었어요. 세상에 받아들여지지 않고 폭투(暴投)가 되어도, 그것은 자기의 책임이 아니라 일본 독자에게 그만한 능력이 없는 탓이라는 확신이 그에게는 있었던 겁니다.

소설은 이렇게 씌어진다

오에 선생님 본인은 자각이 없으셨을지 몰라도 전후 15년 정도가 지나면서 드디어 일본 청년의 내면을 훌륭하게 작품화한 '우리 시대'의 작가가 등장했다며 인기가 고조되어갔습니다. 그 시기의 작품에는 굴욕적인 입장에 놓여 인간성이 소외된, 또는 연금 상태에 놓여 있는 젊은이가 다양하게 등장합니다. 그들은 일본 밖으로 나가기를 간절히 바람에도 불구하고 행동으로 옮긴 적은 없어요. 결국 파멸해서 '패배를 확인'하는 형태로 소설은 끝이 납니다. 그러한 자세가 '미국을 추종하는 일본의 전후를 비판하는 의식이 담겨 있다'고 받아들여졌습니다. 색다른 인물과 설정이 두드러지는 작품이 많은데, 당시에는 어떤 소설을 착상하고 계셨는지요?

저는 말이지요, 소설을 쓰기 전에 이런 소설을 한번 써보자, 혹은 이런 인물을 만들어보자, 그런 목적의식을 갖고 시작했던 적은 없던 것 같아요. 프랑스 소설을 읽다 보면, 우선 단어 구사의 재미 같은 것에 자극을 받아 소설이 쓰고 싶어집니다. 예를 들면 피에르 가스카르의 단편에서 "매우 웅대한 공생감"이라는 표현을, 와타나베 가즈오 선생님이 하신 번역을 읽다가 발견했습니다. 그러면 곧바로 원문을 확인해보지요. 전쟁이 시작된 날, 어둠 속에서 말을 지키던 청년이 웅대한, 바스트vast한 공생감을 느낀다는 실로 적절한 어절을 읽고는 다시금 청년의 공생감을 실감합니다. 그 시점에서부터 나에게도 비슷한 이미지가 전개되기 시작합니다. 어릴 적에, 전쟁에 대한 역시나 웅대한 느낌, 그리고 그와 달리 어긋나는 기억……그때부터 어느 틈엔가 나도 소설을 쓰고 있고 이런 식으로 소설을 써 내려가는 것이 나의 방법이었지요. 지금도 어떤 작품은 기억이 나고 그렇지 않은 것도 있는데, 하나의 재미있는 프랑스어, 혹은 영어가 눈에 띄어서 그것을 일본어로 번역하다 보면 그 단어가 지니고 있는 감각의 세계, 혹은 사상의 싹과도 같은 것을 소설로 전개해보고 싶은 의욕이 생겨납니다. 바로 그 시점에서부터 이야기를 만들어갑니다. 그것을 우화처럼 만들어 현실과 관계없는 이야기로 전개하는 것이라면 얼마든지 나아갈 방향은 있을 수 있어요. 하지만 나는 내가 자라온 일본 지방의 리얼한 상황과 연결 짓고 싶었습니다.

그 무렵에 아베 고보(安部公房)를 좋아했습니다. 아베 씨나 프란츠 카프카의 작품을 읽고 있었어요. 우화적으로 소설을 만드는 작가가 있고 그러한 작품은 재미도 있지요. 그러나 나는 우화를 만드는 글쓰기는 하지 말자, 가능하다면 현실 생활에 밀착해서 써나가자고 다짐했어요. 그런 식으로 일본의 동시대 작가 아베 고보와는 다른, 나만의 독창적인 세계를 만들려고 했습니다. 게다가 말이지요, 리얼한 현실 생활에 밀착해서 독특한 소설을 창작하는 사람들로 '제3의 신인'이라는 작가 그룹이 있었습니다. 그들은 인생을, 혹은 사회를 잘 알고 있는 사람들이었지요. 나는 지방에서 불쑥 상경한 젊은이라 아무것도 몰랐습니다. 그래서 내 소설은 리얼한 현실을 담아내는 것을 목표로 하지만 관념적인 어떤 단어로부터 시작하는 글쓰기 방식을 취하자고 생각했지요.

매일 외국어와 일본어를 대조하면서 읽는 작업을 했습니다. 그러다 보면 내 흥미를 끄는 단어가 얼마든지 보였습니다.「불시에 벙어리가 된 사나이(不意の啞)」라는 소설도 우선 '벙어리'라는 단어에

서 시작된 겁니다. 불시에 사건은 벌어지고 사회가 그리고 자신이 변해버린다는 사실은 패전 후 줄곧 느끼고 있었지요. 「불시에 벙어리가 된 사나이」라는 말을 우선 만들고 그렇게 된 사람들의 상황부터 생각하기 시작했어요. 시인이었다면 그 첫 단어를 실마리로 시를 써나가듯이, 나는 그 실마리로 이야기를 만들어나가는 방식을 택했지요. 사회를 관찰하고 하나의 모럴, 이념을 끄집어내서 써나가는 것이 아니라, 처음에 관념적인 사항을 머릿속에 그려내고 그것을 현실과 걸맞은 장면에 끼워 맞춥니다. 그런 방식을 통해 소설을 만들었고 얼마든지 쓸 수가 있었습니다. 짧은 이야기 정도는 말이지요.

그런데 그런 작품을 계속해서 쓰다 보니까, 앞으로 작가로서 살아가고자 마음먹은 인간이라고 하기에는 내 스스로 장래를 위해 아무런 디딤돌도 쌓지 못했다는 사실을 깨달았습니다. 조금 윗세대를 생각해보면, 지금 말한 '제3의 신인'처럼 자기의 경험을 토대로 소설을 쓰기 시작한 사람들이 많이 있어요. 동년배 젊은 작가 중에도 그런 사람이 있었지요. 예를 들면 아베 아키라(阿部昭) 씨는 불문과 졸업면접에서 같은 테이블에 앉았던 사람입니다. 그런데 나만이 너무나 관념적이라는 생각이 들어서 만족할 수가 없었어요. 내 소설의 약점만 눈에 들어오는 날들이 시작됐고 불안했습니다.

그러한 생각은 작품 속에 등장하는 인물에게 반영되었지요. 방향성을 못 잡은 채 경제적인 호조가 시작되던 1960년대 초기의 시대감각과 밀착되어 있던 것은 아닐까요? 마치 시대로부터 무엇인가를 부탁받았다는 듯이. 제가 소학교 학생이 되었을 무렵, 60년대 중반에 아버지로부터 들은 이야기를 왠지 모르게 선명하게 기억하고 있습니다. "오에 겐자부로라는 엄청난 재능을 가진 작가가 나타나서 같은 세대의 작가 지망생들이 붓을 꺾고 말았단다"라고 하셨지요.

올해에 내가 초창기에 쓴 작품들이 프랑스 갈리마르 출판사에서 번역되었습니다. 작품에 대한 비평들이 나오기 시작했지요. 그중 몇 가지인가 적극적인 평가도 있었습니다. 예를 들면 단편 「죽은 자의 사치」나 「비둘기(鳩)」, 그리고 「세븐틴(セヴンティーン)」 같은 중편에 대한 비평들이지요. 이 작품들은 전쟁이 끝나고 10년이라는 시간이 흘러서 일본의 지방 출신인 한 청년이 도쿄에서 어떤 생활을 하고 있었는지, 어떠한 울적한 기분을 품고 또 소외된 감정을 느끼며 살았는지…… 이런 내용이 질감 있게 잘 표현되어 있다는 평을 받았습니다.

쓰고 있는 청년이, 아무리 관념적으로 생각해도, 그가 너무 젊기 때문에 어릴 적 기억이 소설 속에 비집고 들어가게 된 것 같아요. 도쿄라는 낯선 환경에 살기 시작하면서 관찰한 것도 포함됩니다. 스스로는 의식하지 않았어도 역시 읽을 만한 가치가 있는 구체적인 모습이 묘사되었던 겁니다. 이런 게 바로 소설의 힘으로, 나름대로 동시대의 현실과 일본인을 반영하고 있었습니다. 프랑스어로 번역하기 위해 나눈 논의를 계기로 초기 작품을 다시 읽어보고 비로소 저도 깨달은 사실입니다.

특히「인간 양(人間の羊)」은 나와 등신대의 청년상을 그렸고 상상력 면에서도 풍부해진 감이 있어서 어느 정도 성공한 작품이라고 생각합니다. 소설이라는 글쓰기에는 쓰고 있는 내 자신을 넘어서…… 내 자신은 어리고 금방이라도 꺾여 부서질 듯한 풋내기였지만(웃음), 그 표현과 표현자로서의 나를 견고하게 만들어주는 힘이 있습니다. 소설을 쓰지 않았다면 나는 심리적으로 위험했을지 몰라요, 그 스물다섯, 여섯 시절에. 결국 소설을 썼기에 살아남을 수 있었지요. 지금 생각하면 그렇습니다. 그렇게 살아가고 있던 차에 장남 히카리가 태어났지요. 심리적인 위험 따위를 말하는 게 오히려 사치스러운 그런 상황으로 털썩 떨어졌다……고나 할까, 아니면 쑥 하고 밀려 나왔다고 할까. 나의 현실 생활과 마주보게 된 겁니다.

'전후파'에 대한 경외와 위화감

지금은 초기 작품이 이미 현대의 고전이 되었지요. 프랑스 실존주의와 동시대의 자극, 양쪽의 영향을 독자도 선입견 없이 작품을 통해 읽어낼 수 있었다고 봅니다. 그렇지만 당시의 문단에서 히라노 겐, 아라 마사히토, 노마 히로시(野間宏)와 같은 『근대문학』 잡지의 동인, '전후파' 작가들로부터 자신들의 정통성을 잇는 후계자로 지목되어 더욱 세간의 주목을 받게 되십니다. 위화감은 없으셨습니까?

'전후파'는 실제로 전쟁을 체험한 지식인 문학자들이었습니다. 전쟁터에서의 어두운 체험을 품고 돌아와서 전후의 해방된 사회 속에서 어떻게 살아나갈지를 문학을 통해 실천한 사람들입니다. '전후파' 작가는 우선 지식인이었고 전쟁 체험이 있는, 문학적으로는 도스토옙스키부터 상징주의까지를 아우르고, 사회주의적 리얼리즘의 이념도 사상적으로 갖추고 있는 사람들이었지요. 나는 이런 성향들과는 전혀 관계없이, 단지 소설적인 재능만으로 단편을 창작하고 있던 젊은이였어요. 그래서 본질적인 면에서 사회적인 그들과 나를 관련짓는 평가에 대해서는 경외 어린 위화감을 가지고 있었습니다.

더군다나 나와 그들을 같은 범주에 놓고 보는 평가나 비판, 그와 동등하거나 그 이상의 비평들이 쏟아져나왔고 그런 비평가들의 문장도 주의 깊게 읽었지요. "이런 비평가들에게 대항하며 끝까지 살아남자!"라는 각오를 다졌고, 그 생각은 지금까지도 이어지고 있습니다.

그렇다고 해도 당시 일본의 문단은 젊은 작가에게 관용적이었습니다. 군대에서 범죄자와 같은 취급을 받은 노마 히로시 씨라든지, 노동자 출신으로 비합법 좌익운동에 발을 들여놓고 험난한 인생을 산 시이나 린조(椎名麟三) 씨, 중국문학 전문가인데도 중국으로 건너가 중국인과 싸우지 않으면 안 되었던 다케다 다이준(武田泰淳) 씨…… 그들은 그 무렵 삼십대 후반에서 사십대 정도로, 나보다 열 살에서 스물다섯 살 정도 연상이었어요. 전후파 계보의 가장 끝자락에 아베 고보 씨가 있었고 미시마 씨와 같은 연배였지만 그들 또한 나보다 열 살 위입니다. 나는 메이지유신 이래 일본의 근대화가 전쟁을 감행하고 패전하게 되는, 그런 가장 극적인 시대를 경험하며 의식을 갖고 살아온 사람들의 문학으로서 전후파문학을 이해하고 있었습니다. 제 스승 와타나베 가즈오 선생님은 노마 씨보다 몇 살 위인데, 그의 제자인 가토 슈이치 씨는 전후파입니다. 와타나베 선생님은 전후파의 스승 격에 해당하지요.

이런 이유로 그들을 그대로 계승하기란 도저히 불가능했고, 그들에 비하면 내가 말하는 정치라든지 사회가 **어설픈** 느낌이 든다는 것도 잘 알고 있었습니다. 저쪽은 튼튼한 바위 위에 서 있고, 이쪽은 흔들거리는 받침대를 딛고 서 있어서 금방이라도 넘어질 것 같았어요. 이런 상태로 불안한 감정을 갖고 소설을 쓰고 있는 젊은 소설가에게 전후파는 관대했습니다. 오히려 전후파와 우리들의 중간에 있었던 '제3의 신인'이라 불리던 사람들이 우리들에게 비판적이었지요. 그들은 좋은 작가였습니다. 야스오카 쇼타로(安岡章太郎), 고지마 노부오(小島信夫), 시마오 도시오(島尾敏雄), 요시유키 준노스케(吉行淳之介), 그리고 엔도 슈사쿠(遠藤周作)…… 그들은 우리에게는 교양과 경험을 갖춘 심술궂은 형님 같은 세대였지요. 그 윗세대인 전후파는 마치 할아버지가 손자를 대하는 것처럼 너그럽게 대해주는 느낌이었습니다. 그래서 꽤 많은 도움을 받았습니다. 하지만 그들을 직접 만나면 나에게는 전후파의 경험도 사상도 없다는 것을 통감했고 스스로가 어중간한 인간으로 여겨져 풀이 죽곤 했습니다.

그 정도로 금방이라도 넘어질 듯한 위태로운 심경에 내몰렸기 때문이었을까요, 성적인 이미지의 표현이 강렬한 것은? 예를 들면 동성애자, 성불구자, 창부, 님포마니아, 치한 등 많은 등장인물들이 지나치게 위험한 터부를 간직하고 있습니다. 청순하고 아름답고, 긍정적인 모습으로 그려진 여대생은 한 명도 없습니다. 게다가 표현 자체가 충격적이고 부

도덕하리만큼 직설적이지요. 이러한 면에서 오에 작품의 영향을 현저하게 받은 신인작가들이 지금도 매우 많습니다.

그런 과정을 이겨내면서 독특한 작품을 써나갈 수 있다면 괜찮아요. 쓰면서 살아가는 생활을 통해 자기 수정을 해나가면 되지요…… 나는 경험상 그렇게 말하고 싶습니다. 나로 말할 것 같으면, 그저 아무것도 모르는 이십대 초반의 청년으로 성관계를 가진 애인도 없고, 오로지 책만 읽던 인간입니다. 동시대의 미국이나 프랑스 소설을 자주 읽었어요. 내가 생각해낸 것은 그 소설들을 경유한 관념적인 성의 문제나 여성상에 지나지 않았습니다. 다만, 그때까지 일본 문단에서 묘사해온 아름다운 정서라든지 부드러운 감각, 인간의 따뜻하고 촉촉한 육체로 대표되는 여성상──예를 들어 다니자키 준이치로나 가와바타 야스나리가 묘사해온 것과는 다른 여성상을 나는 표현해보고 싶었습니다. 현실적으로 나를 강하게 거절하는 존재로서의 여성이라든지, 이성적으로 무장한 청년을 무너뜨리고 마는 육체의 마력을 가진, 이성(理性)과 대립하는 존재로서의 성을 그려내려 했지요.

「성적 인간」이라는 중편소설에서, 말하자면 어떤 정경을 스케치하듯이 대상을 표현하는 형식을 이용해 치한이 되길 원하는 청년을 그렸습니다. 그런 인간이 전철을 타고 있을 때 느끼는 극도의 긴장감. 결국에는 극단적인 파국으로 치닫게 된다는 내용으로 처음에 작품을 구상했지요. 그런데 그 청년이 3, 4년 동안 그렇게 살다가 인격적으로 다음 단계를 밟게 되지요—무너져버리던가, 아니면 성장하던가. 이런 방식으로 스케치 단계에 있던 구상이 그 청년의 인생 이야기로 만들어집니다. 그게 바로 소설이라고 생각합니다. 중편이 됐든 장편이 됐든 이런 구조로 소설은 존재합니다. 내 경우에는 성적인 상황을 스케치한 단편을 몇 편이나 썼지만, 하나의 인간이 정상적으로 성장해가는 과정으로서 그것을 그려낼 수는 없었습니다. 실제로 내 자신이 다 성장하지 못했기 때문이지요. 이런 면에서도 내가 그리는 청년들이 이후에 어떻게 변해갈까 하는 불안감이 많이 들더군요. 그렇게 소설을 쓰면서 스스로 이론화도 해갔지요.

> '성적 인간'과 '정치적 인간'. 정치적으로 여성성을 갖게 된 나라의 청년은 성적인 인간으로서 희극배우처럼, 비극적으로 살아갈 수밖에 없다. 정치적인 인간은 타자와 대립하고 항쟁을 계속할 뿐이다. 이 말이 인상 깊게 남아 있습니다. 어느 쪽이건 간에 부정적인 폐쇄 상태에 처한 시대를 사는 인간을, 그런 방식으로 그려내고자 하신 건가요? 확실히 그들은 상당히 반도덕적이기도 하고 매력적이기도 합니다. 이런 성향들은 나중에 『'레인트리'를 듣는 여인들(「雨の木」を聽

『〈女たち〉』을 필두로 1980년대 작품에서 대전환을 일으키게 됩니다.

그렇지요. 젊었을 때 생각한 '성적 인간' '정치적 인간'이라는 구도는 그야말로 관념적입니다. 성냥개비로 만든 공작품 같은 이론을 구축해서 거기에 소설의 살을 씌우는 작업에 꽤나 재능이 있었을 따름입니다. 그것이 한동안 저널리즘에서 "성적인 측면에서 충격적인 표현을 하는 새로운 작가"로 받아들여졌지요. 솔직히 그런 식으로 받아들여지니까, 그에 맞게 내가 의도적으로 애쓴 부분도 있었을 겁니다. 그렇지만 그것은 지금 말한 성냥개비로 지은 집에 지나지 않았지요.

성에 대해, 혹은 여성에 대해, 좀더 진지하고 깊게 생각할 수 있게 된 건, 오십대가 되어서야 쓴 『그리운 시절로 띄우는 편지(懷かしい年への手紙)』이후입니다. 이때부터 실제 작품을 살펴보면, 이미 만년의 작업이 시작된 듯도 해요. 변명할 여지없이 늦된 작가이지요. 특히 여성을 묘사함에 있어서 그렇습니다.

'안보비판을 위한 모임'과 '젊은 일본의 모임'

1960년에는 미일안전보장조약에 반대하는 '안보비판을 위한 모임'에 참가하셨습니다. '젊은 일본의 모임'의 결성에도 관여하셨지요. 『엄숙한 외줄타기(嚴肅な綱渡り)』와 『지속하는 의지(持續する志)』, 두 권의 에세이집에는 안전보장조약에 반대하는 결의 표명이 반복적으로 나옵니다. 예를 들면 「정치적 상상력과 살인자의 상상력(政治的想像力と殺人者の想像力)」에서는 "설사 하나의 소설에서 아무리 황당무계한 공상이 펼쳐진다 해도 그 창작의 중심에 위치하는 작가의 의식은 그가 놓인 움직일 수 없는 현실 생활에 근거해 자기를 초월하는 se dépasser 작업을 하고 있는 것이다. 다시 말해 작가에게 있어서 상상력의 행사는 몽환을 만들어내는 것이 아니다. 그 반대로 현실적인, 지금 일본의 1960년대와 관련해 그것을 에워싼 채 가차 없이 침식해오는 세계의 현실 전체와 관련된 삶의 뿌리를 향해 스스로 파고들어가는 행위이다. 그렇게 해서 현실의 자기 자신을 뛰어넘어 가는 일이다"라고 쓰고 계십니다.

왠지 어깨에 힘이 들어간 듯한 문체로(웃음), 확신에 찬 듯이 말하고 있지만, 앞서 말한 전후파 문학자들이 봤다면 철없어 보였을 겁니다. 나는 불문과에서 사르트르의 상상력, 이마지나시옹imagination에 대한 고찰을 주제로 졸업논문을 썼습니다. 그런데 사르트르의 상상력이 아무래도 내가 소설을 쓰면서 생각해온 상상력과는 사뭇 다르다는 느낌이 들기 시작했어요. 그러다가 졸업 직전에 가스통 바슐라르를 읽었습니다. "상상력이란, 자신이 인식하는 것, 알고 있는 것을 바꾸어가고 변형해가는 힘이 바로 상상력으로, 문학과 현실의 모든 활동도 거기에서 시작된다." 이런 기본 구도를 전제로 하는 바슐라르를 읽고, 사르트르에서 바슐라르적인 상상력 쪽으로 이른바 '전향'할 생각에 노트나 카드를 정리하기 시작했습니다. 동시에 사르트르가 오랫동안 해온 일——원래 관념적인 철학자이지만, 그 일을 정치활동 속에서 어떤 식으로 활용할지를 줄곧 생각했지요. 사르트르의 행동을 통해 그것을 배우자는 마음은 계속 간직하고 있었습니다.

그리고 1960년, 내가 스물다섯 살이었지요. 미일안전보장조약을 개정해서 지속하자, 아니다 폐기하자라는, 정부의 의견과 이에 반대하는 운동이 일어났어요. 정말로 국민적으로 대대적인 운동이었습니다. 전후파의 노마 씨 같은 문학자나 이론가인 마루야마 마사오 씨 같은 학자도 실제 데모에 매일같이 참여할 연령은 아니었어요. '제3의 신인'들은 원래부터 흥미가 없었고요. 그래서 그 아랫세대로서 데모가 일어나면 데모에 참가하고 싶었어요. 같은 생각을 가진 문학이나 연극, 음악을 하는 젊은이들이 많았고 '안보비판을 위한 모임'이 만들어졌습니다. 이 모임은 저보다 대여섯 살 정도 많은, 신뢰할 만한 사람들이 주축이었는데 그들로부터 참가 제안이 왔습니다. 내 주변의 젊은 친구들이나 정치활동을 하는 당파에 소속되기는 싫으면서 정치적인 현실에 참여하고 싶었던 나에게는 절호의 기회였습니다. 그래서 소설 쓰기는 제쳐 두고 데모대를 따라나섰습니다. 그런 행동을 스스로에게도 납득시키기 위해, 지금 막 인용하신 내용의 글들을 쓰기도 했습니다. 데모에 참가함으로써 어쨌든 나는 상상력에 관계되는 일을 하고 있는 것이라고. 또 지금까지 현실에서 받아들였던 이미지를 다시 재구성해가는 작업이라고 말이지요. 그렇게 다시 재구성해나가면서 소설도 쓰고 그로 인해 나 자신도 변화시켜보고 싶었습니다. 현실 속에서 스스로가 변해가는 조건을 갖추고 싶었던 겁니다.

지금까지 읽어온 이론만을 가지고 일종의 아이들 놀이 같은 생각으로 소설을 쓰는 인간에서 좀더 현실을 깊이 있게 다룰 수 있는 인간이 될 수 있을지도 모른다—그런 바람을 가졌지요.

물론 '어른'들로부터 비판도 받으셨으리라 생각합니다. 그래서 1960년대를 통해서 던지셨던 자신과 사회에의 질문은, 더욱 보편적인 청년의 질문이라는 느낌이 지금 읽어도 듭니다. 같은 시기의 소설과 나란히 읽힌다는 의의는 큰 것이구나 하고 말이지요.

내 상상력과 현실 사회의 움직임을 끊임없이 연계하면서 살아가고자 했습니다. 그런데 말이죠, 나와 같은 생각을 가진 사람이 있었습니다. 예를 들면 앞서 친구가 되었던 계기를 말씀드린 작곡가 다케미쓰 도오루 씨가 그랬지요. 다케미쓰 씨는 정말로 섬세한 분으로, 나도 몸이 말랐었지만, 그와는 비교할 수조차 없었어요. 기동대가 차단한 곳을 데모대가 통과하는데 물론 여성들도 참여했지요. 그들에게 강한 물줄기를 방사하는 일이 종종 있었는데, 다케미쓰 씨는 제 어깨너머로 그 물줄기를 맞기만 해도 날아가버릴 정도로, 정말로 섬세한, 어린아이와 같은 육체의 소유자이셨습니다. 하지만 물을 뿜는 기동대원을 향해 폐부를 찌를 듯이, 실제 상대방에게 상처를 주지 않으면 견딜 수 없다는 듯이 절규를 하는, 신비로운 사람이기도 했습니다. 그런 사람과 함께 데모에 나가서 호스로 뿜어대는 물을 맞고 몸을 말릴 장소를 찾아 우왕좌왕 돌아다녔지요. 녹초가 되어 자취방에 돌아오면 책을 읽는 것으로 겨우 내 자신을 되찾았어요—그 정도로 엄청난 현실 참가였습니다.

결국 내 인생에서 온통 정치에만 가담한 날들은 지금에 이르기까지 없습니다. 그 당시 '젊은 일본의 모임'이라는 것도 만들어졌어요. 정치에 관심은 없고, 일본과 미국의 관계가 앞으로 어떻게 될지에 대해서도 거의 공부를 하지 않는 타입도 있었지만, 어쨌든 매스컴에 얼굴을 내밀고 있는 젊은이들이 발언을 바란다면 함께한다는 형태로 사회적인 어필을 했던 겁니다. 그 일의 연장으로서 나는, 안보반대 운동을 하던 젊은이들 가운데 선발되어 가이코 다케시(開高健)와 둘이 중국을 가게 되었는데, 돌아와 보니 안보에 반대하는 쪽은 패배해 있었지요. 그렇지만 '젊은 일본의 모임'은 후에도 예술에 대한 논의를 위해 서로 만나서 대화를 나누기도 했습니다.

> '젊은 일본의 모임'에서는 에토 준(江藤淳) 씨, 아사리 게이타(淺利慶太) 씨, 이시하라 신타로(石原愼太郎) 씨도 함께였습니다. 지금에 와서 생각해보면 정말로 예측 불허의 멤버 구성으로 보이는데, 그 후 모두들 함께 활동하셨지요?

그렇습니다. 동세대로서, 조금 빨리 일을 시작하고 있던 젊은이들이 서로 얼굴을 알거나 이름을 아는 정도의 친분으로 모였던 거니까요. 모두 동료이기는 했지만, 나나 다케미쓰 씨처럼 자신의 일은 곧이곧대로 해나가고 정치에 대해서는 비판적인 입장을 고수하며 현실을 변화시켜갈 중심 세력이 되기보다는 주변이나 외연에 있는 인간이 되어 계속 표현해가는 무리와, 그렇지 않은 사람들로 확연하게 나뉘어갔습니다.

'안보비판을 위한 모임' 이후, 30년이 지난 1990년경에는 보수정당의 지도자들에게 형편상 보기 좋고 그러면서도 의지가 되는 이론가로서, 예를 들면 에토 준이라는 평론가가 확실한 발판을 닦고 있었습니다. 상업연극 분야에서는 역시나 일본 지도층이 선호하여 받아들인 아사리 게이타가 활동을 했고요. 이 사람은 연극뿐만 아니라 나카소네 야스히로(中曾根康弘)가 레이건 대통령과 회견하는 장소의 연출을 담당하기도 했습니다. 말할 필요도 없겠지만, 이시하라 신타로는 정치가가 되어 일본이라는 국가의 중심을 이루는 무리의 한 사람으로서 자기표현을 했어요. 그들과 다르게 나나 다케미쓰 씨는 중심을 향해 나아가지 않고 주변적인 장소, 기성의 지배체제 사회에서는 이단시되는 장소에서 비판적인 입장의 상상력을 원동력으로 하는 일을 해왔지요. 물론 음악계에서 다케미쓰 씨는 중심적인 인물이고, 나 역시 이른바 순문학을 쓰는 인간으로서 역할을 할 수 있는 장소를 부여받고 있었지요. 여러 가지 문학상을 받기도 했고요. 그렇지만 중심을 향하는 인간과 주변적인 장소에서 비판하는 인간의 입장 차이는 평생 남는 것이고, 그것은 출발부터가 그러했다고 봅니다.

내가 지금 에드워드 사이드처럼 팔레스타인 문제에 열중했던 문학이론가, 문화이론가에게 친근감을 갖는 이유는, 사이드가 자기 자신을 '망명자exile'로 규정하고 있기 때문입니다. 팔레스타인인으로서 고향을 잃은, 고향으로부터 추방당한 망명자 같은 입장에 있었지요. "고향을 잃은 망명자는, 언제까지나 안주하지 않고 중심을 향해 비판하는 힘을 지속한다." 사이드는 매우 명료하게 이렇게 말하고 그렇게 행동한 겁니다. 나도 고향에는 돌아가지 않는 망명자로서 중심을 비판하는 장소에서 일을 하고 싶다는 태도를 안보반대운동 때부터 점차 굳혀온 사람입니다.

지금 말씀하신 '중심'은 정치적 권력을 의미하는 것이겠지요? 그리고 망명자=고향상실자의 감각이라는 말씀에 생각나는 작품이 1961년 가을부터 쓰기 시작해 그것을 완성시킴으로써 "처음으로 난관을 극복했다"고 문고판 해설을 통해 회고하고 계신 『절규(叫び聲)』라는 장편소설입니다. 1958년에 일어난, 조선인 소년이 고등학교 옥상에서 여고생을 교살한 '고마쓰가와(小松川) 사건'이 이 작품에서 다루어졌지요. 오오카 쇼헤이 씨도 후에 『사건(事件)』이라는 제목으로 소설화했는데요. 『절규』는 전체적으로는 정치나 성, 그리고 폭력의 문제를 각기 파헤쳐나가고 있는 어두운 청춘소설입

니다. 그렇지만 지금 읽어보면, 역시 1960년대 초반이라는 시점에서 이미 망명자의 고뇌와 슬픔, 그러한 문제가 갖는 무게감이 『절규』에 등장하는 열여덟 소년, 구레 다카오를 통해 어딘지 모르게 나타나 있다고 느껴집니다.

다카오는 이런 말을 합니다. "내가 소속된 곳은 조선이라는 지도상에 존재하는 나라가 아니라, 이 세계에 없는 다른 세계야. 소위 이 세계와는 반대되는 세계라고 생각해. 이 세계라고 하면, 그것은 타인의 것으로 내가 본래 사는 곳이 아닌 것 같아. 실제로 아직도 나는 타인의 나라에서 한밤중이라는 타인의 시간에서 타인의 언어로 말하고 있어. 내일 아침 나는 타인의 나라의 타인의 아침을 걷겠지. 이런 느낌은 욕구불만에 지나지 않는다고 생각하기도 했는데, 어쨌든 실감이라는 걸 말하자면 나에게는 이 세계에 잘 맞추어 살고 있다는 실감이 없거든." 에드워드 사이드 씨와 만나기 이전부터, 원래 오에 선생님 자신이 망명자의 감각을 갖고 있으셨다는 것을 잘 이해하게 된 느낌이었습니다.

그랬지요. 열여덟 다카오의 생각은 내 생각이었습니다. 시코쿠의 숲 속을 떠나온 나는 도쿄에서 방황하는 망명자로서의 청춘을 살기 시작했습니다. 그리고 인생을 오랫동안 살아오면서 흥미로웠던 것은 내 자신이 우연처럼 받아들여왔던 인생의 사건이—글쎄요, 모두 그렇지는 않았습니다만, 제법 커다란 줄기로서는 생애에서 하나의 선을 그리고 있다는 점입니다.

에드워드 사이드와 함께 일을 한 것은 육십대, 만난 것은 오십대로 1980년대 후반이었습니다. 그때 '아, 이 사람과는 꼭 만날 것 같은 예감이 있었다, 그럴 줄 알았다'는 생각이 들더군요. 대화 중에 사이드도 "자네와는 만날 줄 알았다"고 신기하다는 듯이 몇 번인가 말했을 정도입니다. 우리는 같은 연배이기도 했지요.

내가 숲 속에 있을 때는 전쟁 중이었지만 숲 속의 어린이라는 점에 있어서는 행복감을 갖고 있었어요. 전쟁이 이대로 진행되면 우리 같은 숲 속의 어린이도 죽게 되겠지 싶으면서도 그것은 천황의 자식들이라는 '웅대한 공생감'으로 감수해야 할 일이라는 감정도 들었지요. 그러던 것이 전쟁이 끝나고 마을에 중학교가 생기고 옆 마을에 고등학교도 생기면서 의욕만 있으면 외부로 나가 공부할 수 있게 되었지요. 그래서 도쿄로 공부하러 온 겁니다만, 그 시점에 이미 '이 계곡에서 나가면 내가 안주할 수 있는 장소란 없다'는 생각을 갖고 있었습니다. 나중에 고향에 돌아와도 우리 집은 농가가 아니기 때문에 다시 그곳에서 살 수는 없었지요. 게다가 도쿄에서 처음 2년 정도는 가게에 가서 무엇을 주문하려 해도 내 말이 확실하게 전달된 적이 없을 정도였어요.

1년 재수를 하고 두번째 시험을 치른 해부터 도쿄 대학에서는 타이완의 수험생들을 받고 있었습니다. 입시 도중에 내가 바닥에 떨어뜨린 답안지를 옆 학생이 밟아버려서 손을 들고 감독 선생님께 질문했습니다. "잘못해서 답안지를 더럽혔습니다. 바꿔주시겠습니까?" 선생님은──후에 생각해 보니, 그분은 프랑스어 문법 전문가이신 아사쿠라 스에오(朝倉季雄) 선생이셨습니다──천천히 "당·신·은·타·이·완·에·서·온·사·람·입·니·까?"라고 하셨습니다. 저는 "그렇습니다"라고는 하지 않았지만(웃음), 일본어를 모르는 외국에서 온 청년처럼 수줍게 미소지었습니다. 선생님은 새로운 답안지를 주셨지요.

 입학하자, 아사쿠라 선생님이 프랑스어 미수강 클래스를 담당하셨는데, 항상 "안녕. 음식은·입에 맞습니까?" 하고 외국인을 대하듯이 말씀하셔서 곤란했습니다(웃음). 그런 형편이었지요. 일종의 망명자가 된 느낌이었어요. 그런 내 자신에게 용기를 북돋아주기 위해서 상상력을 가지고 현실에 있는 것을 무너뜨리고 재구성해가며 살기로 한 겁니다(웃음). 아무튼 중심에 눌러앉아 권력을 가진 사람들과 함께하는 짓은 하지 말자고 마음먹었지요. 그런 식으로 살아오게 된 삶의 계기가 나에게는 문학이고, 다카미쓰 씨에게는 음악이었던 겁니다.

『절규』를 구상하시게 된 건, 1961년에 처음으로 서유럽에서 동유럽을 거쳐 소련을 여행하고 돌아오는 비행기 안에서였다지요?

그렇습니다. 스물여섯 살에 경험한 사회주의권으로의 긴 여행은 내가 소설을 쓰지 않았다면 얻을 수 없었던 좋은 기회였습니다. 해외에 나가기 위해서는 외화 지참을 허가받기 위해 복잡한 수속을 해야만 했던 시대였으니까요. 여행 도중에 프랑스에 도착했을 때에 이타미 주조는 '도와(東和)영화'라는 프랑스영화 수입회사의 사장 딸과 결혼해서 파리에 살고 있었어요. 미국영화 「북경의 55일 55 Days At Peking」에서 에바 가드너를 구하는 배역을 연기하고 받은 출연료를 전부 투자해서 재규어를 몰고 있더군요(웃음). 나는 불가리아 정부와 폴란드 정부로부터 받은 비행기표와 약간의 돈으로 근근이 여행할 수 있을 정도였지요. 그래도 도쿄에서는 신인작가로서 어느 정도 얼굴이 알려지는 바람에, 또 그것이 신경증의 원인이기도 했기 때문에, 아무도 몰라보는 유럽의 호텔에서 책을 읽고 길목을 거니는 것은 멋진 체험이었습니다. 인터뷰를 했던 사르트르와 그 주변 사람들의 친절도 잊을 수 없어요. 종종 파리에 체재하는 시기가 겹쳤던 가이코 다케시 씨가 직업여성을 사러 가지 않겠냐고 꾀었는데, "그보다 책을 읽는 편이 훨씬 좋아!"라고 했다며 에세이나 다른 지면을 통해 호되게 놀리기도 했습니다(웃음). 정말로 고마운, 재출발의 계기가 된 여행이었어요.

　나는 문단에 등단하면서 화려하게 주목받는 듯했지만, 그 이면에는 경시도 경멸도 분명히 있었습니다. 소위 겉으로 보이는 재능만으로 소설을 써나가고 있던 청년이 점차 막다른 길로 들어선 거지요. 그리고 「세븐틴」 사건이 일어났고, 그나마 교제를 하고 있던 문단의 지인들과도 관계가 끊겨버리는 극한 상황으로 내몰렸지요. 이런 상황을 자각하고 있었기에 한 해 전에 결혼한 아내와 고독하게 지내고 있던 차였으니까요.

> 그러셨습니까? 많은 사건이 있었네요. 1959년에는 에토 준 씨가 사회를 보았던 심포지엄 '발언(發言)'에 출석하시고 「현실의 정체와 문학(現實の停滯と文學)」이라는 논문을 잡지 『미타문학(三田文學)』에 기고하셨습니다.

이미 그 심포지엄에서 에토 씨는 안보반대 그룹에서 탈퇴할 의사를 굳히고 있었어요. 원래 그는 중심에 있어야 할 자질을 갖춘 사람으로 안보반대 운동을 주장하는 언동을 취한 시기가 오히려 완전히 예외적인 행보에 속하니까요. 내 소설을 에토 준이 강하게 지지해준 것은 등단하고서 6개월 후의 일이었는데, 그동안 나는 그가 쓴 모든 글을 다 이해한다고 생각하면서도 이런 좋은 관계는 머지않아 끝날 거라고도 예감하고 있었습니다.

그리고 생각대로 되었고, 그가 별세하기 몇 해 전에 내가 참가했던 노마상(野間賞) 선고회에서 이상하게도 술이 약해진 에토 준과 잠시 이야기를 하게 되었습니다. 이때 동석했던, 우리 둘에게 늘 비판적이었던 가와무라 지로(川村二郎) 씨가 "사이가 다시 좋아진 듯하네요"라고 하더군요. 그렇지만 그런 건 아니었습니다. 나와 에토 준이 이해관계를 갖고 있었던 것은 정말로 처음 6개월뿐이었습니다.

「세븐틴」을 읽은 미시마 유키오로부터의 편지

1961년 전반에, 그러니까 유럽여행 직전에 「세븐틴」 제1부와 2부가 잡지 『문학계』에 발표됩니다. 제2부인 「정치 소년 죽다(政治少年死す)」가 발표되자, 우익단체로부터 협박을 받아서 작가와는 관계없이 『문학계』에서는 사죄 광고를 게재하지요.

그 소설은 한 해 전에 열일곱의 소년이 사회당 아사누마 이네지로

(淺沼稻次郎) 위원장을 살해하고 자신도 자살해버린, 바로 그 사건에 자극받아 쓴 작품입니다. 아사누마 씨는 대립하고 있는 정부 여당의 수상에게 대항할 수 있는 인기와 실력을 갖춘 사람이었지요. 「세븐틴」은 발표 당시 천황제와 안보투쟁, 초국가주의와 민주주의의 대립을 그린 소설로 읽혔습니다만, 이것도 최근 프랑스어 번역판을 둘러싼 비평에 따르면, 그런 이항대립의 정치상황을 소설화했다고는 받아들이고 있지 않아요. 요즘 말하는 방에 틀어박혀 지내는 니트족 같은 타입의 젊은이가 우익적인 선동자의 단순한 논리를 받아들여 젊은이 나름으로 가할 수 있는 폭력을 전면적으로 계획해가며 살아가지요. 그리고 작자인 나를 그 젊은이에게 심적으로 투영하고 있는 소설입니다. 따라서 소년의 자살은 나의 이룰 수 없는 투쟁 방식의 조형입니다. 제2부는 지금도 발행되지 않은 상태인데, '우익 청년이 썼다'고 하면 통했을지도 모를 소설이었습니다.

미시마 유키오 씨가 강한 관심을 갖고서 '오에라는 소설가는 실은 국가주의적인 것에 정념적으로 이끌리고 있는 인간이 아닌가'라고 여러 사람에게 말했다고 하더군요. 미시마 씨한테서도 둘을 담당하는 문예지 『신초(新潮)』의 편집자를 통해 직접 편지를 받았습니다. 미시마 씨의 해석은 옳았다고 봅니다. 일면으로는 안보반대 운동에 진심을 다해 참가하면서도 그 대극에 있는 초국가주의적인, 파쇼적인, 천황을 숭배하는 우익 청년에게도 공감하는 듯한, 그런 인간으로서 소설을 썼다는 것을 내 자신도 확실히 알겠더군요.

> 좌우로 분류할 수 없는, 설명이 안 되는 부조리한 감수성이야말로 오에 선생님의 문학적 재능이 갖고 있는 한 측면이지요. 다만, 본인께서는 자꾸만 미온적이라고 회의적으로 말씀하시는 정치적 활동, 특히 '핵시대'를 늘 염두에 두고 계시는 발언도 오에 작품 전체를 놓고 봤을 때 틀림없이 커다란 위치를 차지하고 있습니다. 히카리 씨가 태어난 직후의 일입니다만, 1965년 작품 『히로시마 노트(ヒロシマ ノート)』, 이 작품은 잡지 『세계』에 발표된 후, 이와나미신서에 수록되어 총 100만 부 이상 읽혔습니다. 1970년대에는 『오키나와 노트(沖繩ノート)』에서 "일본인이란 무엇인가, 이러한 일본인이 아닌 곳의 일본인으로 나를 변화시킬 수는 없는가"라는 문제를 제기하시면서 오키나와 본토 복귀 문제를 현지에서 리포트하고 계십니다. 내용 중의 기술을 둘러싸고 아직도 민사재판이 진행되고 있지요. 앞서 말씀하신 망명자의 감각을 바탕으로 한 오에 선생님의 기본적인 자세는 역시 일관되고 있다고 봅니다.

나의 50년 가까이를 되돌아보며 오자키 씨가 말하는 "일관되고 있다"는 건 말이지요. 정치적이라기보다 사회적이라고 하는 게 맞을 것 같은데, 그러한 나의 관심에 관해서는 나 자신도 일관적이었다고 생각합니다. 하지만 그것은 나에게 윤리적인 힘이 있었기에 그래서 일관적이었다——예를 들어 나카노 시게하루처럼——는 건 아닙니다. 50년에서 더 거슬러 올라가 소년기, 청년기를 기점으로 전후민주주의에 대해서 그리고 안보반대 운동에 임했던 자세에 대해서 되짚어 생각해보면, 나는 처음에 거의 아무것도 몰랐구나, 말 그대로 늦깎이였구나 하는 것을 통감합니다. 다만 하나의 감각은 있었습니다. 일단 하나의 길을 정하지요. 어릴 때 읽은 『허클베리 핀의 모험』의 영향이라고도 할 수 있는데, 가고자 하는 방향을 결정하고 나면 그 길로 죽 나아갑니다. 늦깎이로서, 문외한으로서의 내가 하고 있는 일에 도움이 되는 책을 읽지요. 그리고 공부는 자립해서 하자, 절대로 당파에는 속하지 말자, 이런 태도를 혼자 지켜왔습니다. 이것이 내가 깊이를 추구해온 방식입니다.

1960년 미일안전보장조약 개정을 둘러싼 반대운동이 있었고 나는 여기에 참가했는데 그것은 어떤 의미를 가질까? 히로시마와 나가사키에 떨어진 미국의 원자폭탄, 일본 내 미군 기지의 주둔, 오키나와에 존속해 있는 미군 최대 기지. 이런 일들을 배경으로 일본인은 현실에서 사회적인 안정감을 갖고 경제는 발전해왔다, 이 상황은 무엇을 말하는가? 이러한 문제에 대해서 늘 공부해왔습니다. 나는 정말로 함께하던 사람들보다는 뒤처져 있어서 반대운동의 최절정기 때는 많은 것을 잘 몰랐어요. 그래서 그 당시, 거의 감각적으로 결정한 선택이었던 그 반대운동은 옳았느냐를 이후로도 늘 검토해왔습니다. 게다가 1963년에 태어난 장남 히카리가 뇌에 장애가 있었어요. 경험도 없이 젊기만 한 아이 아빠로서 히로시마에 가서, 그곳에서 실로 인간적으로 훌륭한 분과 만날 수 있었습니다. 시게토 후미오(重藤文夫) 씨라고 원폭병원의 원장선생이었는데, 그분이 관대한 마음으로 저를 받아주셨어요. 어떤 질문에도 대답을 해주시고 또 많은 피폭자들도 소개해주셨습니다. 그리고 나에게 플러스가 된 면이라고나 할까, 정말로 올바른──나는 정통적이라는 말을 사용합니다만──제대로 된 인간다운 인간이 있다는 걸 알게 해주셨지요. 그런 분에게 배우고 싶다, 그런 사람의 편에 서고 싶다는 생각이 들어서 『히로시마 노트』를 썼습니다. '이 사람은 원폭이라는 커다란 시련을 겪어내고 여기서 이렇게 일을 하고 있다. 이런 본받을 점을 나는 잊지 말자'라는 생각이 그 어떤 것보다도 근본적인 문제로서 내 가슴에 새겨졌던 겁니다.

우연입니다만, 얼마 전에 우리가 진행하고 있는 '9조 모임' 일로 사이타마 시에 가서 집회를 조직해주신 분들과 만났습니다. 그 중에 '아, 이 사람은 특별하다!' 싶은, 얼굴과 태도를 보는 것만으로 전류가 전해지는 듯한 분이 있었습니다. 그분과 수십 년 전에 한 번인가 두 번, 만났더랬어요. 그런데 얼굴 생김새는 잊어버렸던 게 지요. 서로 나이를 먹었기 때문이기도 합니다. 그래도 알았어요. 대단한 분이구나, 바로 알았지요. 대화를 나누고서는 그분이 히다 슌타로(肥田舜太郎) 씨였다는 걸 깨달았습니다. 원폭 당시에 군의관으로 다친 병사들을 구하는 일을 하시고 이후로도 원폭과 의료와의 접점에 서서 노력을 계속해오신 분입니다. 히다 씨가 그곳에 서 계시는데 그 존재 자체가 40년 전에 만났던 시게토 씨와 오버랩 되더군요. 그러한 타입의 사람이 있습니다. 평생 잊을 수 없는 만남을 이십대 말에 경험한 것이지요. 게다가 내 아들이 중증의 장애를 갖고 태어났다고 하는, 인생에서 이제껏 경험하지 못했던 커다란 시련에 빠져 있던 도중에 히로시마에 가서 관대한 대접을 받았습니다. 이때의 경험은 내 인생에 있어 최대의 행복이라고 봅니다.

지금 말씀하신 '9조 모임'은 쓰루미 슌스케(鶴見俊輔) 씨나 오다 마코토(小田實) 씨, 이노우에 히사시 씨 등과 2004년에 결성하셨지요. 2005년에는 도쿄 완간(灣岸)의 아리아케 콜로세움에서 1만 명에 가까운 인원이 참여하는 등, 큰 운동으로 번졌습니다. 오에 선생님의 사회를 향한 발언과 행동에 대해서 사이드 씨는 왕복서간을 통해 "오에는 노벨상 수상이라는 헤아릴 수 없는 신망의 힘을 명성이나 추종을 끌어모

으기 위해서가 아니라, 인간존재의 복잡함과 굴레의 늪을 헤치고 들어가기 위해 동원하고 있다"고 쓰고 계십니다.

이미 10년도 더 지났기 때문에 평소 노벨상을 의식하고 지내지는 않습니다. 사이드 자신은 장기간에 걸쳐 일관되게 컬럼비아 대학의 대표적인 교수였고 지식인층에게 더더욱 널리 알려진 문학이론가입니다. 그런데도 뉴욕에 와서 국제연합에서 연설하는 아라파트*를 위해 연설 원고를 온전한 영어로 고치는 작업을 도왔습니다. 그런 일에서부터 중년에는 팔레스타인 문제에 직접 참가하기도 한 사람입니다. 하지만 아라파트의 노선에 위화감을 느끼고 멀어져갔습니다. 오슬로 합의에는 더욱 강한 비판을 했고요. 이후로도 계속 독립적인 문필 활동을 하면서 팔레스타인 문제에 지속적으로 관여했습니다. 사이드는 세속에 물들어 활동하는 인물이 아니었지요. 나도—그와 비교는 안 됩니다만—권력을 반대하는 입장으로 늘 살아왔지만, 좀 전에도 말했듯이 데모에 가담하긴 했어도 그것을 소설가로서의 생활보다 우위에 두지는 않았어요. 늘 소설가의 인생을 지속

---

* Yasser Arafat(1929~2004). 팔레스타인 해방기구(PLO) 의장(1968~)이자 PLO 내 최대 조직인 파타FATAH의 지도자. 1994년 이스라엘과 팔레스타인 자치를 인정하는 협정을 체결하고 중동 평화 정착의 획기적인 전기를 마련했다. 1996년에는 자치 정부의 수반에 올랐다.

해왔습니다. 현실적인 정치활동에 깊이 관여했다고 할 만한 경험이 없는 셈이지요. 나를 정치적 동지로 생각하는 사람도 아마 없을 겁니다. 그렇지만 오다 마코토 씨는요, 좋은 작가이자 훌륭한 평론가입니다. 아울러 현실적인 활동가이기도 하지요. 나는 같은 운동에 가담하고는 있어도 무게 중심을 문학 쪽에 두고 있습니다. 실제 활동보다 이론적인 명맥을 공유한다는 쪽에 서 있는 겁니다. 그렇기 때문에 현실의 운동에서 우리의 주장은 늘 지는 쪽이었고―히로시마 문제, 오키나와 핵병기 문제, 그리고 근래의 헌법위기에 관해서 등, 모든 일에서―, 또 대부분 주장하는 바가 실현되지도 못했어요. 하지만 커다란 난관에 봉착해 있다고 하더라고 전향을 생각할 정도로 무너진 적도 없어요. 이 점이 미온적이라고 느끼는 이유입니다.

이노우에 히사시 씨의 예술 작업과 실제 활동도 그렇지 않을까 싶은데, 그는 정말로 재미있고 참신한 연극을 만듭니다. 예를 들어 히로시마 사람들이 어떠한 경험을 통해 살아왔는가를 표현하는 아름다운 연극을 만들었고 그것이 영화화되어 외국인들로부터도 공감을 받았습니다. 얼마 전 프랑스에서 강연을 했을 때도 이노우에 씨의 연극 이야기가 질문으로 나왔지요. 그렇듯이 이노우에 씨는 연극, 혹은 문학에 인생의 중심을 두고 있어요. 그럼에도 한 명의 시민으로서 '9조 모임'에서 활동한다는 점에서 친근감과 존경심을 느낍니다.

지금 말씀하신 삶의 방식에 있어서의 자세라고나 할까, 영혼의 공명을 사이드 씨와 오에 선생님의 서로의 발언에서 느끼는 경우가 있습니다. 같은 해에 태어나신 사이드 씨는 2003년 9월에 백혈병으로 돌아가시게 되었는데, 최후까지 분투하시면서 "지성에 있어서는 비관주의지만 의지에 있어서는 낙관주의다"라는 말을 믿으셨답니다. 그는 아라파트를 대신할 선택지도 다른 길도 없지만 결국 사태는 개선될 것이다──그렇게 믿는 의지에 있어서는 낙관주의였다고 지인들은 말합니다. 인간이 언제까지고 싸움을 계속할 수는 없다고 믿는 것이 사이드 씨에게는 절실했다고도 누군가는 말하는데요. 요 근래 상영된 사토 마코토(佐藤眞) 감독의 영화 「에드워드 사이드 OUT OF PLACE」를 보고 오에 선생님이 그 핵우산〔핵보유국이 핵을 보유하지 않은 동맹국을 보호할 수 있다고 가정하는 범위를 이르는 말〕으로 뒤덮인 상황 속에서 굳이 낙관주의를 관철한다고 발언하신 진의에 대해 저도 겨우 이해했습니다. 또 사이드 씨도 자신의 '만년의 작업'이 오에 선생님의 작품에 나타난 '비탄grief'의 감정으로부터 크게 촉발되었다고 밝혔지요.

실제로 그런 내용의 편지를 받은 적이 있습니다. 내가 쉰 살이 지나서 쓴 『그리운 시절로 띄우는 편지』는 꽤나 일찍 프랑스어판이 나왔어요. 그것을 읽은 사이드가 나와 알게 되었을 때에 그런 평을 보내왔습니다. 노트에 길게 베껴 썼다고 하더군요. 더구나 『그리운 시절로 띄우는 편지』에 나오는, 내 자신을 투영하고 있는 주인공을 언제나 이끌어주던 몇 살 연상의 기이 형이라는 등장인물에게 공감했다고 하더군요. 기이 형이 실제 나와 비슷한 주인공인 작가에게 비판의 편지를 보내는 부분이 있습니다.

> 자네가 말하는 '비탄'이라는 감정이 어떤 연령을 넘어선 인간을 되풀이해서 사로잡는다는 관찰은 나도 경험에서 우러나온 말이라 여겨 찬성하네. 우리를 사로잡는 '비탄'의 감정이라고 하고 싶을 정도로 실은 공감하고 있기도 하지. 하지만 자네보다 조금 더 나이를 먹은 내 경험을 바탕으로 이야기를 하자면 자네가 하는 이야기와 다른 점도 있다는 것이지.
> **젊은 시절에도 일종의 비탄의 감정을 지니고는 있었지만 그것은 거칠었다.** 이 관찰에는 전적으로 찬성. 〔……〕 그리고 계속해서 자네가 말하는, **나이를 먹으면서 문득 깨닫고보니 아주 고요한 비탄이라고나 불러야 할 것으로 변해가고 있었다**는 그 생각에도 말하자면 단계나 과정에는 찬성. 나 역시 얼마 전까지 그렇게 느끼고 있었던 것을 기억하고 있으니까. 그런데 자네보다 다섯 살 더 먹은 나로서는 다음의

한 구절에는 결코 찬성할 수가 없다네. **이제부터도 나이를 먹어가면서 (아주 고요한 비탄이라고나 불러야 할) 이러한 감정은 깊어지는 것이 아닐까 생각됩니다.** 나이를 먹는다, 그리고 갑작스레 어떤 역행이 일어난다, 몹시도 거친 비탄이라는 것이 자신을 기다리고 있을지도 모른다고 K, 자네는 생각해본 적이 없나?*

이 대목을 그는 노트에 그대로 옮겨 적었다고 합니다. 사이드가 별세하기 10년 전부터 생각하며 써오던 것을 정리해서 만든 저작집 『만년의 양식에 관하여 On Late Style』가 뉴욕에서 간행되었지요. 속표지에 내가 쓴 추천의 글이 길게 달려 있습니다만, 이 책은 예술가의 만년의 작업 스타일에 관한 것입니다. 만년에 이르러서는 슬픔에 대해서도, 노여움에 대해서도, 인생이나 세계에 대한 의혹 같은 것에 대해서도, 치열한 자세로 그것을 재인식하고 그것에 맞서 대항해가는 것이 예술가이다, 베토벤은 그렇게 했다. 연주가인 글렌 굴드Glenn Herbert Gould도, 또 작가 토마스 만도 그렇게 하고 있다는 내용이지요. 만년의 사이드가 생각하게 된 주제를 나는 채 자각하지 못한 상태에서 내 소설 속에 등장하는 주인공을 향한 비판적 제안으로서 거의 20년 전에 쓴 셈입니다. 그것을 제대로 이해해준

---

*『그리운 시절로 띄우는 편지』, 서은혜 옮김(고려원, 1996) 참조.

사람이 에드워드 사이드인 거죠.

문학은 그 작품의 작자인 시인이나 소설가가 지니고 있던 의식을 초월해버릴 수 있다. 이는 내가 젊었을 때부터 갖고 있던 신조입니다. 그런 일이 나에게도 언젠가 일어날 수 있을까, 그렇다면 좋겠다고 꿈에 그리기도 하면서 소설을 쓰는 능력밖에 없는 인간으로서 살아왔습니다. 게다가 내 경우에는 장애를 가진 아이가 태어나면서 많은 시간을 아들 히카리와 함께 지내지 않으면 안 된다고 생각했어요. 하지만 문학은 계속한다, 문학을 하는 이상, 내 문학은 아들과 함께 하는 삶에 대한 이야기로 구도를 짜보자, 문학을 하는 것과 아들과 함께 살아간다는 일을 교차시켜서 양쪽을 잘 조화시키는 수밖에 없다, 그것이 내 상상력의 형태가 될 거라고 생각을 다잡은 겁니다. 그리고 생각한 대로 40년을 살아왔습니다. 그러던 중에 번역된 작품을 통해 내가 자각하지 못했던 사실을 파악해버린 사이드와 같은 독자가 나타났지요. 그리고 우리는 친구가 되었어요. 정말로 희한하지요? 이것이 문학이 갖고 있는 최고의 즐거움입니다!

1963년 장남 히카리 탄생

독자 한 사람 한 사람 모두가 개인의 실제 인생이 작품 세계와 불가사의하게 맞아떨어지는 체험을 한다고 생각합니다. 문학은 독자의 현실과 바로 연결되면서 확장되어가는 것 같습니다. 저도 작품에서 펼쳐지는 상황과 제 개인의 일이 결부되는 불가사의한 경험이 몇 번이고 있었습니다. 여기서 히카리 씨가 태어났을 당시의 일을 여쭈어봐도 괜찮을까요?

1963년 6월에 히카리는 태어났습니다. 머리 쪽에 큰 혹이 있어서 수술을 해야 한다고 의사 선생이 말했어요. 수술로 삶을 연장할 수 있을지 어떨지 모르고, 살아남는다고 해도 장애가 있을 거라고 하더군요. "식물처럼 살아야 할 수도 있다"라고, 젊은 의사 선생이 부러 내게 와서 말했습니다. 그 일을 시작으로 히카리가 태어난 후부터는 매일 병원에 가서 아들을 돌보고 아내의 병원에도 들르는 생활의 연속이었습니다. 갓난아기에게 이름을 지어주고 또 호적 등록도 해야 하는데, 그런 일에는 전혀 생각이 미치지 못했어요. 그러는 사이, 세다가와 구청에 근무하는 사람한테서 연락이 왔습니다. 아드님이 태어났다고 들었다, 입원 중인 것 같은데 그래도 호적 등록을 하지 않으면 안 된다, 기간이 앞으로 사흘밖에 남지 않았다고 했어요. 아내에게 말하니 내가 이름도 짓고 수속도 해주면 좋겠다고 하더군요.

세이조에 얻어 살고 있던 집에는 어머니가 시코쿠에서 올라와 계셨습니다. 일상사를 돌봐주시러 오셨지요. 그 무렵에 나는 시몬 베유Simone Weil를 읽고 있었어요. 어머니가 옆방에 머물고 계시는데도 나는 우울해서 둘의 병원을 오가는 일 외에는 집에 돌아와 어머니와 거의 말도 하지 않고 책만 읽었어요. 책 내용 중에 우화가 하나 있었습니다. 이누이트족의 우화였어요. 세상이 막 시작되었을 때에 지상에 까마귀가 살고 있었는데 그 까마귀는 땅에 떨어져 있는 콩을 쪼아 먹고 살았어요. 그런데 주위가 너무 어두워서 좀처럼 먹이가 보이질 않았지요. 까마귀는 '이 세상에 빛이 있으면 먹이를 줍는 게 얼마나 쉬워질까?' 하고 생각하지요. 그렇게 생각한 순간 세상에 빛이 가득 비쳤답니다. 바로 이것이 진심으로 바라고 기대하고 원한다는 것으로 희망을 갖는다는 뜻이다, 인간이 간절한 희망을 갖는다면 이루어질 수 있다고, 베유는 쓰고 있었습니다. 나에게는 신앙은 없지만 신이 존재한다면 바로 그런 희망, 새까만 어둠을 환하게 밝히는 빛을 바라던 까마귀와 같은 희망을 갖게 되지 않을까? 아이가 태어나면서부터 늘 생각해왔습니다.

그래서 나는 베유에게 공감한 이야기를 어머니한테 했습니다. 그리고 "저는 베유의 책에서 아이의 이름을 따고 싶어요"라고 했지요. 어머니는 "어떤 이름이실까?" 하고 궁금해하셨어요. 이럴 때에 솔직하지 못한 말이 튀어나오는 게 저의 버릇입니다. "가라스〔까마귀]라는 이름으로 하려고 해요. 오에 가라스가 어머니 손자 이름이에요." 제 말이 끝나자, 어머니는 화가 나신듯 방으로 들어가셨어요. 저는 후회했지만(웃음) 소용없었지요. 다음 날 아침 호적 등록 서류를 내러 나서는 저에게 어머니는 "가라스는 꽤나 좋은 이름 같소만"이라고 하시는 겁니다. 결국 저는 사과를 드리며 "정말 죄송했어요. 히카리[빛]라는 이름으로 할 거예요"라고 했지요. 글쎄요, 농담 같은 이야기이지요. 집사람 이름이 '유카리'이니까 히카리는 운을 맞춘 것이기도 합니다.

> 지금에 와서는 이렇게 농담처럼 말씀하시지만, 그 상황에서는 농담이 아닌 절실한 이야기였고, 철부지 같은 아버지로서 그만큼 혼란과 당혹감에 빠져 계셨다는 말씀이네요.

그렇습니다. 그런데도 제게는 어딘가 낙관적인 구석이 있어요. 좋아, 이런 시련이 닥친 이상, 갈 수 있는 데까지 가보는 거야 하는 생각이 들더군요. 늘 비관적이면서 실제 시련이 닥치면 되묻지요. 그게 제가 갖고 있는 또 하나의 성격입니다. 의사 선생이 "살 수 있을지 어떨지, 그것도 장담 못한다"고는 했는데, 신생아실에 있던 제 아들은 커다란 혹이 머리에 달려 있었지만 내장에 질환이 있어 창백한 모습의 아이들과는 달리 얼굴에 홍조를 띠고 잘 자라고 있었어요. 마치 두견새가 찌르레기인가 하는 새의 둥지에 알을 낳아서 그 두견새 새끼만 덩치가 크게 자라는 것처럼 보이듯이 건강해서 옆 침대에 누워 있는 아기의 엄마는 "밉살스럽다"고 할 정도였지요. 나는 그래서 어떻게든 나아지는 방향으로 성장하지 않을까, 기대하게 되었습니다. 히카리라는 이름을 지어준 것은 옳았다고 말이지요.

다시 사이드의 이야기로 돌아가서, 사토 마코토 감독의 영화 「에드워드 사이드 OUT OF PLACE」에서 죽기 직전의 사이드를 병문안 간 친구가 증언하는 장면은 중요합니다. 마이클 우드라는 그의 친구가 이렇게 말합니다. "사이드는 화가 나 미칠 지경이었다. 체력이 쇠약해져 자신의 언론 활동이 지장을 받았다는 것이다. 그렇지만 팔레스타인의 상태가 극히 좋지 않았음을 잘 알고 있었고 그렇다고 절망하지는 않았다. 밝은 전망을 갖고 있었다"고 하지요. 앞서도 말했지만, "아라파트를 대신할 선택지도 없고 다른 길도 없었습니다. 〔……〕 다른 길이 나타나서가 아니라 사태는 개선될 것이라고 믿을 필요성을 통감하고 있었기 때문입니다. 인간이 이런 일을 계속해나갈 리는 없고, 언젠가는 변할 것이기 때문이지요."

사이드는 자신이 백혈병으로 죽어가는 것을 알고 있었습니다. 그렇지만 병마와 싸우면서 죽기 직전까지 성실하게 임한다, 팔레스타인 문제를 위한 언론 활동도 멈추지 않는다, 그것이 예술가다. 이런 내용을 쓰는 것이 자신의 만년의 양식이라고 생각했습니다. 그렇게 죽어갔어요.

그리고 젊은 내 자신도 이런저런 시련을 겪으면서 같은 생각을 갖게 된 걸 기억합니다. 히카리는 장애를 갖고 있고 갓난아기로서 크나큰 시련을 겪고 있었지요. 그러나 히카리는 그 후로 조금씩 회복해갔습니다. 지금도 **간질**을 비롯해 커다란 장애를 갖고 있습니다. 그리고 지적 발달이 늦는 것도 변함없지만 제대로 음악 공부를 하고 작곡 일도 하고 있지요. 히카리가 태어났을 때 내가 지금의 말로 표현하자면 "그의 시련은 인간의 문제다. 살아 있는 이상 어떻게든 해결을 위한 방향으로 나아갈 것임에 틀림없다"고——사이드와 같은 방향성을 제시하는——생각한 것은 옳았다고 봅니다.

사회를 향해 좀더 시야를 넓혀서 정치적 문제의 영역에서 말한다면, 핵병기를 갖고 있는 미군 기지의 존재에 의해 일본의 안전이 보장된다고 하는 일본인의 통념을 변화시키고 싶다고 생각해왔습니다. 하지만 이 일은 내가 살아 있는 동안에는 달성할 수 없을 겁니다. 오키나와 미군 기지에 의존하는 일본 그리고 중국·한국·북한·미국이 서로 공존하면서 지금의 세계가 유지되고 있을 테지만, 그래도 인간의 문제이기에 역시나 시간이 지나면 해결될 것이라는 희망을 갖고 있어요. 사이드가 결국에 갖게 된 희망과도 같은 겁니다.

사회적 약자 아니, 모든 인간에게 있어서 가장 어려운 상황은 무엇인지, 그 인식에 있어서도 사이드 씨와 일치하는 면이 많았다고 생각합니다.

네, 말씀 그대로입니다. 그것이 망명의 과제입니다. 자신의 나라, 땅을 빼앗기고, 가산도 국적도 전부 빼앗기고, 능욕당하며 살고 있는 사람들이 있습니다. 식량이나 주거 문제를 포함해 여러 문제가 산재해 있겠지만 가장 괴로운 것은 사회적 입장을 갖고 있던 인간이 그 삶을 완전히 파괴당하고 사회적으로 제로 상태에 이르는 것이라고 사이드는 말합니다. 내 경우를 생각해보면, 일본 사회는 지적 장애를 가진 사람을 위해서 점진적으로 상황을 개선해왔습니다. 그런데요, 히카리와 함께 거리를 거닐고 있자면 모욕당하고 있다는 느낌이 들 때가 있어요. 그것을 히카리 자신이 느끼기도 합니다. 예를 들어 레코드점에 가서 CD를 고르거나 레스토랑에서 식사를 할 때에 갑자기 히카리가 침울한 표정으로 기분이 언짢아 보이는 경우가 있어요. 왠지 모르게 경멸당한다, 무시당한다는 느낌이 들 때에 히카리는 가장 불쾌해 합니다.

반대로 히카리가 가장 기분 좋아하는 때는 직접 작곡을 한 곡이 CD로 제작되어 연주회가 열리고 관객으로부터 박수를 받고 앙코르를 위해 다시 무대로 나가고, 그리고 잠시 인사를 나누면서 "이런 음악을 만든 사람이구나!" 하고 인정받는 순간입니다. 사회에서 한 개인으로서 인지되고 있다고 자각할 수 있어 좋은 게지요. 히카리가 스스로 달성한 성과입니다만, 우리 가정은 히카리가 그러한 일을 이룰 수 있도록 뒤에서 격려해주기 위해 살아왔고, 또 히카리가 인정받는 순간에는 나와 아내도 더할 나위 없이 행복합니다.

> 사이드 씨는 음악 비평에 있어서도 탁월한 성과를 내셨지요. 만년에는 지휘자 다니엘 바렌보임Daniel Barenboim과 함께 음악교육 활동을 실천하며 자신도 피아노를 쳤습니다. 이러한 점이 히카리 씨에 대한 이해와도 관련이 있겠네요. 이야기를 듣고 있자니, 동시대의 시련, 현대인의 궁지를 지각하는 오에 선생님의 정신적 활동은 추상적인 이론으로부터가 아니라 눈앞에서 성장해가는 히카리 씨의 존재로부터 절대적인 영향을 받고 있다는 게 절실하게 느껴집니다.

지금에 와서 생각해보면 정말로 그렇습니다. 장애가 있는 아이를 가진 가정의 사람으로서 항상 그러한 상황을 전제로 소설을 써온 방식은 비판받아 마땅할 겁니다. 나 역시 내 생활과 관계없는 세계를 무대로 상상력을 펼쳐왔더라면 지금하고는 또 다른 모습의 작가가 되어 있지는 않았을까 싶기도 합니다.

좀 전에 나는 나의 관념을 전개해감으로써 그저 소설을 쓰기 시작했다고 말했지요? 현실 생활의 반영 없이 소설을 쓰기 시작했다고요. 그런데 그렇게만 생각했는데 내 소설을 재차 읽어보면 역시나 전쟁 중에는 시골 지방의 어린이였던 청년이 1950년대 후반에 도쿄로 상경해서 불안한 마음을 안고 살아간다고 하는, 시대로부터 발해오는 빛이 소설의 등장인물을 비추고 있는 부분이 있습니다.

일본에는 사소설이라고 해서 오로지 사적인 소설을 쓰는 장르가 있습니다. 나는 사소설과는 전혀 다른 세계를 만들어서 세계문학에 일본인이 참가할 수 있도록 하고 싶다——이것은 외국문학을 공부하는 학생이라면 누구나 가질 만한 야심이기도 한데, 그런 생각을 처음부터 갖고 있었습니다.

그리고 소설 쓰기를 시작했습니다. 그런데 관념적인 상상에만 의존하는 소설을 쓰면서 난관에 부딪혔지요. 게다가 아이가 태어나고 이상이 있다는 말을 들었어요. 그 순간 젊었던 나는 이전의 생활과 완전히 단절된, 일종의 한계상황을 살기 시작했어요. 그 상황 하나하나에 대항해가는 실생활과, 순문학 신작 특별 작품을 써보지 않겠냐는 의뢰가 순간 합치되면서 나의 고난스러운 삶과 그것을 소설로 쓴다는 것이 함께 진행되기 시작했습니다. 소설의 탈고가 현실에서도 **일단락**을 짓는 것과 같았지요. 물론 현실 생활은 히카리와 함께 여전히 지속되고 있습니다. 히카리가 태어난 후 1년이라는 시간은 내 칠십 평생에 있어서 가장 특별한 시간이었을지 모릅니다.

「개인적 체험」 간행 당시의 평가

그런 심정에서 개인적인 생활이 반영된 소설이지만 사소설은 아닌 『개인적 체험(個人的な體驗)』을 쓰신 거네요. 이 작품은 오에라는 소설가의 진정한 출발을 의미하는 것이었을지도 모르고, 또 일본 현대문학에 있어서 새로운 시작을 알리는 것이었다고도 할 수 있을 겁니다. 이 작품 직전에는「하늘의 괴물 아구이(空の怪物アグイー)」라는, 후두부에 큰 혹을 달고 태어난 갓난아기를 부부가 의사와 공모해서 죽이고 마는 내용의 소설을 쓰셨습니다. 두 작품의 관계는 어떻습니까?

그때까지 단편을 창작하던 기술을 바탕으로 그런 주제를 다루어보자, 우선 한번 해보자, 싶었어요. 그렇게 해서「하늘의 괴물 아구이」가 탄생했습니다. 그런 다음에 아니다, 완전히 새로운 성격의 작품을 써보자는 생각을 했지요. 야마구치 히토미(山口瞳)라는 저널리스트이자 소설가로부터 "체험이라는 것은 전부 개인적인 게 아닐까. 이것은 동어반복의 제목이다"라고 비판받았지요. 나는 오히려 체험이라는 것에는 공유하는 부분이 있어서 인간 일반으로서의 체험이 존재하고 인류 공통의 체험을 통해 만들어진 게 인간의 역사라고 생각했습니다. 그래서 개인적으로 체험할 수밖에 없는 완전히 고립된 체험이 가능하게 되지요. 그런 점을 의식하면서 이 작품을 썼습니다. 일반적일 수 있는 체험을 완전히 특수한 형태로 오로지 개인에게만 적용되는 상황으로서 재구성해보자, 이것이 이 소설을 쓰게 된 동기였지요. 그래서 버드라고 하는 인물을 만들어서 내 자신으로부터도 분리시키려고 했습니다.

지적 장애를 가진 아이와 함께 살아간다, 이것이 이제부터 내 인생이라고 이 소설을 씀으로서 확인하고 싶었던 겁니다. 그리고 주인공이 결의를 하는 장면을 썼지요. 그렇게 하자 술술 계속해서 세 페이지 정도를 쓸 수 있었습니다. 마침내 그 아이는 어떻게든 혼자서 밥을 먹거나 화장실에 갈 수 있을 정도의 상태로는 성장할 거다, 그렇게 해서 살아갈 수 있을 거라는 의사의 말을, 버드는 장인과 장모에게 전하고 그 시점에서 소설은 끝이 납니다.

출판 후에 미시마 유키오 씨가 "소설은 반드시 해피엔딩이어야 한다는 생각에서 나온 진부한 소설"이라고 비판하기도 했습니다. 그렇지만 나는 그때 소설의 마지막이 자연스럽게 끝났다는 느낌이 들었습니다. 아이와 함께 살아간다, 이 결심이 가장 중요하기에 주인공에게 그런 결의를 시켰다, 그 후 자연스럽게 물이 샘솟듯이 쓴 내용이다, 그렇기에 고쳐 쓰지 않겠다고 반론을 하고 나니 이번에는 이 반론에 대해 에토 준 씨가 비판을 하더군요. 또 미국의 출판사가 영어판이 나올 때에 그 부분을 고쳐 써주면 좋겠다고 요청했는데 거절했습니다. 그리고 현재에 이르고 있지요.

그 응어리진 심정은 『그리운 시절로 띄우는 편지』 속에도 자세히 서술되고 있습니다. 화자인 작가 'K'가 경애하는 기이 형이 "삭제해도 좋다고 생각하는 부분"이라며 애써 취소선을 그어 지운 페이지를 보내오는, 강렬한 인상을 주는 장면이 있습니다.

늦가을이었다. 버드가 뇌신경외과 주임한테 퇴원 인사를 하고 돌아오자, 아기를 안은 아내를 둘러싸고 특수아동실 앞에 버드의 장인과 장모가 미소 지으며 기다리고 있었다.
"축하하네, 버드, 자넬 닮았군."
장인이 말을 걸었다.
"그렇네요."
버드는 조심스럽게 말했다. 아기는 수술을 하고 일주일이 지나자 인간다운 모습을 갖추고 그다음 일주일이 지나자 버드를 닮아갔다.
"머리 엑스레이 사진을 빌려왔습니다. 집에 가서 보여드리겠습니다만, 두개골의 결손은 직경 몇 밀리밖에 안 되는 것인데, 지금 서서히 메워지고 있다는군요. 뇌 내용물이 밖으로 나와버린 것은 아니고, 따라서 뇌 헤르니아가 아니라 단순한 육종이었던 겁니다. 잘라

~~버린 혹 속에는 탁구공같이 하얗고 딱딱한 것이 두 개 들어 있었다고 합니다."~~

~~"수술이 성공해서 정말 다행이네."~~

~~버드의 장황한 말이 그친 틈을 타 장인이 말했다.~~

~~"수술이 오래 걸려 수혈이 필요했을 때, 버드가 몇 번이나 자기 피를 주어서 결국 드라큘라한테 물린 공주님같이 창백해졌었어요."~~

~~기분이 좋아 전에 없이 유머러스하게 장모가 말했다.~~

~~"버드의 분투는 대단했어요."~~

아기는 급변하는 환경에 겁먹고 가만히 움츠러든 듯이 입을 다물고 아직 거의 시력이 없는 눈으로 어른들의 모습을 엿보고 있었다.

일본 고전에서 쓰던 '글자 정정법〔밑 글자가 보이도록 줄을 긋는 방법〕'을 따라해봤습니다. 물론 소설의 완성도에 있어서 아직도 마지막 부분에 문제가 있다는 생각은 합니다. 그렇지만 만약 그때에 살아간다는 것 자체가 곤란한 상황으로 아이를 몰아넣고 청년은 옆에서 절망하고 있다는 설정으로 소설을 끝냈더라면, 그리고 지금 그 소설을 내가 다시 읽는다면, 내 자신을, 또 아이와 실제 공동생활을 하고 싶은 나의 내면의 희망──어떻게든 아이와 아내와 내가 함께 살아가고자 하는 가련한 바람──을 배신해버린 작가라고 얼마나 후회했을까. 현실에서 살고 있는 아이와 성실하게 마주 대하지 못한 인간으로서의 지금의 나를 발견하진 않았을까. 가메이 가쓰이치로(龜井勝一郎)라는, 전쟁 중에는 내셔널리스트였고 전후에는 불교에 심취한 비평가는 이 작가의 윤리성에는 불철저함이 있다고도 지적했습니다. 그러나 나의 윤리는 이 아이와 함께 살아가자는 것이었다고 생각해요.

그럴 때 사이드가 말한 대로 "인간의 문제이기에 어떤 시기를 지나면 긍정적인 방향으로 해결의 기미가 보일 것이라고 믿는다"는 것은, 정말이지 가장 괴로운 상태에 있는 인간에게나 들 수 있는 생각이나 느낌이 아닐까. 또 그런 상황이 있기에 인류라는 것은 존재해온 게 아닐까, 늘 생각했습니다.

장애를 가진 아이와 살아간다는 현실이 있고 이를 문학적으로 승화시켜 소설로 씀으로써 스스로 상대화했지요. 그러면 소설이란 것이 이후의 내 삶의 방식에 대한 지지를 역으로 나에게 해주었습니다. 실제로 그렇게 해서 지금의 히카리와 우리의 공동생활이 존속하고 있습니다. 바로 소설이 갖는 불가사의한 힘이라고 봅니다.

그래서 이렇게도 말해요. 나는 역시나 예정조화설을 따르는 건 아니지만 최후에는 밝은 빛이 비추리라는 것을 억지로라도 믿으며 소설을 쓰며 살아온 듯하다고. 그리고 내 문학관으로서는 이 정도면 충분하지만, 이번에는 내 자신의 죽음이라는 결정적인 문제가 다가오고 있습니다. 이미 일흔하나이니까요. 일을 계속할 수 있는 시간이라는 것도 한정되어 있지요. 그렇게 되자 이제는 지금까지의 불가사의한 낙관주의라는 것과는 또 다르게, 좀더 결정적인 시련 앞에 설 거라는 예감이 듭니다. 그리고 그 시련 앞에서도 역시 내 문학을 통해 나는 맞서겠다고 생각해요. 나라는 작가는 늘그막에 와서도 독자와의 넓고 오랜 연대감이 형성되어 있다는 생각은 하지 않습니다. 오히려 철저한 고독감을 수반하는 죽음을 향해 있다고 늘 생각해요. 그렇다면 사이드가 『만년의 양식에 관하여』에서 논하고 있는, 혹은 나의 『그리운 시절로 띄우는 편지』에 나오는 기이 형이라는 인물이 이미 말하고 있는 가장 무서운 슬픔, 시련이라는 것이 펼쳐질지도 모르지요. 아니, 닥쳐오겠지요.

어떻게 하면 그 상황을 이념적으로나 감정적으로나 정면에서 맞설 수 있을까? 그것이 가능했을 때에 나는 스물두 살의 학생이라는 신분으로 우연처럼 소설을 쓰기 시작했다, 그리고 인생이 결정되어버렸다, 그 인생을 최종적으로 전망할 수 있을 거다, 그것이 옳았는지 그렇지 않았는지(웃음), 스스로 판단할 수 있을 거다. 그런 작품을 앞으로 2년 안에 완성하고 싶습니다. 그런 의지가 지금의 나를 지탱해주고 있는지도 모릅니다.

> 역시 오에 선생님은 특별한 의지를 가진 분이십니다. 히카리 씨는 그 특별한 의지의 힘을 전수받은 거겠지요. 소설도 불가사의하지만 실제 인생도 불가사의한 듯하네요.

그렇지요. 실제 삶이라는 것이야말로 불가사의한 겁니다. 지금까지도 히카리는 자다가 매일 밤 12시가 지나면 화장실에 가려고 일어납니다. 여름에는 문제가 없지만 겨울이면 혼자서 담요를 잘 덮지 못해서 감기에 자주 걸려요. 기관지가 약하기도 해서 위험합니다. 그래서 어쨌든 나는 외국 여행에 나가 있을 때를 제외하고는 한밤중까지 1층 히카리 방과 가까운 식당에 앉아 일을 합니다. 그리고 히카리가 화장실에서 나오면 침대까지 데려다주고 담요를 덮어줍니다. 매일매일 나는 40년 이상을, 아들의 담요를 덮어주는 일로 하루의 일과를 마감하며 살아왔습니다. 그때 언뜻 드는 생각은—이것이 나의 '영겁'인가, 하는 겁니다(웃음). 이십대에는 상상도 못했던 인생입니다. 그런 일을 40년 이상 하고 있으리라고는 생각지도 못했지요. 그런데 40년이 지나 보니 매일 밤, 그 짧은 2, 3분간이나마 한밤중에 히카리와 잠시 이야기를 하는 게 얼마나 내 자신을 건강하게 해주었던가를 알게 되었습니다. 히카리의 일을 소설로 쓰고서 늘 새로운 작업으로 넘어갈 수 있었고, 일상의 생활에서도 히카리는 이런 식으로 긍정적인 요소로서 존재하는 겁니다. 그리하여, 히카리가 태어났을 때 어머니의 질책에 제가 "히카리(빛)라는 이름이 가라스(까마귀)라는 이름보다 당연히 어울린다!"(웃음)고 인정한 말은, 정말이지 사실 그대로 되었습니다.

제3장

『만엔 원년의 풋볼』

『손수 우리의 눈물을 닦아주시던 날』

『홍수는 나의 영혼에 이르러』

『동시대 게임』

『M/T와 숲의 이상한 이야기』

고향의 중학교에서

이번에는 오에 선생님의 고향, 에히메 현 기타 군 우치코 초에 있는 모교인 오세 중학교에서의 이야기를 듣고자 합니다. 학교 건물이 있는 고지대부터 오다가와 건너편에 있는 생가까지 한눈에 들어옵니다. 나중에 마을 전체를 조망할 수 있는 숲 속이나 신사 쪽도 좀 안내해주시겠습니까? 너무 어두워지기 전에요.

그러지요. 내가 여유 있게 이 주변을 돌아보는 것도 새로운 학교 건물이 완성된 이후로는 처음입니다. 넓은 도로가 생기고 강 제방도 역시나 새로 정비된 모양입니다. 그런데 숲의 조망은 오히려 전쟁 중이던 어렸을 때로 되돌아간 듯해요. 패전을 전후로 숲을 남벌했던 흔적이 60년이 지난 지금 원상태로 복구된 듯합니다. 그래도 아이들의 모습은 보이지가 않네요. 요즘 아이들은 집 밖에서 놀지 않는 건지.

오세 중학교 건물은 교우이셨던 건축가, 하라 히로시* 씨의 설계로 1992년에 완공되었습니다. 지금 여기에서 바라볼 수 있는, 150호 정도 되는 집과 4백 명 정도 규모의 산골짜기 취락 속에서 이곳만이 별세계 같은 모던함을 풍기고 있는데요. 하라 씨가 오에 작품 속에 나오는 이미지를 곳곳에 살려서 설계하셔서인지 학교 건물 자체가 오에 소설의 메타포를 담아내고 있는 듯합니다. 졸업은 1950년에 하셨지요? 그 후 반세기라는 시간 동안 오세라는 '산골짜기 마을'은 오에 작품에 의해 신화와 전승이 전래되고 있는 영혼이 재생되는 장소이자 나아가 미래를 향한 원천으로서의 노스탤지어를 머금은 보편적인 장소로서 세계적으로 이미지를 공유하는 곳이 되었습니다.

하라 씨는 내 소설을 그야말로 이 세상에서 가장 세심하게 읽어준 독자이자, 배울 게 많은 소중한 친구였습니다. 하라 씨는 예술가적

---

* 原廣司(1936~). 건축가. 도쿄 대학 명예교수. 가나가와 현 출신. 야마토 인터내셔널 빌딩을 비롯해 오사카의 중심 지역에 있는 우메다스카이빌딩, JR교토역빌딩, 삿포로 돔, 도쿄 대학 생산기술연구소 등의 주요 건물을 건설했다.

인 감수성도 뛰어났지만 무엇보다 수학적인 사람이었지요. 예를 들어 집합론을 축으로 내 소설을 분석하여 소설 전체가 지형적으로 어떤 공간적인 특성을 갖고 있는지에 관해 논문을 썼습니다. 소설의 다양한 에피소드를 종합하면 이 마을 전체의 풍경과 일치한다고 하더군요. 그 이론에 따라 이 학교 건물의 구상이 가능했다고 했습니다. 내 눈에는 학교 건물의 이곳저곳을 돌아다니면서 마을 전체를 바라보고 있는 아이의 모습이 선명하게 보입니다.

음악실에 들어온 것도 수십 년 만인데 깨끗이 사용해서 오히려 처음보다 실재감이 넘친다고나 할까요. 커다란 원통형을 이루고 있는 콘크리트 표면이 아주 매끈매끈하지요? 이 건물을 짓던 시기에 콘크리트를 고압으로 내뿜어 칠하는 기술이 개발되었는데 그 기술을 하라 씨가 이곳을 건축할 때 사용했습니다. 후에 그 기술은 큰 불상을 만드는 데에도 응용되어서 여기서 일했던 사람들이 중용되었다고 들었습니다. 노출콘크리트* 공법이 전후 한때 유행했는데 그 대표적인 건축가가 단게 겐조(丹下健三) 씨로, 바로 에히메 현 출신입니다. 그 동생 세대가 이소자키 아라타(磯崎新) 씨, 그리고 이소자키 씨보다 몇 살 아래의 학생이었던 하라 씨. 그들이 신공법인

---

* exposed mass concrete: 별도의 마감재를 시공하지 않고 콘크리트 면을 그대로 드러나게 하는 마감법.

표면이 매끄러운 콘크리트 시공을 실현해온 계보입니다.

우선 이곳을 방문하면서 떠오른 이미지가 『만엔 원년의 풋볼(万延元年のフットボール)』의 도입부에 나오는 디테일한 묘사입니다. 숲의 경사면에 있는 작은 옹달샘을 발견한 미쓰사부로가 방심한 듯이 넋을 놓고 바라보는 장면이지요.

옹달샘 앞에 몸을 구부리고 샘물을 마시려다가 나는 어떤 느낌에 사로잡혔다. 그 작은 옹달샘, 그곳만 대낮의 햇빛을 보관하고 있었던 것처럼 환한 물 밑바닥의 푸른빛을 띤 회색, 붉은색, 흰색의 동그란 자갈들 하나하나, 눈에 띌 듯 말 듯 물을 탁하게 만들면서 피어오르는 미세한 모래. 수면의 가느다란 떨림— 모든 것이 분명 이십 년 전에 내가 이곳에서 보았던 바로 그것이라는 느낌이었다. 끊임없이 솟아올라 흐르는 물도 그때 솟아올라 흘러내린 그 물과 똑같은 것이라는, 자가당착적이지만 나 자신에게는 절대적인 설득력을 가진 느낌. 그리고 그 느낌은 지금 실제로 이곳에 몸을 구부리고 있는 내가 일찍이 그곳에 드러난 무릎을 꿇고 웅크리고 앉아 있던 아이였던 나와 완전히 동일하지는 않고, 그 두 명의 나 사이에는 지속적인 일관성도 없으며, 실제로 이곳에 몸을 굽히고 있는 나는 진짜 나 자신과는 이질적인 타인이라는 느낌으로 발전했다. 현재의 나는 진짜 나 자신의 정체성을 상실한 상태다. 나의 내부에도 외부에도 회복의 계기는 없었다. 옹달샘의 투명하고 미세한 물결이 퐁, 퐁 소리를 내며 너는 영락없는 쥐새끼라고 말하는 것이 들린다.*

그렇습니다. 작품 도입부에 씌어 있는 옹달샘에 대한 기억은 내게 있어 특별한 것입니다. 신제 중학교에 들어갔을 무렵으로 그때는 늘 '시간'에 대한 생각을 하며 지냈습니다. 시간은 되풀이되지 않는다, 흐르는 강물은 같은 물이 아니다, 이 물은 깜짝할 사이에 흘러가서 좀 전에 보고 있던 물이 아니지만 흐름은 똑같아 보인다, 똑같이 느껴진다, 그것은 왜일까? 시간도 같은 성질의 것일까? 숲으로 흘러 들어와서 붉게 물든 산단풍 잎이 떨어져 괴어 있는 곳으로 샘물은 흘러가고 그것이 지금의 물처럼 보이지요. 물은 눈 깜짝할 사이에 흘러가버려서 지금의 물이 아닌데도 똑같아 보인다는 게 신기했어요. 이렇게 시간이나 생명에 대해서 곰곰이 생각했습니다. 이후에도 마을에 올 때마다 그곳에 들러보는데 역시나 늘 똑같아 보이지요. 버클리의 숲이나 독일에서 보았던 호수처럼 다른 장소에서도 같은 느낌을 받습니다. 숲의 샘물이 원형이 되고 있는 것이지요, 내 시간의 감각은.

---

* 『만엔 원년의 풋볼』, 박유하 옮김(웅진지식하우스, 2007) 참조.

소설에 묘사된 내용을 읽고 독자도 비로소 자신의 체험을 인식합니다. 아, 나도 마찬가지로 강물을 바라보던 시간이 분명히 있었는데 하고 말이지요.
지금도 한가로운 '마을'의 분위기가 유지되고 있는 것을 실제 여기에 와서 느꼈습니다만, 아무래도 『순수 우리의 눈물을 닦아주시던 날(みずから我が涙をぬぐいたまう日)』의 분게이문고판 후기에 써놓으신 고향에 대한 기술이 제 인상에는 선명하게 남아 있습니다. 후기 자체는 1991년에 쓰셨지요.

전쟁 당시, 숲 속 산골짜기 마을의 분위기를 시작으로 전후 이웃마을에 생긴 신제 고등학교, 자전거를 둘러싼 삽화, 소꼬리 요리, 목차(木車), 빅터 아카반레코드〔전면이 붉은 빅터 음반회사의 레코드〕……그리고 이렇게 구체적인 세부를 이루는 추억의 중심에 1945년 8월 15일이 있고 그날 전체가 어린아이였던 나라는 개인을 비롯해서 가족, 학교, 마을공동체, 그리고 국가로 퍼져가는 비극적인 긴장의 구조체를 이루고 있다. 또한 그 긴장의 구조체는 개인의 내면에, 국가 전체에 이르는 전 과정에, 구헌법의 천황의 거대한 면영 아래에 존재한다.
내가 앞서 인용한 주인공의 모친이 하는 말은 그 자체가 작자인 나의 소년기 때에 새겨진 영혼의 상처를 나타내고 있다고도 할 수 있다.

오에 선생님께 이 마을은 영혼에 상처를 준 장소이기도 했다는 거지요. "그리고 그 상처로부터 내 자신을 치료하는 작업으로서 나는 이 작품에 이르는 소설을 준비하기 시작했다고도 볼 수 있다"고 하셨습니다. 이 생각에는 아직도 변함이 없으신지요?

변함없습니다. 흔히들 시인, 소설가, 작곡가의 유년기는 목가적이라고들 하지요. 나는 숲에서 자란 아이였기에 더욱 그렇다고들 합니다. 그렇지만 확실히 목가적인 감정에 잠겨 있었던 건 아주 짧은 시기로 국민학교에 들어가니 국가상—다시 말해 천황을 정점으로 하는 어른들의 구조체로부터 압력을 받는 듯했어요. 선생님이 직접적으로 그것을 강요했다고 생각합니다.

그런 기억은 어느 순간 내 자신이 일으키는 마음의 동요와도 관련 있습니다. 『손수 우리의 눈물을 닦아주시던 날』이라는 소설을 썼을 때는 도쿄에서 소설가로서의 생활 자체에 위기감을 느끼던 시기였어요. 그런 상태에서 소년 시절을 반추하니 비극적인 측면이 또렷이 가시화되었지요. 그것을 소설로 쓰게 된 겁니다.

예를 들면 '소꼬리 요리'에 관한 기억—전쟁 당시 이 근처에서 소를 불법으로 도살하는 사람이 있어서 우리 아버지 같은 사람도 누군가에게 연줄을 대어 고기를 사러 갔어요. 그런데 중요한 고객이 아니었기에 소꼬리를 할당받았지요. 가죽을 벗기고 관절 마디마디를 잘라서, 글쎄요, 프랑스요리나 한국요리에서도 본 듯한 음식을 만들어주셨습니다. 한밤중에 신문지에 싼 피투성이 쇠고기를 가슴에 안고 한 남자가 찾아왔지요.

또 개에 관한 이야기인데, 전쟁 말기에 어느 날 갑자기 한 남자가 마을에 왔습니다. 자전거를 타고 나타나서는 "내일까지 이 마을의 개를 전부 모아주게"라고 하더군요. 상부로부터의 명령이라고 했어요. 아이들도 협력했는데 나는 이웃집의 다마라는 커다란 붉은 개를 끌고 갔습니다. 지금 이곳 아래로 흐르고 있는 오다가와를 따라 여기에서 조금 상류로 올라가면 수심이 깊은 물가에 작은 구덩이가 있습니다. 거기서 남자는 데려오는 개들을 척척 때려죽였어요. 그리고 가죽을 벗기고 모포를 말듯이 가죽을 돌돌 말아 자전거에 싣고는 "지금 북쪽에서 싸우고 있는 병사들을 위해 이 가죽을 기부하겠다"는 말을 남기고 떠나버렸지요. 나중에 마을에는 개의 씨가 말라버리게 되었습니다.

좀 다른 성격의 긴장감에 관한 이야기입니다만, 자전거에 대한 것도 있었어요. 자전거를 타고 이웃 마을에 가려면, 저보다 훨씬 나이가 많은 아이가 있었는데 어떻게 하든 그 아이의 집 앞을 지나야만 했어요. 붙잡히면 항상 심한 괴롭힘을 당했지요. 그런 긴장감도 있었답니다. 마을과 나라 주변에서는 전쟁이 진행되는 중이었는데, 전장에 나갔던 마을 청년 한 사람이 죽었어요. 학교에서 교장선생님이 "그는 '천황폐하, 만세'를 외치고 죽었다", "너희들도 천황폐하를 위해 죽을 각오를 하지 않으면 안 된다"고 하셨습니다. 그래야겠다고 나도 마음먹었지요. 전쟁 당시 어린아이였던 저에게도 평화롭고 훈훈한, 말 그대로 목가적인 추억이 있기는 합니다. 하지만 그 저변에는 어두운 기억이 입을 벌리고 있습니다. 늘 그 구덩이로 빨려 들어가는 기분이 들었어요. 그런 상태에서 지금 현재 도회지에서 살고 있는 시골 출신의 청년이 소설을 쓴다, 이런 의식을 갖고서 작품을 만들던 시기가 있었습니다.

> 작품 「기묘한 작업」에 등장하는 대학생 '나'는 실험용으로 대학병원에서 키우고 있던 개 150마리를 도살하는 아르바이트를 하게 되지요? 작품의 원형이 되는 '사건'이 실재했다고는 생각지도 못했습니다. 사건 자체를 그야말로 가상의 설정으로 생각해온 독자도 있으리라 봅니다.

상당 부분은 현실에 뿌리를 두고 있습니다. 개에 대한 작은 사건을 들었습니다. 그리고 개와 관련해서 나의 기억 속에 잔재하는 안 좋은 일들이 상기되었기 때문이지요. 그때의 기억들이 지금 현재의 풍경에 어두운 그림자를 드리우기도 합니다. 글을 쓸 당시의 감정적 측면을 반영해서 그 명암(明暗)을 각각 과장하는 겁니다. 그렇다 하더라도 역시 이 마을에서 지냈던 기억에 뿌리를 내리고 있지요.

1 9 6 0 년 안 보 투 쟁

그렇군요. '산골짜기 숲', 다시 말해 마을공동체＝국가＝소우주라는 장소가 작품의 전면에 등장하는 것은 1967년의 장편소설 『만엔 원년의 풋볼』부터라고 생각합니다. 경쾌한 제목과는 다르게 이 작품은 1960년 안보투쟁을 총괄하고 그 시점에서 앞으로 어떻게 나아가야 하는가라는, 당시 일본 청년들이 갖고 있던 심각한 문제를 저변에 깔고 있다고 봅니다. 착수하시기까지의 고심은 해설 등에도 써놓고 계신데 칠전팔기의 느낌이셨다고요?

『만엔 원년의 풋볼』은 쓰기 시작하기 전부터 정말이지 괴로운 암중모색의 시기가 있었습니다. 오랜 시간을 들여서 비로소 뼈대를 이루는 줄거리를 구상해낼 수 있었지요. 실제 글을 쓰면서도 난관을 헤쳐나간다는 생각이 계속 들었습니다. 우선 이 작품은 백년이라는 시간을 왕복합니다. 백년 전이라는 과거로 되돌아가서 그 시점에서부터 다시 시간이 진행되지요. 이런 반복 수법으로 구성해보자고 결심하고 시작한 겁니다. 만엔 원년=1860년의 봉기와 마을 젊은 이들의 축구 연습으로 준비되는 1960년의 폭동. 백년이라는 시간 차가 있는 두 사건을 연결하는 형태로 출발했습니다. 1860년에는 '사쿠라다몬가이의 변'*이라는 테러가 일어나고 안세이에서 만엔으로 원호가 바뀌었습니다. 또 새로운 시대를 주도하는 가쓰 가이슈〔미일수호통상조약을 위해 일본 최초로 배를 타고 미국을 건너간 관리〕파가 미국행을 자행했지요. 글쓰기에 착수하기 전이 어려웠고 연재를 시작하니 비교적 술술 진행되어서 대단원을 구성할 새로운 착상까지도 수월하게 찾아낼 수 있었습니다.

확실히 나로서는 청년 시절의 가장 큰 사회적 사건이었던, 미일안전보장조약 개정문제를 둘러싸고 도쿄 전체가 데모하는 군중으로 들끓던 1960년의 그 사건에 직접 참가했다는 경험이 도움이 되었습니다. 동시에 그 사건을 소설로 쓰려고 고심하던 내 자신이 있었기에 가능했겠지요. 생각해보면 어느 쪽의 내 모습이건 나이 차

---

* 사쿠라다 문 밖의 변(櫻田門外の変) : 1860년 3월 24일 에도 성 사쿠라다 문 밖에서 권력자 이이 나오스케를 무사들이 암살한 사건.

이도 별로 안 나는 똑같은 젊은이였는데 행동하는 이와 그것을 지켜보는 이(결국 그것을 글로 쓰기도 하는 이), 이렇게 자신을 둘로 나누었지요. 실제로 데모에 참가하면서 현장에서 상처받는 인물이 등장합니다. 그리고 그 반대로 늘 생각만 하고 행동은 하지 않는 인물이 나오지요. 그는 울적하게 집에서 책만 읽고 있어요. 그러나 역시 상처를 안고 있습니다. 이렇게 분신 같은 인물들을 구상하고서 2인조로 네도코로 미쓰사부로와 다카시라는 형제를 만들었습니다. 이는 이후로 내 소설의 원형을 이루게 되었지요. 최근에 쓴 3부작을 지금 한 권의 특별본으로 합치는 작업을 하고 있습니다만, 그 전체를 묶는 제목으로 고르기도 한 '수상한 2인조(おかしな二人組)'라는 게 내 소설의 기본적인 요소라고 할 수 있습니다. 이렇듯 내 안에 있는 두 인물을 대치시켜서 현실을 포착해보겠다고 의식적으로 시도한 최초의 작업이었습니다.

안보투쟁 후에 시민에게 사죄하는 집단을 만들어 미국을 방문하고 돌아온 동생 다카시가 도쿄에 사는 형 미쓰사부로의 집에 기거하다가 자신들의 고향 산골짜기로 돌아갑니다. 미쓰사부로는 아내와 버스를 타고 숲 속을 가로질러 산골짜기 마을로 뒤따라가지요. 나는 그때 처음으로 숲을 의식적으로 재인식했습니다. 주인공 둘이 숲 속에 있는 자신들을 발견함과 동시에 나도 내 안의 숲을 이제야 발견했구나, 싶었지요.

지금 말씀하신 내용은 「숲의 힘」이라는 장에 나오는 부분이지요?

버스가 사고를 만난 것처럼 숲 한가운데에서 불시에 멈춰 섰다.
〔……〕
어두컴컴하게 우거진 상록수 벽에 둘러싸여 마치 깊은 도랑의 바닥을 달리는 듯한 숲길의 한 지점에 정지한 우리의 머리 위로 겨울 하늘이 좁다랗게 펼쳐졌다. 오후의 하늘은 시냇물 색깔이 변하듯 퇴색되면서 완만하게 드리워져 있었다. 밤이면 하늘은 전복 껍데기가 조갯살을 덮듯이 광대한 숲을 덮칠 것이다. 그 광경을 상상하자 폐소공포증 같은 감각이 되살아났다. 심산유곡에서 자라났으면서도 나는 숲을 가로질러 우리 골짜기마을로 돌아갈 때마다 숨 막힐 듯한 그 감각에서 자유롭지 못했다. 숨 막히는 감각의 중심에는 죽어 사라진 조상들의 감정의 핵이 가득 차 있다. 그들은 위력적인 조소가베〔조소가베 모토치카, 일본 중세시대 무사〕에게 오랫동안 쫓겨 다니다가 깊은 산속에서 숲의 침식력에 나약하게 저항 중인 방추형의 작은 분지를 발견하고 그곳에 정착했다. 분지에는 질 좋은 물이 솟아나오고 있었다. 도주하는 소집단의 통솔자인 우리 가계의 '최초의 사내'가 무작정 상상력에 의존한 채 분지를 향해 숲 속 깊숙이 들어갔을

때의 감정의 핵이 내 감각의 파이프에 질식할 듯 가득 담겨 있는 것
이다. 조소가베는 모든 시공간에 흩어져 존재하는 엄청나게 거대한
타자이다. 내가 반항하면 할머니는 '조소가베가 온다' 하며 겁을 주
었는데, 그 말의 울림은 어린애인 나뿐만 아니라 여든 살인 할머니
자신마저도 우리와 동시대에 살고 있는 엄청나게 거대한 조소가베의
존재를 피부로 느끼게 했다 [……]
버스는 읍내에 있는 종점에서 출발해 이미 다섯 시간이나 계속 달려
왔다.*

네, 숲에 대해 새롭게 인식했고 숲 속에 사는 사람들에 관해 많은
상상을 했습니다. 그렇게 해서 만들어낸 인물 중에는 일본사회의
변화가 진척되는 과정에서 실제로 만났던 인물도 있더군요. 재차
읽으면서 알았습니다.

　''다식증'에 걸린 농부의 아내' 진이라는 인물이 떠오릅니
　다. 오에 작품에는 **감금**당하거나 살이 쪄서 거대해진 여성
　이 자주 나오지요. 진은 한 시간마다 '즉석 면' 같은 걸 먹으
　며 계속 살이 찌고 있는, 형제를 키워준 옛집에서 오래전부

---

* 앞의 책 참조.

터 일하고 있던 여성입니다. 요즘 말하는 다식증, 혹은 메타폴릭 신드롬에 걸린 중년 여성에 대한 이야기는 이미 소설에만 존재하는 가상의 희극이 아니라고 봅니다.

그런데 앞서 "대단원을 구성할 새로운 착상을 찾아냈다"고 하셨는데, 무슨 말씀이신가요?

내가 미쓰사부로와 다카시 두 사람과 함께 시코쿠의 숲 속으로 돌아왔다. 이는 내가 나와 나에게 연계되어 있는 고향 집의 과거 속으로 들어가기 시작한 것을 의미합니다. 그렇게 번성했던 집안도 아니었는데 농민봉기로 혼란했던 시절에 친척 중의 한 사람이 난폭하게 살던 동생을 죽이고서 가족을 지켰다는 이야기가 전해지고 있었지요. 왠지 그것이 우리 세대에게도 그렇고, 아버지나 어머니의 삶에도 영향을 주는 듯했어요. 소설의 초고를 쓰는 동안 점차 리얼한 상황으로 부각되었습니다.

몇 번을 고쳐 쓰고—3년 정도 걸렸지요. 내 소설의 원형을 이루는 이야기의 하나로 할아버지의 일기도 있는데, 그 일기 속에 소설에 나오는 것과 비슷한 기술이 있습니다. 오래된 큰 집을 부술 때 증조할아버지의 동생이 열여덟에서 거의 예순까지 숨어 살았던 지하 창고가 발견되었답니다. 증조할아버지 동생분의 마음속에는 이유를 알 수 없는 응어리가 져 있고 평생 그것에 지배를 받으며 계속

숨어서 산 듯해요. 그건 왜일까라는 생각을 시작으로 지하 창고에 살면서 항상 비전향 지하생활자로서 자유민권사상에 공명하는 통신문을 만든다는 착상을 했지요. 그리고 소설의 결말이 될 장면을 생각해낸 겁니다.

이렇게 내 과거, 내 고향 숲에 있던 사건을 소재로 소설을 써보니, 산중에서 모닥불을 피워놓고 있으면 전혀 눈치채지 못한 사이에 그 주변이 누렇게 타들어가 있듯이, 이제까지 알지 못했던 많은 것을 깨닫게 된 느낌이었어요. 내 자신도 잘 몰랐던 나에게로 연결되는 과거가 드러난 듯했습니다. 흔히들 진혼(鎭魂)한다고 하는데, 내가 그런 식으로 불러일으킨 성난 영혼을 진정시키기 위해서는 우선 그 영혼을 확실히 불러내고 그 정체를 분명히 밝히지 않으면 안 된다고 생각하기 시작했지요. 그래서 내 안의 신화적 세계를······ 개인적인 세계입니다만······ 점점 비대하게 확장시켜서 문학으로 만들어갔습니다. 마침 구조주의에 관심을 가진 시기이기도 해서 『동시대 게임』으로까지 발전이 된 겁니다.

> 문학적인 영향력 면에 있어서는 아마도 이 작품이 전후 최고의 작품이지 않을까요? 무라카미 하루키(村上春樹) 씨의 『1973년의 핀볼』이라는 타이틀을 비롯해 그 외에도 여러 영향을 주었다고 하지요. 잘 아시겠지만 최근에는 라이트노벨

작품에도 형제와 창고에서의 미스터리가 고전적 에피소드로 사용되고 있습니다. 역사의 반복에 의한 현재의 극복이 시도된 『만엔 원년의 풋볼』, 이 작품 자체가 지금에는 계속해서 읽히고, 인용되고, 넘어서야 할 목표로 자리하고 있는 것이지요.

최근 젊은 사람들이 책을 어떻게 읽고 있는지에 관해서는 알 수 있는 기회가 없어서 잘은 모릅니다. 대체로 소설을 잘 쓰는 사람은 소설을 잘 읽는 사람이기도 하지요. 좋은 소설가는 좋은 독자이고요. 따라서 재능 있는 젊은 작가가 내 소설을 어떠한 계기에서든 읽고 그러면서 환기되는 이미지를 하나 잡아 자신의 언어로 그것을 자유롭게 부풀린다는 것은 늘 있는 일입니다. 나도 그런 방식에 있어서는 프로이지요. 프랑스나 영국, 라틴아메리카의 시인이나 작가들, 그들로부터 환기되는 것은 얼마든지 많아요. 내 소설도 그렇게 해서 다음 세대나 그다음 세대에서 새로운 소설로 재구성될 거라고 봅니다. 그것이 문학의 전통이자 문학적 연대감이라고 생각합니다.

이 작품이 탄생한 1960년대 중반은 고도성장기가 일단락되고 일본의 근대화가 일정 수준의 물질적 기반을 구축하게 되면서 현재로 이어지는 소비생활의 형태가 갖추어지던 시대였습니다. 특히 '슈퍼마켓의 천황'이라는 인물이 나오는데, 대형 판매점의 출현을 상징하는 듯한, 식생활을 비롯한 지방의 생활양식의 변화와 전국을 균일화하는 풍경에 익숙해져가는 교외화——이러한 전후의 경제적 발전에 따른 이변이 이 오세 마을에도 실제로 닥쳐왔으리라 봅니다. 도쿄에 사시면서 이러한 변화를 어떻게 생각하셨습니까?

제가 대학에 들어간 것은 마을을 떠나 스무 살이 되었을 때로 전후 10년이 지난 무렵이었습니다만, 분명 마을에도 조금씩 변화가 일었습니다. 그 무렵에 마을에 남아 농가를 계승하고 있던 한 동급생이 나에게 "오에 군, 돌아오지 않겠나? 돌아와서 둘이서 '주부들을 위한 가게'를 차리세!", "나하고 자네가 한다면 이 현에서 제일가는 부자가 될 걸세" 하며 권유했지요(웃음). 우선 작은 슈퍼가 생겨서 개인 상점의 손님들을 빼앗아가지요. 그리고 어느 사이엔가 거대화되는 겁니다. 그런 경제체제로 변하고 있었어요. 나는 친구가 말한 것을 힌트로 '슈퍼마켓의 천황'을 생각해냈습니다. 실제 그러한 새로운 모습의 경제적 지도자가 나타나기 시작했을지도 모르지요. 이는 도회의 문화와 지방의 문화가 균질화되는 과정이기도 했습니다.

지방 문화의 변용이라는 측면에서는 텔레비전의 보급이 컸어요. 텔레비전을 통해 도회에서 발신된 것이 어느 지역에나 전달되었지요. 하지만 지방 사람이 이쪽에서 말을 걸어도 텔레비전의 커뮤니케이션은 그 말을 전달해주지 않지요. 지방 문화는 수신에만 한정되어 영향을 받는 일방적인 입장이 되고 문화의 발신원은 도쿄 혹은 오사카로 집중되었습니다. 전쟁 직후에는 한때 이쪽에서 말을 걸면 상대가 대답하고 상대가 말을 걸면 이쪽에서 대답하는 형태를 띤 문화의 움직임이, 예를 들어 라디오의 가두녹음 같은 게 있기도 했는데…… 바로 이런 점 때문에 지금의 인터넷 문화에 흥미를 갖고 있습니다.

그건 그렇고, 고향에 오랜만에 돌아와서 보게 된 커다란 변화는 앞서도 말했지만, 길가에 아이들이 보이지 않는 겁니다. 우리가 어렸을 때는 아이들은 모두 길가에 나와 있었습니다. 길을 걷고 들판을 뛰놀고 있었지요. 학교 운동장에서 야구도 하고요. 그런데 지금 여기에 와서 보니 어린아이들이 야외에서 보이질 않네요.

> 그것은 도쿄에서도 마찬가지입니다. 시코쿠의 작은 마을과 도쿄. 오에 선생님이 살아오신 장소는 소위 주변과 중심이었고, 그 중간에 위치한, 현재 균질화는 이루어졌으나 정체되어 붕괴나 황폐화의 진행이 문제시되고 있는 교외라는 장소와는 별로 인연이 없으셨지요?

그렇지요. 내 언어의 범위 안에 교외라는 것은 없었습니다. 이 사실을 알게 된 것은 1968년에 오스트레일리아에 갔을 때입니다. 아베 고보 씨가 초대되었는데 "나는 싫으니까, 오에, 자네가 가게. 퍼스트클래스 티켓이네!" 하며 주시더군요(웃음). 그래서 대신 갔습니다. 공항에서 구입한 책에서——시드니에서 캔버라행으로 갈아탈 때에——오스트레일리아에는 '교외주의'라는 게 있다는 걸 읽었습니다. 교외주의suburbanism란 오스트레일리아에서 독자적으로 전개된 거라고 하더군요. 오스트레일리아에서는 대도시 주변으로 광대한 교외가 펼쳐져 있고 그 교외가 문화의 근거지를 이룬답니다. 또 상하관계가 없이, 예를 들어 차를 탈 때는 손님이 조수석에 앉는 것이 보통이라는 식으로 서로를 동료로 취급하는 '메이트십mateship'이 오스트레일리아의 문화적 특징이라고도 나와 있었습니다. 나는 일본에서도 도회지나 농촌이 아닌 '교외'가 앞으로 문화적으로 중요한 장소가 될 수 있을지 생각해보았습니다. 시마다 마사히코(島田雅彦) 씨가 교외라는 단어를 소설에서 생생하게 구사해냈지요. 그렇지만 나에게는 실감이 없는 장소입니다. 나는 지방 산골과 도쿄라는 대도시로 양분되는 인생을 살아왔어요. 도쿄에 있으면서 숲 속의 일을 쓰고 숲에 돌아오면 이번엔 외국에 가는 것을 상상하기 시작하고…… 그것이 실제 내 인생이었습니다.

두 장소의 왕복, 동요vacillation의 힘이 소설에 작용했던 거네요. 다시 『만엔 원년의 풋볼』 이야기로 돌아가서, 작품 속에서 형인 미쓰사부로가 창고에서 책만 읽고 있는데 반해, 동생 다카시는 마을 청년들을 모아 축구팀을 만들어 열심히 훈련을 합니다. 1960년대라면 야구 쪽이 일반적이었다고도 보이는데요. 축구를 현대의 축제분위기를 나타내는 게임으로 선택한 이유는 무엇이었습니까?

그게 바로 문제입니다(웃음). 내가 그 작품을 계속 쓸 수 있도록 힘이 되어준 주된 이미지는 농민봉기입니다. 뿐만 아니라 잔혹한 이미지를 덧대어 베어낸 상대편 지도자의 머리를 옷에 싸서 농민들이 맞이해주는 자신의 마을로 돌아오는 남자에 대한 구상을 미리 해놓고 있었어요. 옷가지에 싸인 인간의 머리를 공처럼 가슴에 안고 밤길을 달리는 청년의 모습을 계속 염두에 두고 있었지요. 한참 후에 런던에서 있었던 세미나에서 한 학생이 그렇다면 럭비가 아니냐고 하더군요(웃음). 그런데 나는 왜 그런지 풋볼이라는 말이 좋았습니다.

고등학교 2학년 때, 와타나베 가즈오 선생님의 책을 읽고 도쿄대학에 진학하자고 마음먹었을 무렵에 나카노 시게하루의 「도쿄제국대학생(東京帝國大學生)」이라는 시를 읽었습니다. 그 중에 "——『고민의 상징(苦悶の象徵)』은 조금 읽히네"라고 하는, 학생들에 대한 풍자시가 있습니다. 마지막에 "풋볼만 차고 있는 이도 있네"라며 이 시는 끝나지요. 나는 도쿄 대학의 학생이 되어 하루 종일 공만 차고 있을 수 있다면 얼마나 좋을까, 하고 상상했습니다. 그 후로 '풋볼'이라는 단어가 내 안으로 들어온 겁니다.

그랬군요. 일단 전편에 걸친 생동감 있는, 빛과 어둠이 교차해가는 듯한 문장. 아무리 역사가 바뀌어도 늘 새롭게 진행되는 듯한 문체. 다카시가 눈 위를 미친 듯이 뒹구는 장면은 잊을 수 없는 부분으로 소위 소설을 통해 '본' 인상적인 장면이었습니다.

눈은 여전히 내리고 있었다. 일 초 동안 내리는 모든 눈송이가 그리는 선이, 골짜기 공간에 눈이 쏟아져 내리는 동안 그대로 유지될 것이며 그 외에 다른 눈의 움직임은 있을 수가 없다는 묘한 고정관념이 생긴다. 1초 동안의 실체가 무한으로 연장된다. 눈 소리가 완전히 흡수되어버리는 것처럼 시간의 방향성 또한 언제까지고 내리는 눈에 흡수되어 상실된 상태다. 편재하는 '시간'. 벌거벗고 달리는 다카시는 증조부의 동생이며 나의 동생이다. 백 년 동안의 모든 순간이 이 한순간에 응축되어 있다. 벌거벗은 다카시가 달리는 것을 멈추고 얼마 동안 걷다가 눈 위에 무릎을 꿇고 양손으로 눈을 어루만

졌다. 나는 다카시의 야위어 앙상한 엉덩이와 무수한 관절을 가진 벌레처럼 유연하게 구부러져 있는 긴 등을 보았다. 뒤이어 다카시는 악! 악! 악! 하고 강하게 힘이 들어가 있는 소리를 지르면서 눈 위를 뒹굴었다.*

『짓밟히는 싹들』에서나 『2백 년의 아이들(二百年の子供)』에서도 눈 내리는 정경을 바라보는 젊은이들의 묘사에 특별히 필력을 발휘하셨습니다. 어떤 이유가 있습니까?

확실히 그렇네요. 실제로 나는 아침에 눈을 떴는데 온 세상이 눈으로 뒤덮여 있는 것을 보면 격앙됩니다. 항상 그렇지요. 한밤중에 함박눈이 내리고 나 혼자 일어나 있는 상황에도 그렇고요.

『만엔 원년의 풋볼』의 다카시가 대설이 내리는 밤에 알몸으로 정원을 뒹구는 장면은 바로 저희 가족이 처가에 간 날 밤에 가득 쌓인 눈밭에서 직접 그대로 실험해본 겁니다. 건넛집 젊은 부인이 창가에서 그걸 보고 있다가 한동안 저를 피했던(웃음) 적도 있습니다.

다시 한 번 시언어에 대해 말씀드리면, 소설 중에 「진실을

---

* 앞의 책 참조.

말할까?」라는 장이 있습니다. 이 표현은 다니카와 슌타로(谷川俊太郎) 씨의 「도바(鳥羽)」라는 장편시에 나오기도 합니다. 두 분의 작품 때문에 '진실을 말할까?'라는 말은 중요한 문학적 상투어가 되어 자주 언급됩니다. 무릇 이 세계에 진실은 있을까? 언어로 진실을 말할 수 있을까? 독자인 저희들도 한없이 생각에 잠기게 되지요. 2002년 『우울한 얼굴의 아이(憂い顔の童子)』에서는 주인공 고기토가 만년을 맞은 어머니로부터 산골짜기 마을에 대해서 어디까지 거짓의 산을 쌓을 작정입니까! 하고 질책을 받는 장면이 인상적이었는데, 이 작품에서부터 '어긋남'과 '반복'이라는 특성이 의식적으로 사용되기 시작한 건 아닙니까?

그렇습니다. 이 작품이 소위 의식적으로 작가가 되기로 결심한 이후에 모든 작품의 기점이 되었다고 봅니다. 지금 가능하면 나의 만년의 작업을 짧은 장편으로, 2부작이나 3부작을 써볼까도 생각 중입니다만, 그중 하나로 제목을 붙일까 하는 것이 「진실은 말할 수 없다(本當のことは云わない)」입니다. 아직도 다니카와 씨의 시를 손에서 놓지 못하고 있는 셈이지요. 그리고 나는 정말로 어머니의 눈에는 거짓의 산을 쌓고 있는 듯이 보일지도 모르는 방식으로 '반복'과 '어긋남'을 거듭하면서 숲 속의 추억을 쓰고 있지요. 그렇게 해서

어쩌면 단 '하나의 소설'을 계속 써온 것일 수도 있습니다.

　그 「진실을 말할까?」에 대한 이야기로 『만엔 원년의 풋볼』에서 내가 동생 다카시를 통해 방관자인 형 미쓰사부로를 위협하듯이 '진짜 사실을 말할까'라고 하게 한 것은 오히려 그 자신의 고뇌를 표현하기 위함이었어요. "너는 아무것도 하지 않고 있잖아. 나는 잘못되었을지 모르지만 이런 걸 경험해" 하고 다카시는 자신의 어두운 개인 생활을 이야기하는데, 그것은 정말로 암울한 사실이었지요. 그 암울한 내용을 무엇인가에 빗대어 암시하는 건 가능합니다. 얼마든지 암시는 할 수 있지요. 하지만 막상 그것을 말로 할 때에 온몸으로 느껴지는 전율을 전달할 수는 없습니다. 바로 그런, 진짜 깊은 고뇌를 가진 젊은이를 묘사하기 위해 인용한 시입니다. 그런데 지금 내가 노인이 되어서 "나는 이렇게 살아왔다. 이것이 인간이라는 거다"라고 인생의 종착지에서 깨달은 지혜를 한창 인생을 살고 있는 젊은 사람들에게 건네는 소설에 담으려다 보니, 우선 머릿속에 떠오르는 타이틀이 「진실은 말할 수 없다」네요(웃음).

　무엇인가를 언어로 표현해버리면 아무래도 현실에 있는 '진실'과는 어긋나버리지요. 그러나 우리는 언어를 매개로 어떻게든 '진실'을 향해 돌진해가지 않으면 안 됩니다. 그것이 젊었을 때부터의 딜레마였어요. 그래서 소설을 쓰면서 여러 가지를 고안했지요. 언어와 인간이 경험하거나 심중에 그리고 있는 사실과의 '어긋남'을 말로 표현해가자. 몇 번이고 그림에 색을 입히듯이 고쳐 쓰면서 진실에 다가가자. 바로 이것이 소설로 표현한다는 게 아닐까, 하고 생각하게 되었지요. 또한 '이것은 진실이다'라고 해서 내놓는 것 자체에 내재하는 사실이 아닌 것, 그것을 스스로 정확히 파악하기 위해 일부러 언어의 '차이'를 구사해갑니다. 조금씩 '어긋나 있는' 그림을 두 장 겹쳐놓듯이 해서 제3의 진실을 부상시키는 수법에도 착안을 해서 어떻게든 언어로 실상이 갖고 있는 '진실'을 표현할 수 없을까? 악전고투하는 작가로서의 인생이었지요. 그러한 고뇌의 길에 들어서게 된 출발점에 『만엔 원년의 풋볼』이 있습니다.

> 이야기가 좀 달라집니다만, '진실은 말할 수 없다'는 것은 밝은 암시인가요? '진실'이 곧 밝혀지는 건 아닌가 싶은 기대도 불러일으키는데요. 물론 그렇게 단순한 일은 아닐 테지요. 어떻습니까?

아니지요. 그렇게까지 딱 잘라서 말하기는 어렵습니다. 지금까지 나는 '진실을 알려줄까?'라고 계속 말해왔지만 결국에는 진실을 표현할 수 없는 사람들에 관해 써왔습니다. 그렇다면 마지막에는 '진실은 말할 수 없다'고 주장하는 노인에 대한 이야기를 통해 심연에 있는 진짜 사실, 진실을 투영하는 방식을 구현해보고 싶어요. 지금까지 써온 소설을 뒤집어보고 싶다는 생각은 늘 해오던 바이기도 하니까요.

일단 그러한 것을 앞으로 쓸 수 있다면 하고 바라는 것은 일흔하나가 된 지금, 내가 '진실은 있다'고 새삼 통감하고 있기 때문입니다. 인간이 일생을 소비하면서 정말로 표현하지 않으면 안 되는 그러한 진실은 있답니다. 이러한 생각은 근래 일본을 방문한 사이드의 부인과 긴 대화를 나누고 또 그에 관한 기록영화를 보며 관객과도 소통을 하면서, 아울러 그의 작품을 모두 다시 읽어보는 사이에 확신이 들었습니다. 긴 안목에서 사이드의 일생을 보면, 그의 삶에는 한 치의 의심도 없이 '진실'이 녹아나 있기 때문이지요. 그래서 나는 이제 일할 시간도 몇 년밖에 없겠지만 앞으로는 어떻게든 나의 '진실'을 전면에 내세워 표현해보자, 그런 글쓰기를 목표로 노력하자고 결심했습니다. 그것을 바로 만년의 나의 문학 스타일로 삼으려고 합니다.

> 말씀을 듣고 있으니 소설과 작가 자신이 드디어 합치하는 순간, 그리고 '진짜 거짓'이라는, 거울 속의 거울을 보는 듯한 묘한 이미지도 떠오릅니다.

「동시대 게임」을 지금 다시 읽다

이곳 방문에 맞춰서 1979년에 발표하신 『동시대 게임』을 다시금 주의를 기울여 읽었습니다. '산골짜기 마을'의 역사를 염두에 두기 위해 복습을 하자고 생각했습니다. 그리고 처음 읽었을 때와는 전혀 다른 인상을 받았습니다. 그것은 후에 발표하신 작품을 이미 제가 읽어서 알고 있기 때문이겠지요. 이 작품을 모태로 다시 태어나고 발전된 이후의 장편소설에는 『M/T와 숲의 이상한 이야기』를 비롯해 『2백 년의 아이들』까지 몇 편이나 있습니다. 그런데도 새삼 『동시대 게임』이 너무나도 거대하고 고도의 완성도를 보이는 작품이라는 걸 알았습니다. 바로 이런 면을 알기 위해 그동안 오에 소설을 읽어왔구나 싶을 정도여서 이 또한 불가사의한 성취감을 맛보는 순간이 아닐 수 없었습니다. 이 작품에는 오에 선생님의 문학적 발상의 기원에 해당하는 모든 것이 ──글로 쓰던 그 시점에서는 미처 자각되지 못했던 것도 포함해서, 정말로 종합적으로 담겨 있다고 보입니다.

그렇습니다. 『동시대 게임』에 대해서는 나도 그렇게 생각합니다. 나도 이번에 오자키 씨와의 인터뷰를 기회로 내 작품을 전체적으로 재독하고 있습니다. 아마도 생애에서의 마지막 기회가 될 테지요. 나의 lateness, 만년을 어떻게 각성할까 하는 과제와 자작의 재독이 지금 제 안에서 좋은 결실을 맺고 있는 듯도 합니다.

『동시대 게임』에 대해서는 지금까지 적극적인 발언은 하지 않으셨던 것 같습니다.

정말 그렇네요. 하지만 이 소설은 나에게 있어서 역시나 근본이 되는 작품입니다. 이십대 후반에 쓴 『개인적 체험』이나 근 삼십대 중반에 커다란 전향점이 되었던 『만엔 원년의 풋볼』, 이 작품들을 오버랩해간다는 형식으로 소설을 썼습니다. 그리고 마흔에 고등학교 2학년부터 늘상 그 존재를 의식하며 살아온 와타나베 가즈오 선생님이 작고하셨지요. 그 직후에 한국의 시인 김지하에 대한 정치적인 탄압을 반대하는 단식 시위가 긴자에서 있었는데, 실제로는 어떤 것에도 손댈 수가 없었어요. 내 삶의 방식을 근저에서부터 재검토하지 않으면 안 된다는 생각에 시달렸습니다. 그러다가 마흔하나에 멕시코시티로 갔지요. 반년간 엘 콜레히오 데 메히코*에서 강의

---

* El Colegio de México. 멕시코의 명문 사립으로 라틴아메리카 최고 수준의 대학원 중심 대학. 오에 겐자부로는 1976년에 이 대학에서 객원교수로 재직했다.

를 했습니다. 영어로 진행했는데 일본의 전후문화론 같은 내용이었습니다.

그곳에는 멕시코 학생은 거의 없습니다. 대학원만 있는 조직이기 때문에 라틴아메리카의 많은 나라에서 온, 마치 망명자 같은 지난한 생활을 하고 있는 학생들이 많았어요. 수업은 한 주에 한 번이었는데 수업이 없는 날에도 자주 만나서 식사를 했습니다. 멕시코 지방을 함께 돌아보기도 했지요. 그 당시 현지에 있던 일본인 연구자는 내가 완전히 폐쇄적으로 살고 있었다고 말하기도 하던데, 나는 다만 일본인들과 만나지 않았을 뿐입니다. 인도 대사를 사직한 옥타비오 파스나 당시 멕시코에 집을 마련한(지금도 그 집 그대로입니다만) 가브리엘 가르시아 마르케스와도 교류하며 지냈습니다.

그러던 중에 멕시코의 작은 지방에 갔어요. 멕시코와 동양 일본의 시골 지방은 그 모습이 전혀 다릅니다. 그런데 왠지 모르게 내 안에서 소년 시절의 일들이 전에 없이 짙게 되살아났어요. 멕시코에 있으면서 과거 30년, 35년 전의 일을 매일같이 추억하고 있을 정도였지요. 그래서 고향의 마을에 대한 기억이나 후미진 장소에 대한 기억 같은 걸 노트에 적기 시작했습니다. 이것이 바탕이 되어서 일본에 돌아와 『동시대 게임』이라는 소설에 착수하게 된 겁니다. 소설가가 되어서 세번째로 맞은 전환기였습니다. 내 생활과 문학에 있어서 커다란 전환점이었지요.

작품의 설정에 있어서 장소 이외에는 자전적인 요소가 희박하지요. 신주(神主)인 부친과 유랑단이었던 모친 사이에서 태어난 남자 주인공이 멕시코의 한 지방으로 대학 강의를 하러 갑니다. 그곳에서 무녀 같은 쌍둥이 누이동생 앞으로 여섯 통의 편지를 보냅니다. 마을공동체＝국가＝소우주로서의 고향에 대한 역사를 둘이 공유하고 있던 내용이라든가 그것에 개인적인 기억이 개입되어 있기도 한 장문의 편지였지요. 그런 구성을 가진 장편소설이었습니다. "누이여"라고 호소하는 서간체이기도 해서인지 어떻게 해서든 산골짜기 마을에 대해서 정확하고 다양하게 그리고 풍부하게 역사적 사실을 전달하고픈, 써서 남기고 싶은 솔직하고도 정직한 언어와의 격투 자세가 엿보입니다.

예를 들어 「제4의 편지 무훈(武勳) 혁혁한 오십일 전쟁」은 다음과 같이 시작합니다.

누이여, 아버지＝신주는 **원래** 유랑 광대인 우리들의 어머니를 정식 아내로는 삼지 않았지만, 마을＝국가＝소우주의 전승 연구에 지친 한밤중에는 만취하여 굵고 탁한 목소리를 내면서, 골짜기에서 가장 높은 곳에 있는 미시마 신사의 사무소에서 오후 때마다 오수에 잠기는 우리들의 집으로 커다란 몸뚱이를 옮겨 내려왔다. 그 결과로 태어난 우리들 쌍둥이는, 형들이나 동생들 역시 마찬가지지만, 골짜기의 여자들 손에 공동으로 키워졌다. 생활 능력이 부족한 어머니가 아직 골짜기에 있을 때부터 그랬다. 어머니가 아버지=신주한테 골짜기에서 추방당한 후에는, 우리들은 더욱 두드러지게 골짜기 여자들 손에 양육되는 공통의 자식이 되었다. 아버지=신주로서는 나를 마을=국가=소우주의 신화와 역사를 쓰는 자로 삼고, 너를 **파괴자**의 무녀로 삼으려는 음모를 품고 있는 이상, 그렇게 우리들을 마을=국가=소우주의 공동 사회에 맡기는 것은 의도한 대로의 자식 양육 방식이기도 했을 것이다.*

당시 사십대 전반이었던 작자가 갖고 있는 에너지의 위대함에 압도되는 듯했습니다.

웅장한 풍경, 거대한 사건의 흐름을 쓰고 싶다고 생각했으니까요. 내가 살아온 동시대라고 해도 아직 40년에 지나지 않았지만, 내가 태어나기 60년 전의 과거로 거슬러 올라가 백 년간의 일본 근대화라는 과정을 일본인은 어떤 식으로 경험했는가—그것을 한정된 하

---

* 『동시대 게임』, 신인섭 옮김(고려원, 1997) 참조.

나의 무대에서 펼치는 연극처럼, 혹은 대대적인 게임처럼 쓰고 싶었어요. 그것이 『동시대 게임』이라는 제목을 달게 된 이유입니다.

보통 작가는 마흔 살 정도가 되면 하나의 방대한 구조의 소설을 쓰고자 해서 대체로 역사소설을 구상하지요. 역사를 무대로 한 소설을 대부분의 작가가 쓰고 있다고 생각해요. 내 경우도 처음에는 역사소설의 어조로 나의 숲 속 이야기를 쓰려고 했습니다. 그런데 잘 안 되더군요. 1년, 2년, 점점 시간이 흘렀습니다. 그러던 중에 결국 개인의 목소리로 개인의 내면을 통해 나의 역사를 쓰고 싶어졌어요. 나의 터전, 나의 고향, 나의 마을에 대한 역사를 쓰기 원한다는 걸 깨달았지요. 그렇다면 아예 정면에서 개인의 목소리로 편지를 쓰는 형식으로 서술해가는 게 좋겠다 싶었지요.

학생시절부터 그때까지, 상상력에 관해 써놓은 것들을 많은 학자의 책에서 읽었습니다. 그중에 "상상력을 자기 안에서 심화시키고, 그리고 자기 개인의 목소리로 말하듯이 상상력의 세계를 펼친다면, 그 작품은 친밀한 편지와도 같이 읽는 이의 마음에 도달할 것이다"라는 가스통 바슐라르의 문장을 보고는 매혹되었습니다. 그래서 처음부터 개인적인 편지로 읽히도록 쓰고 싶었어요. 오랫동안 친구처럼 가까이 지낸 여성에게 보내는 편지가 좋겠다 싶었지요.

그래서 "누이여"라는 친근한 편지체가 탄생한 거군요. 일본

문학에서도 '누이'는 고대로부터 힘을 발휘해왔습니다. 하지만 과연 '누이'는 누구일까? 가공의 인류의 여성 전체를 향한 호소일까? 궁금했습니다.

그렇습니다. 현실에서 나에게는 오랜 시간을 친구처럼 지낸 여성이 없어요. 어떠한 여성을 향해 쓸까? 하는 문제가 여기서 발생한 곤란함이었습니다. 예를 들어 미시마 유키오는 그의 어머니나 할머니, 또는 임종하신 누이를 모델로 여성상을 만들어낸 듯해요. 연인을 원형으로 삼았다는 작가는 더 많지요. 내 경우는 고등학교 친구의 여동생이라는 존재가 가장 아름답고 그리운 여성상입니다. 친해질 수 있고 또 가장 소중한 존재로 남는 원형이었지요. 실제로도 나는 친애하는 친구의 누이와 결혼했고요. 그 외에 특별히 친밀한 관계를 가진 여성은 일생을 통해 없었다고 봐야 될 겁니다.

그래서 편지를 쓸 상대를 친구의 누이 혹은 내 누이로 하기로 했습니다. 상당히 친밀하긴 하지만 성적인 관계로 맺어지는 게 아니라, 특별한 존재로서의 여성을 위한 편지라는 식으로 설정한 겁니다. 화자의 쌍둥이 누이였지요. 여기서 문체가 완성되었어요. 멕시코에 가서 내 고향에 대한 많은 생각을 한 것 자체가 역시 고향으로 보내는 편지로서의 초고를 만든 시간이었던 셈입니다. 틀을 만들어놓고 그 속에 내 자신이나 내 마을의 역사하고는 매치되지 않는 가공의 이야기를 수없이 만들어 채워넣어 가기로 했지요.

그런데 발표한 지 30년이 지난 지금에 와서 다시 읽어보니, 가공의 이야기라고 생각했던 것이 역시나 현실 생활의 사건, 내가 전해 들었던 마을의 역사, 그런 내용들과 연결되어 있더라고요. 헤아릴 수 없는 그리움을 담고 있는 이야기로서 내가 지금 이 소설을 받아들이고 있는 것 같았습니다.

> 오에 선생님 본인이 미래의 자신에게 보낸 편지를 받은 것처럼 말이지요. 그 가운데 가장 상징적인 언어로 '파괴자'라는 말이 나옵니다. '파괴자'는 이야기의 마지막 부분에서 마을공동체＝국가＝소우주의 고대인들의 족장이기도 하고 훗날 신화와 역사 그 자체가 되기도 하지요. 또 일본이라는 나라를 지배해오던 천황제와 같은 존재라고도 해석이 가능합니다. 이 말을 사용하신 이유가 있으신지요?

『동시대 게임』에서 자못 미숙한 언어로 사용한 마을공동체＝국가＝소우주라는 명칭에서 '소우주'라는 것은 와타나베 선생님이 좋아하는 말이었습니다. 마이크로코즘microcosm, 즉 '인간'을 뜻합니다. 그래서 인간, 마을공동체, 국가, 소우주라고 하는 **유대**는 자기 꼬리를 문 뱀 같은 겁니다. 인간은 마을공동체의 작은 인간이기도 하고 국가 그 자체, 아니 국가보다도 더 큰 하나의 소우주가 되는 것이지요. 나는 이 말을 통해 역사라는 것을 생각하려 했어요. 하나의 국가가 성립하기 이전의 고대로부터 현대에 이르기까지의 역사. 그것을 관철하고 있는 것을 포착하는 방법은 많이 있을 겁니다. 하지만 역사를 구체화하고 있는 인간을 '고대에 나타난 이래, 다양한 형태로 여러 세대에 걸쳐 사람들 앞에 다시 나타나는 엄청난 힘을 가진 사람'으로서 소설화하려고 했지요. 그래서 '파괴자'라는 인물을 만들었습니다.

어렸을 때부터 마을의 역사에 대해서 많은 것을 생각해왔기 때문에 내 머리 속에는 작은 파편처럼 신화소 같은 게 존재했습니다. 레비스트로스는 '신화소'라는 사고방식을 갖고 있었어요. 여러 나라의 신화를 분해해가면 하나하나가 작은 기본 형태를 이루고 있는 '신화소'를 포함하고 있지요. 그것을 이야기 형태로 만들어 내 안에서 키운 겁니다. 그리고 그 이야기를 누이나 친구에게 들려주기도 했어요. 그것이 나를 소설가로서 있게 해준 게 아닐까, 새삼스런 생각이 들더군요.

그럼 무엇이 나의, 또 마을의 옛날이야기를 들으며 생각해온 신화소의 중심인가 따져보면 그것은 이 숲 속의 마을을 만든 사람입니다. 만든 사람이기도 하면서 만든 것을 뒤집어엎기도 하는 사람. 내 고향, 내 나라, 내 소우주의 가장 시초에 둘 인물은 그런 성격의 소유자라고 생각했지요. 그런 의도로 '파괴자'를 만든 겁니다.

왜 '창조자'가 아니고 '파괴자'입니까?

이 마을의 고대는 어땠을지 머릿속에 그려봤습니다. 그 시작은 젊은이들이 자신들이 속해 있던 사회로부터 도망쳐 와서 만든 숲 속의 공동체입니다. 그러나 그들은 자기네들이 일단 형성한 공동사회를 무너뜨리고 다음 시대로 이행해가지요. 이때의 파괴자가 실은 최초에 그것을 만든 사람과 같은 존재라는 것이 소설을 관통하고 있는 역사관입니다. 내게는 이전부터 계속 파괴자/창조자라는 한 쌍의 지도자의 이미지가 있었습니다. 그 관념을 일본이라는 나라와 그리고 천황이라는 지배 구조 속에 적용시켜보기도 했어요. 이는 또한 세계의 어느 국가든 그 나라의 창세기에도 적용되는 관념이리라 봅니다. 여하튼 그런 관념을 바탕으로 이 마을의 역사, 이 지방의 역사를 작품에 투영하고 일본이라는 나라의 역사, 그리고 예를 들어 멕시코 같은 곳의 역사도 반영해갔습니다. 게다가 메이지 근대화 이후의 지도자로서의 천황에 대해서도 고려했습니다. 그렇게 해서 다양한 형태의 천황 이미지를 만들어가고 어떤 때는 그 이미지가 작품 속에서 나의 '파괴자'와 합쳐지기도 했지요.

보편적인 구조가 조합되어 있는 견고함, 하나하나의 에피소드가 갖고 있는 기상천외함, 혹은 절실히 인생의 애환을 느끼게도 하는 재미. 신화와 역사, 그야말로 두 분야가 알차게 구성되어 있습니다. 예를 들어 갑자기 펼쳐지는 다음과 같은 부분이 그렇지요.

누이여, 아버지라고 부르는 것보다 아무래도 타지 사람으로서의 신주라고 총칭해서 부르는 쪽이 어울리는 그의, 전설적인 것으로서 존재하는 아이들의 악몽. 그것은 아버지=신주가 외치면서 걸을 때, 그 눈이 어둠 속에서 인광처럼 파랗게 떠오른다는 것이다. 그리고 그 악몽의 생성에는 나름대로의 근거가 있었던 것이다. 아버지=신주의 조부는, 즉 우리들의 증조부는 일본 동쪽의 소도시에 표착한 러시아인이었다고도 하니까. 아버지=신주는 그렇게 포효하면서 골짜기의 가장 낮은 곳의 집을 찾아와 그곳에 살고 있던 광대에게 다섯 명의 아이를 낳게 했는데, 그 아이들에게는 모두 러시아의 로(露) 자를 넣어 이름을 지었다. 장남 쓰유이치(露一), 차남 쓰유지로(露次郎), 거의 동일하게 보이는 이름을 나눠 가진 우리들 쓰유미(露巳), 쓰유키(露己), 그리고 동생 쓰유토메(露留). 골짜기의 강줄기에 붙은 작은 상점가에서조차 '정로환(征露丸)'이라는 광고판은 '대학 안약'이나 '메가네 간유'와 함께 확연히 눈에 띄는 것이었다.

단적으로 그것은 전국민적인 대러시아의 감정을 나타내고 있었을 것이다. 아버지=신주는 의식적으로 그 전국민적인 감정에 대항하여 이와 같은 이름들을 아이들에게 붙였던 것이다. 게다가 그것은 누이여, 아버지=신주의 혈통의 사분의 일이 러시아를 사랑했기 때문이 아니라, 사분의 삼에 해당하는 부분이 일본을 거부하기 위한 몸짓이었다고 나는 생각한다. 그리고 그 거부의 심정 밑바닥에 있던 것은 어린 내가 공포에 몸서리치듯 하며 올려다보던 아버지=신주가 키우던 개와 같은 울적한 얼굴과 서로 포개져 있던 것이다.*

이러한 일화가 수백 가지나 연결되어 있습니다. 1980년대가 되어서 뉴아카데미즘 붐 등으로 구조주의가 널리 알려졌는데, 『동시대 게임』은 시대를 한 발 앞서 나간 작품인지도 모릅니다. 지금에 와서 읽으려 하는 사람이 많을 텐데, 당시 읽다가 좌절한 사람에게도 반드시 재독을 권하고 싶어요.
그런데 작품 중에도 서술되어 있습니다만, '파괴하다〔壞〕'라는 글자와 '그립다〔懷〕'는 글자는 정말로 닮아 있습니다.

그렇지요. 하기야 나는 내가 '파괴자'라는 인물상을 만들어서 쓴 소

---

* 앞의 책 참조.

설이 인쇄되어 나온 것을 보고서야 두 글자가 비슷하다는 걸 알았습니다. 애초부터 '그리운 사람〔懷かしい人〕'으로 설정이 바뀔 것을 고려해서 '파괴자〔壞す人〕'를 생각해낸 건 아니지만, 내 안에서 분명히 '괴(壞)'와 '회(懷)'는 묶여 있었지요. 그런 걸 발견한 시점에서 얼마 지나지 않아 『그리운 시절로 띄우는 편지』라는 작품을 쓰기로 하고 실천한 겁니다.

멕시코 체류 기간의 자극

해외 체류지로 멕시코를 고르신 것도 적절한 선택이었다고 생각됩니다. 당시는 라틴아메리카 문학이 세계의 중심이 되었던 특이한 시대로 옥타비오 파스, 가브리엘 가르시아 마르케스, 바르가스 요사, 카를로스 푸엔테스의 작품들처럼, 20세기의 중량급 작품이 잇달아 라틴아메리카에서 출현했지요.

제가 삼십대 후반을 맞이한 1970년 전후가 라틴아메리카 문학의 세계적인 융성기였습니다. 가브리엘 가르시아 마르케스의 『백 년의 고독』은 일본어 번역이 있어서 읽었고 나중에 『우미(海)』의 편집장이 된 불문과 동급생 하나와 요시히코 군이 당시 많이 나와 있던 프랑스어 번역을 알려줘서 읽기 시작했습니다. 특히 바르가스 요사는 나와 동년배라 애독했습니다. 라틴아메리카 문학의 프랑스어 번역, 영어 번역 중에서도 가장 좋다고 생각되는 작품은 멕시코 작가가 쓴 『페드로 파라모*Pedro Páramo*』라고 하는, 죽은 인간과 살아 있는 인간이 같은 공기를 호흡하며 생활한다는 식의 소설인데, 아주 좋았습니다.

엘 콜레히오 데 메히코에서 가르치게 된 어느 날, 동료 중에 매카시즘 때문에 미국 대학에서 쫓겨나 멕시코에 정착한 남자가 "지금 시간 있으면, 작가들이 가끔 오는 가게에 데려다줄까?" 하고는 작은 술집으로 데려갔습니다. 그 친구가 돌아간 후에도 나는 카운터에서 테킬라를 마셨지요. 그러고 있자니 연배가 있는 신사가 제 옆에 앉아 프랑스어로 말을 걸기 시작했습니다. "당신은 멕시코 소설가를 알고 있는지?" "작가 이름은 모르지만, 작품이라면 알고 있지요. 정말로 좋은 소설입니다." "라틴아메리카 문학의 중심이 될 만한 사람인데, 작품은 하나뿐이고 또 하나가 있는 것도 같은데 그것은 아직 출판되지 않은 듯합니다"라고 말했지요.

그러자 그 사람은 "혹시 『페드로 파라모』라는 소설을 말하는 거 아니오?" "그렇습니다"라고 말했더니, 세상에, 그 사람이 "내가 그 소설을 쓴 사람이오"라고 하는 게 아니겠습니까! "영어판으로는 단편집이 하나 더 있소"라면서 자기 집은 알려줄 수 없지만 책을 여기에 맡겨놓을 테니 나중에 찾으러 오라고 했지요. 2, 3일 후에 그곳에 가니, 후안 룰포Juan Rulfo라고 서명을 한 책이 놓여 있었습니다. 그로부터 몇 년 뒤에 그가 죽었기 때문에 나는 드물게 후안 룰포와 만난 일본인인 셈입니다. 멕시코시티라는 대도시 자체가 현대사회와 신화세계가 공존하고 있는 듯해서 매우 자극적인 장소였습니다.

> 일본에서도 문화인류학이라는 장르가 각광을 받고 또 러시아 형식주의에 대한 연구서 등도 잇달아 소개되기 시작한 시기였죠?

맞습니다. 세계 곳곳의 문화이론이 일본에 소개되기 시작했지요. 그때까지의 미국 중심, 서구 중심의 문화이론이 아니라, 미국·영국·프랑스·독일과 근본적으로 공통되기는 하지만, 동유럽을 비롯해 여러 지역의 독자적인 이론이 활발하게 번역되었지요. 특히 민중 문화와 결부된 문화이론을 들 수 있습니다. 소쉬르의 언어이론과 연관 지어 과학적으로 그것을 전개시키는 학자가 세계 여기저기에 있었던 겁니다. 원래는 혁명 직후의 러시아 문화이론으로, 스탈린주의에 매몰되었던 사람들에 대한 재평가가 서양에서 한창 일어났지요. 특히 체코나 폴란드와 같은, 소련 주변에 있는 작은 공화국 등에서요. 그렇게 발흥하던 새로운 문화이론을 대단한 열의를 가지고 일본에 도입한 사람들이 있었고 그 대표가 야마구치 마사오* 씨였습니다. 야마구치 씨는 역사학을 포함해서 실로 폭이 넓은 문화인류학자였습니다. 예를 들어 축제와 농민봉기에 공통된 문화의 특성, 프랑스를 비롯한 전 세계의 카니발에 존재하는 인간의 죽음과 재생, 웃음의 힘이라는 것을 끄집어내서 그것을 아프리카나 아메리카 인디언 문화와 대조하거나, 앞서 말한 러시아혁명 직후의 문화를 함께 고찰하여 이론화하기도 했지요.

  특히 야마구치 씨의 『문화와 양가성(文化と兩義性)』에 영향을 받으셨다고 들었습니다.

네, 정말 열심히 읽었습니다. 거기에 인용되는 책 가운데 영어판과 프랑스어판은 이미 온갖 방법을 동원해서——야마구치 씨한테 직접 빌리기도 해서 3년 정도 줄곧 읽었습니다. 이런 과정을 통해서 대학을 졸업한 후 다시금 공부를 시작했다고 해도 좋습니다. 다행히 미하일 바흐친이라는 그 이론의 핵심 역할을 담당한 사람이 주요 분

---

* 山口昌男(1931~). 문화인류학자. 아시아, 아프리카 등 세계 각지의 현지조사를 통해 양성구유, 트릭스터를 테마로 삼아 저술한 『중심과 주변의 이론(中心と周緣の理論)』을 발표해 높은 평가를 받았다.

석 대상으로 삼은 대작이 프랑수아 라블레의 『가르강튀아/팡타그뤼엘』이었는데, 와타나베 가즈오 선생님의 전문 분야였어요. 그래서 나에게도 어느 정도의 사전 지식은 있는 상태였지요. 내가 문학과 문화이론과 그리고 사회에 대해서 생각하고 있던 모든 것이 일체화되었던 셈입니다.

그리고 마침 그 무렵, 나는 정치적인 동기에서 오키나와에 대해 공부하고 있었습니다. 천황 중심의 도쿄 문화에서 가장 먼 곳에 있으며, 게다가 축제적이고 웃음이 있는, 죽음과 재생에 대한 풍부한 이미지도 있는—즉 그로테스크 리얼리즘이라고 바흐친이 말하는 것인데, 생과 사가 일체가 되어 웃음으로 가득 찬 상태를 통해 현실을 들여다보는 것이지요. 그것을 바흐친이나 구조주의를 끌어들여 오키나와를 재조명했지요. 5년 정도 열중했습니다.

야마구치 씨로부터 문화인류학의 이론을 배우고, 그 이론을 셰익스피어와 같은 유럽 문화의 중심적인 사상과 결부시켜 연구하던 다카하시 야스나리* 씨하고도 친해졌지요. 좀 전에 이름을 열거했던 남아메리카의 시인, 작가들과도 알게 되었어요. 독일의 귄터 그라스**와 알게 된 건 그보다 조금 전이었나? 『양철북』의 일본어 번

---

* 高橋康也(1932~2002). 영문학자. 일본셰익스피어협회 회장, 국제셰익스피어학회 부회장을 역임하고 1993년 영국으로부터 CBE훈장을 받았다.

역이 나왔을까 말까 할 무렵이었지요. 국제교류기금이 그라스를 일본에 초청했는데, 그라스는 내 소설의 독일어판을 읽고서 나를 만나보고 싶었다더군요. 그 후로 지금까지 친구로 지냅니다. 그라스와 나는 거의 동시에 노벨상을 수상했지요. 노벨상 백주년 기념식에서는 함께 강연도 했습니다.

> 되돌아보면 20세기 후반의 세계적인 문학의 흥륭이 1970년을 전후로 공시적으로 지구상의 곳곳에서 일어났고 그것이 서로 이어졌다는 거네요.

그랬습니다. 내 인생에서 문학이론과 구체적인 문학과, 그리고 작가, 시인들이 일체가 된 세계 속으로 진입해서 비등점과 같은 만남을 경험했던 최상의 시간이었습니다. 그리고 그 시기의 산물로서 내 작품 『동시대 게임』이 존재하는 셈입니다. 그 시기에 더 초점을 좁혀서 콤

** Günter Grass(1927~). 독일의 소설가이자 극작가. 단치히(그라스의 고향인 폴란드의 도시) 3부작이라고 하는 『양철북』 『고양이와 생쥐』 『개들의 세월』을 발표, 세계문학계에 이름을 알린 작가이다. 1999년에는 『양철북』으로 노벨문학상을 받고, 2002년에는 독일인의 참사를 다룬 문제작 『게걸음으로 가다』를, 2003년에는 시화집 『라스트 댄스』를 발표했다. 오에 겐자부로가 정치와 문학과의 관계를 중심 테마로 세계 지식인과 대담을 나눈 서간집 『폭력에 저항해 쓰기(暴力に逆らって書く)』에는 귄터 그라스와의 서간도 실려 있다.

팩트한 작품을 하나씩 완성했더라면 저는 좀더 탄탄한 작가가 될 수 있었을지도 모르겠어요. 그러나 내가 좋아하는 그라스나 요사 같은 작가들은 모두 통 크게 대작 창작에 들어갔기 때문에, 나도 가만히 있을 수는 없었습니다. 혈기를 주체하지 못했던 거지요(웃음).

「홍수는 나의 영혼에 이르러」를 문단은 어떻게 받아들였나

그것이 바로『동시대 게임』이군요. 카니발과 같은 시대. 그런 시대의 중심에서『동시대 게임』이 신초샤의 순문학전작 특별작품으로 출간되어 얼마나 시대의 첨예한 부분을 담당했는지 모릅니다. 대대적인 신문의 출판광고도 기억하고 있습니다. 10만 부 이상 팔린 베스트셀러가 되기도 했지요. 그런데 이 작품에 대한 평가에 대해서는 오랫동안 불만을 갖고 있지 않으셨나요? 1986년에 발표된『M/T와 숲의 이상한 이야기』의 창작 동기를 밝히신 글 속에서 읽은 것 같습니다. 일본의 순문학 장르가 갖고 있던 이미지의 실추도 당시부터 시작된 듯한데, 어떻습니까?

나는 신초샤의 '순문학전작' 시리즈로부터 많은 도움을 받았습니다. 『개인적 체험』을 시작으로 모두 10만 부 이상 팔렸지요. 하지만 『홍수는 나의 영혼에 이르러(洪水はわが魂に及び)』나 『동시대 게임』도 각기 하나의 작품으로서는 완성도가 완벽하다고는 할 수 없어요. 오히려 몇 번이고 고쳐 써서 콤팩트한 형태로 만들어 발표해야 했다고 봅니다. 이 소설들이 한 번 절정에 올랐다가 기나긴 내리막길로 들어서기 시작하는 기점이 되는 작품들인데, 내 장편소설의 독자가 줄어들게 된 것은 오로지 제 탓인 셈입니다.

스물셋에 낸 단편집 『죽은 자의 사치』가 7만 부 팔렸고, 그 직후에 낸 최초의 장편소설 『짓밟히는 싹들』이 2만 5천 부 정도 팔렸지요. 그래도 잠시나마 베스트셀러는 되었습니다. 이후로는 책을 낼 때마다 부수가 늘어났고 『만엔 원년의 풋볼』은 15만 부 정도 팔렸습니다.

> 다른 작가들보다 20년 이상 빠른 페이스로 문학상을 잇달아 수상하시고, 국내 문단에서는 절대적인 평가를 받던 시기이기도 했습니다. 『만엔 원년의 풋볼』로 제3회 다니자키 준이치로상을 받으신 게 1967년, 서른두 살 때이셨고, 이때의 최연소 기록은 아직도 유지되고 있습니다. 노마문예상을 받으신 건 서른여덟 살 때셨지요? 당시 노마상은 영국의 부커

상The Booker Prize처럼 그해의 문학작품 가운데 최고작을 엄정하게 선고하는 분위기였지요.

여기 재단법인 노마봉공회〔현 노마문화재단〕가 『홍수는 나의 영혼에 이르러』를 수상작으로 결정한 『1973년 제26회 노마문예상 요항』이라는 책자를 가져왔습니다. 선배 기자한테서 받은 것인데, 선고위원이 이시자카 요지로(石坂洋次郎), 이노우에 야스시(井上靖), 오오카 쇼헤이, 가와카미 데쓰타로(河上徹太郎), 가와구치 마쓰타로(川口松太郎), 나카지마 겐조(中島健藏), 나카무라 미쓰오(中村光夫), 니와 후미코(丹羽文雄), 히라노 겐, 후나하시 세이치(舟橋聖一), 야스오카 쇼타로 씨네요. 의외로 순문학적 색채가 엷은데요? 오에 선생님은 '수상자 소감'에서 "'순문학'이라는 말은 우리나라의 독자적인 것이다. 그리고 특유의 전통적인 또는 미래지향적인 의미내용을 갖고 있다", 그리고 백만 엔의 상금을 "양분해서 야마구치 현 피폭자복지회관 '유다엔'과 잡지 『오키나와 경험(沖繩經驗)』으로 보낸다. 당연히 후자의 경리부는 바로 나이다"라고 써놓고 계십니다.

당시의 수상에 관해서 생각나는 게 있으십니까? 오에 선생님께 문학상은 어떤 가치를 갖고 있는지요?

나는 학생으로서 프랑스어를 기초부터 공부했습니다. 그러는 한편 무엇보다도 열중할 수 있는 것으로서 소설 창작을 선택해 단편을 쓰기 시작했어요. 그런 연장선상에서 소설을 쓰고 있기 때문에 지금 작업하고 있는 소설과 그것을 쓰고 있는 내 자신과의 관계에만 의식이 집중되어 있습니다. 그런데도 다행스럽게 동세대나 조금 윗세대의 사람들이 내 소설에 관심을 가져주었지요. 이런 상황에서 문단, 즉 선배 작가들이 있는 세계에서의 평가라는 건 이차적인 문제였다고 봅니다.

내가 열심히 읽고 있던 나카노 시게하루, 이시카와 준(石川淳) 같은 작가들은 문단이라는 세계에 국한된 느낌이 아니었어요. 관심을 많이 가졌던 존재로서 전후파 문학자들도 나에게는 대학 선생님들의 동료라는 느낌이 컸지 문단 동료라는 생각은 없었어요. 그렇지만 당시 일본문학의 현재는 지금 호명된 선고위원들을 통해 짐작할 수 있듯이, 실로 위풍당당한 세계였습니다.

노마문예상은 야스오카 씨가 1960년에 『해변의 광경(海邊の光景)』으로 수상하셨습니다. 이후 오에 선생님이 받으시기까지, 이부세 마스지(井伏鱒二) 『검은 비(黑い雨)』, 나카노 시게하루 『갑을병정(甲乙丙丁)』, 요시다 겐이치(吉田健一) 『유럽의 세기말(ヨオロッパの世紀末)』, 에토 준 『소세키와 그 시대(漱石

とその時代)』와 같은 작품들이 있습니다. '제3의 신인'이라 불리던 야스오카 씨도 마흔이라는 젊은 나이로 수상하셨는데, 당시 서로 교류는 하고 있으셨습니까?

작가가 되고 얼마 안 있어 혼자서는 엄두도 못 내던 신주쿠에 있는 한 술집에 가보았어요. 문단의 총무 같은 역할을 하던 여성편집자에게 끌려가듯 가게 된 겁니다. 그곳은 '제3의 신인'이 집합하는 장소인 듯했습니다. 동세대의 작가로는 이시하라 신타로처럼 정면에서 그들을 부정하고 있는 혈기왕성한 사람과 반대로 기성세대에 가까운 성숙한 어른이라는 느낌이 드는 사람들, 바로 이시하라나 저 같은 사람은 신출내기라고 치부하던 가이코 다케시 같은 작가들이 있었지요. 이런 성향과는 또 다른 세계관을 가진 채 아무것도 모르는 학생이었던 나는 '제3의 신인' 그룹과 맞붙어 여러 번 소동을 피우기도 했습니다.

야스오카 쇼타로 씨의 단편만은 유럽의 단편 창작에 가깝다는 생각이 들어 애독했고 그 후 또 한 사람, 아베 고보 씨와 개인적으로 친해지게 되어 기쁘기는 했어요. 그렇지만 야스오카 씨를 포함해서 고지마 노부오, 요시유키 준노스케(善行淳之介) 같은 작가들은 확실히 어른 세대로, '제3의 신인'과 문학적으로 연결되어 있다는 생각은 별로 들지 않았습니다.

당시의 노마문예상 책자에는 수상작에 대한 선고 경위가 아주 상세하게 기술되어 있습니다. 지금은 상상도 할 수 없는 정보 공개입니다. 우선 선고회에 올라간 작품은 열두 작품으로 발행 순서대로 전부 소개해보면, 나가이 다쓰오(永井龍男)『코차밤바행(コチャバンバ行き)』, 야마자키 마사카즈(山崎正和)『모리 오가이, 싸우는 가장(鷗外 闘う家長)』, 나카무라 미쓰오『평화의 죽음(平和の死)』, 요시이 요시키치(吉井由吉)『물(水)』, 오오카 쇼헤이『싹트는 들판(萌野)』, 엔도 슈사쿠『사해의 언저리(死海のほとり)』, 엔치 후미코(円地文子)『겐지모노가타리(源氏物語)』(현대어역), 가가 오토히코(加賀乙彦)『돌아오지 않는 여름(歸らざる夏)』, 아베 도모지(阿部知二)『포로(捕囚)』, 이노우에 미쓰하루(井上光晴)『마음 고운 반역자들(心優しき叛逆者たち)』, 오에 겐자부로『홍수는 나의 영혼에 이르러』, 다키이 고사쿠(瀧井孝作)『하이쿠 짓는 사람들(俳人仲間)』등이 올라와 있네요. 11월 최종 선고회에서 토의된 것은 이 중에 오오카 쇼헤이, 엔도 슈사쿠, 아베 도모지, 오에 겐자부로, 다키이 고사쿠, 이렇게 다섯 작가의 작품입니다.

선고위원의 선고평가를 보면 또한 당시 문단의 분위기를 알 수 있습니다. 나카무라 미쓰오 씨는 "황당무계한 이야기를 구성해내는 작가의 자질은 요즘 우리나라에서 보지 못했던 새로운 형태로, 경우에 따라서는 이즈미 쿄카(泉鏡花)의 재림인가도 싶을 정도다"라고 하고 있어서, 당시까지는 아직도 경직된 분위기가 계속되고 있었구나 싶어 놀랐습니다. 니와 후미코 씨는 "위축된 남성의 묘사나 아사마(淺間)산장사건을 빗댄 총격전 등, 이 작자의 역량이 인상 깊게 남았다"고 하셨습니다. 그리고 히라노 겐 씨가 "최종적으로 현대소설의 가능성이라는 점에서 나는 오에 겐자부로에게 한 표를 던졌다"고 해놓은 말이 대변하듯이, 전체적인 분위기는 오에 선생님의 재능에 '차세대를 맡긴다'는 전망하에 결정을 내린 듯합니다.

그렇지만 가장 감탄했던 것은 자신도 후보에 올랐고 서면 회답을 보내신 오오카 쇼헤이 씨의 평가입니다.

"이번에는 졸작이 후보 작품으로 남았기 때문에 최종 선고회에는 참석하지 않고 서면으로 의견을 제출한다.

'『홍수는 나의 영혼에 이르러』를 추천합니다. 제재에 일관성이 있고, 넘쳐나는 상상력에 의해 통제된 세계를 재현하고 있습니다. 호흡이 긴 문체에 전달력이 있고 소설을 읽는 즐거움을 느꼈습니다. 『만엔 원년의 풋볼』 이후, 6년 만에 낸 작품으로 새로운 가치를 창조했으므로 수상하기에 마땅

하다고 봅니다.'

사족을 붙이면, '기원'이 이번 작품에 나타난 새로운 요소이고, '진'이라는 아라비안나이트에 나올 법한 이름을 가진 어린아이의 성스러움이 작품 전체에 뭐라 할 수 없는 신비로운 분위기를 조성하고 있음에 매혹되었다.

내 작품은 늘 사퇴만 해왔는데 더는 실례라는 생각에 후보작으로 남기는 것에 동의한 바이고, 이런 훌륭한 작품에 의해 능욕당함은 영광이었다. 동시대에 능욕당한 기쁨을 안겨주는 것도 걸작의 우수한 조건의 하나가 아닐까 한다."

여유에 가득 찬 기분 좋은 선고평입니다.

오오카 쇼헤이 씨는 프랑스문학자이자 전쟁의 한복판을 살아낸 작가이기도 해서 존경하고 있습니다. 다른 전후파 문학자와는 어딘가 다른 점이 있고, 고바야시 히데오(小林秀雄), 나카하라 주야(中原中也), 도미나가 다로(富永太郎)와의 연계나 스탕달 연구가라는 점에서도 특별했지요. 이 선고평은 나의 문학 생활에서 가장 고마웠던 말로 지금 자료로서 보여주신 내용의 한 구절 한 글자까지 적힌 그대로를 기억하고 있습니다. 오오카 쇼헤이 씨의 만년의 작품에는 해설을 써드리기도 했거니와, 오오카 씨에게 있어서는 그리운 고향과도 같은 곳이지요? 세이조가쿠엔으로 만년에 이사를 오시는 바람에

댁에 찾아가 뵐 수도 있었습니다.

> 당시에 이미 요시이 씨도 착실하게 독자적인 길을 걷기 시작하셨지요. 요시이 씨를 포함한 '내향의 세대'라 불리던 분들——다카이 유이치(高井有一), 사카우에 히로시(坂上弘), 구로이 센지(黑井千次) 씨 등은 연배가 거의 비슷하든가, 조금 윗세대로 알고 있습니다. 교류는 어느 정도로 하셨나요? 공유하는 세대감각은 있으셨는지요?

나는 요시이 요시키치 씨가 동인지에 쓰신 「선도 괴물의 이야기(先導獸の話)」라는 작품을 본 순간부터 그를 주목하고 있었습니다. 요시이 씨는 대학에서 외국문학을 전공하고 대학원을 거쳐 대학교수가 된, 내가 걷고 싶었으나 할 수 없었던 길을 차근차근 밟아 올라가면서 소설을 쓰고 계신 분으로 번역도 하고 계셨지요. 그런 면에서 늘 관심을 가져왔고 최근에 내신 몇 편의 단편 연작은 물론이거니와 독일 중세의 신비가들에 대한 연구나 릴케의 처녀작 시를 번역한 것에도 경의를 표하고 있습니다. 세대감각을 공유한다기보다 나에게는 오오카 쇼헤이 씨에 이어 작가로서나 외국문학자로서 추앙의 대상이 되는 분입니다.

다카이 유이치나 사카우에 히로시 씨는 잘 모릅니다. 작품은 읽었지만요. 구로이 센지 씨도 단편집 『군서(群棲)』같은 수작은 일찍 유명을 달리한 아베 아키라의 단편처럼 존경하고 있습니다. 그러나 왠지 세대감각을 공유한다는 생각은 없었어요. 아베 아키라 씨는, 앞서도 말했지만, 도쿄 대학 불문학과 졸업면접을 둘이 나란히 봤던 정도입니다.

왜 그랬는가 생각해보면, 이런 사람들이 비교적 느긋하게 성숙한 상태로 문단에 나가게 된 것과는 반대로 나는 상당히 이른 시기부터 글을 쓰기 시작해서 마치 '아역 출신 배우'가 갖고 있는 것과 같은 약점을——존경하는 동시대인으로 미소라 히바리 씨한테서 직접 들은 말입니다만——스스로도 잘 알고 있었어요. 그래서 친구라는 울타리 안으로 들어가기 어려웠던 탓도 있습니다. 오히려 같은 세대감각은 야마구치 마사오나 다카하시 야스나리, 그리고 건축가나 작곡가들에게서 느꼈고 그들한테서 배우며 살아왔습니다.

> 동세대의 작가로는 그 외에도 히노 게이조(日野啓三), 미키 다쿠(三木卓), 쓰쓰이 야스타카(筒井康隆) 씨, 물론 이노우에 히사시 씨도 포함되네요. 여성으로는 도미오카 다에코(富岡多惠子), 다카하시 다카코(高橋たか子), 오바 미나코(大庭みな子) 씨가 계시지요. 이렇게 동세대의 작가들 중에 훌륭한 인재들이 많아서 이분들이 주체가 되어 1970년대 이후의 문학

을 담당해오셨습니다. 그런데 이분들의 후속 세대, 지금 오 십대에서 육십대에 걸친 작가들의 수는 극히 적은 것을 볼 수 있습니다. 패전 후의 혼란이 이 세대의 작가가 부재하는 데서 단적으로 나타난다는 견해도 있습니다만, 어떻게 생각 하시는지요?

존경하고 있는, 조금 연장자이신 소설가로 하야시 교코(林京子) 씨, 또 마루타니 사이이치(丸谷才一) 씨를 빼놓을 수 없습니다만…… 누구보다도 경애하고 있는 동세대 사람은 말씀하신 대로 이노우에 히사시 씨입니다. 요전에도 그의 신작 연극을 보러 가서 너무나 즐거웠고 감명받았습니다.

지금 말씀하신 후속 세대에 속하는 나카가미 겐지(中上健治), 쓰시마 유코(津島佑子)라는 대작가들 중에 쓰시마 씨는 지금도 건재하시지만, 나카가미 씨의 너무 이른 죽음은 더할 나위 없는 손실이라 봅니다.

문학적 동향이 1970년대 중반부터는 각각의 작가가 독자를 잃어가는 형세로 진행되어갔던 것도 사실입니다. 많은 요인이 작용했겠지만 오에 선생님의 경우에는 어떤 징조가 있었습니까?

분명 저에게도 나라 안팎의 문학상을 수상하는 나날이 계속되었습니다. 그러나 독자들로부터는 지지를 잃기 시작했지요…… 오히려 이미 독자를 잃어버렸다는 생각이 강했어요. 그러한 일이 일어난 것은 일본의 순문학이 또 문학 시장이 일반적으로 쇠퇴했다는 것과는 별도로 내 자신에게 문제가 있었다고 봅니다. 예를 들어 문장 작법을 두고 생산적인 반성을 하지 않았다고 자성하고 있습니다. 지금도 내 문학 생활을 두고 크게 후회되는 점들은 바로 이 문제로 집중됩니다. 역시나 『동시대 게임』이 분기점이 되어 시작된 추세라고 할 수 있지요. 작품을 약간 다른 형태로 썼더라면 독자와의 관계가 지속되었을지도 모를, 회복의 찬스를 줄 수 있지 않았을까? 생각해 보기도 합니다. 하지만 이미 씌어진 『동시대 게임』이라는 작품이 위치하면서 그 이후의 나의 문학이 존재하게 되었지요. 독자는 잃었지만 어느 정도 자리를 잡은 작가로서는 살아남았습니다.

전작을 쓰면 일단 1979년까지는 출판사가 모두 양장본으로 10만 부 이상을 팔아주었어요. 그러한 상황에서 『동시대 게임』을 출판했기 때문에 앞서 말한 대로 역시 10만 부는 넘겼습니다. 하지만 발매되고 얼마 안 있어 든 생각은 '종래대로 사주긴 했어도 정독해주는 사람은 적지 않을까' 하는 염려와 두려움이었습니다. 강연회에서의 질문이나 주변 사람들의 반응을 통해 아무래도 잘 받아들여지고 있지 않다, 독자에게 전달되고 있지 않다는 것을 피부로 느꼈지요.

게다가 그 원인은 내가 새로운 문학이론이나 문화이론에 빠져들어서, 혼자서 책을 읽고 재미있다고 생각한 내용을 소설로 쓰는 패턴의 폐쇄된 회로에 갇혀 있었기 때문입니다. 나와 해외의 어떤 작가나 이론가만이 소통할 수 있는 혼자만의 사고회로를 갖고서 다른 누구도 아닌 쓰고 있는 내가 즐기고 있는 소설을 만들어버렸지요. 이런 반성은 있었습니다. 독자는 줄어들고 내 주제 자체가 그 적은 독자에게마저도 전달되지 못하고 있다는 생각에 『M/T와 숲의 이상한 이야기』라는, 청소년들도 읽을 수 있는 내용의 소설로 바꿔 써보자는 생각이 들었습니다.

그런데 소설가는 결코 성공하지 못할 작품을 전력을 다해서 쓴다는 것에, 좀 과장해서 말하자면, 운명과도 같은 피하기 어려운 매력을 느낍니다. 나는 그 예감대로 성공하지 못했지만 시간이 지나서 보니 그러한 혼돈의 상황으로 나를 더 밀어 넣었기에 현재에도 내 자신으로 살고 있구나, 다른 방법은 없었다 싶더군요. 게다가 다시 읽어보니 내가 수용했던 문화이론을 가능한 한 구체적으로 소설화하고 소설적으로 이미지화해서 표현하려고 했던 노력은 그에 상응하는 보람이 있었다고 봅니다. 그래서 역시 지금까지의 문학 인생에 있어서 커다란 기둥이 되는 작품임을 확인했습니다. 그 후로 계속 현재에 이르기까지 『동시대 게임』을 통해 하나의 이미지로 그려낸 소재가 실제 내 삶 속에서 그리운 기억처럼 되살아나 다시 새로운 소설의 내용으로 재구성되고 있는 요소들이 적지 않아요.

> 그렇게 채 의식되지 못했던 점이 더 재미있어 보이는 경우가 정말 많습니다. 일례에 지나지 않습니다만, 『동시대 게임』의 마지막 부분에서 주인공이 숲의 오지로 발을 들여놓는 장면입니다. "'파괴자'의 찢겨진 시체를 밟고 넘어선, 마을에 내려오는 전승 속의 인물들이 유리구체 안에 갇혀 있었다." 이 장면에는 과거에서 미래로의 다이나믹한 시간과 공간의 비전이 제시되어 있습니다. 그런 이미지나 세계관의 원형은 최초로 쓰신 짧은 시, "빗**방울**에 풍경이 비치고 있다/**방울** 속에 다른 세계가 있다"는 시와 직결되어 있지 않나요?

지금에야 비로소 알게 되었습니다만, 듣고 보니 정말로 연결되어 있네요(웃음). '물방울'에는 아직까지도 관심을 갖고 있습니다. 그 안에 세계가 갇혀 있고 또 그것은 거꾸로 된 세계이지요. 그것을 보면 내 주변 세계나 나를 포함한 현실이 작게 응축된 완벽한 모형으로서 '물방울' 속에 존재하고 있는 듯해요. 그래서 그 안에 우리들의 과거도 미래도 모두 들어 있다는 공상을 역시나 어렸을 때 했던 적이 있습니다.

  얼마 전에 호흡기학회에서 주최하는 강연회에 초대되어서 대기하던 중에 폐 전문의들이 하는 이야기를 들었습니다. 태어난 아이가 처음으로 호흡을 하는 순간의 그 호흡이 폐의 가장 작은 단위로, 폐포라고 하는 단어로 기억되는데, 그 수많은 꽃봉오리 하나하나로 공기가 들어가 단숨에 비누 거품처럼 부풀어 오르고 절정에 이르러 비로소 호흡이 시작된다는 말을 듣고는 정말 놀랐습니다. 그리운 생각도 들었습니다. '아, 이것은 내가 어렸을 때 생각하고 있던 그 "물방울"의 세계가 갖는 모델에 가까운 듯하다'는 생각 때문이었지요. 소위 나의 원이미지를 이루고 있는 것이 바로 작은 것이 모여서 전체를 이룬다, 그 안에는 축소된 온갖 것이 존재한다는 사고입니다. 그것이 숲의 이미지와 대비되고 있는 겁니다.

  이런 이미지에 가까운 공상의 하나로, 우주의 다른 혹성에서 지구에 오게 된 작은 덩어리가 있는데 그 덩어리는 인간의 언어, 즉 문명을 수집하러 온 겁니다. 그리고 그 덩어리가 숲의 오지에 떨어지는 상상을 한 적이 있습니다. 누군가가 그 덩어리 앞에서 말을 하자 덩어리는 형태를 바꾸어가며 성장하기 시작합니다. 나는 벌써 상당한 크기로 커진 그 덩어리에게 '후시기〔불가사의함, 괴이함〕'라는 이름을 지어줍니다. 그러한 이미지의 원형을 줄곧 내 안에서 키워왔지요. 글쎄요, 계속 여러 가지 공상을 하는 습관을 가진 어린아이였답니다.

그 공상이 상당히 정확하게 이 세계의 물질이 갖는 기본 구조를 직관하고 있었다니 그 공상 자체가 불가사의네요.

그것은 처음에는 꿈에서 본 것을 계기로 책이나 잡지에서 읽은 여러 가지 이야기를 종합해가며 만든 이미지였습니다. 과학자가 꿈속에서, 예를 들어 유가와 히데키(湯川秀樹) 박사는 어떤 중간자의 형태를 꿈속에서 '보았다'고 자전 속에 쓰고 있습니다. 또 제임스 왓슨 James Dewey Watson이 유전자의 이미지, 즉 이중의 나선 형태를 역시 꿈에서 봤다고 하더군요. 나는 그런 일에 흥미를 갖고 있습니다. 인간은 가장 원형적인 것을 꿈에서 하나의 형태로 '보는' 능력이 있지 않을까? 이런 생각을 했지요. 그리고 눈을 뜨고 있어도 꿈을 꾸고 있는 듯한 나 같은 어린아이에게는 꿈을 꿀 재료가 마을에 넘쳐났어요. 그 중심이 되는 장소가 숲이었습니다.

「M/T와 숲의 이상한 이야기」의 리얼리티

프랑스 비평가이자 작가 필립 포레스트Philippe Forest 씨가 2001년에 도쿄에서 열린 심포지엄에서 "오에 작품의 노스탤지어는 미래로 나아가는 힘이다"라고 하셨지요. 그것을 가능하게 한 노스탤지어에 가득 찬 장소가 '숲'이라고. 언어가 원심력이 되어서 결국 오에 소년은 그곳으로부터 뛰쳐나오기도 했지만요.

지금 '언어가 원심력이 되어서'라는 표현은 나를 가장 잘 이해하는 사람으로서의 말입니다(웃음). 그 학회에는 프랑스 외교관이지만 원래 문학이론 전문가인 안드레 시가노스André Siganos 씨도 출석해서 노스탤지어라는 프랑스어가 그리스어 네스타이(γυρίζω — 돌아오다, 돌아가다)에서 유래한 말로 '행복한 귀환'을 바라는 마음을 뜻하지만, 이면에서는 돌아가지 못하는 괴로움, 심적 아픔이라는 형태로 우리가 경험한다고 하셨습니다. 그리고 진정한 의미에서 고향으로 돌아간다는 것이 불가능한, 나의 숲으로 돌아가고 싶은 고뇌와도 같은 간절한 마음이 과거로 향하지 않고 미래를 맞이하는 힘이 되어서 문학을 창작하고 있다고 하는 포레스트 씨의 내 문학에 관한 의견도 들었습니다.

　사실, 나는 이미 잃어버린 '숲'으로 '돌아가고 싶다는 생각'을 품고 있습니다. 그러한 쓰라리고 불가능한 꿈을 가진 마음이 나에게 『동시대 게임』 속의 다양한 '숲'의 신화를 떠올리게 합니다. 그리고 그러한 간절함을 부각시켜서——결국은 노스탤지어의 그리움을 더욱 심화시켜서——『M/T와 숲의 이상한 이야기』를 썼습니다.

　　『M/T와 숲의 이상한 이야기』에 나오는 주인공은 일곱 살 때에 행방불명이 됩니다. "그 아이는 여덟 살 때 **마신**을 만나 숲으로 올라갔습니다! 한밤중에 잇꽃으로 만든 연지를 자기 몸에 새빨갛게 바른 알몸으로 말이죠. 숲으로 올라가 사흘이나 그곳에서 지냈답니다! 그 일이 있은 후로 할머님은 숲에서 힘을 받아왔을지도 모른다는 말을 하기 시작했지요"*라고 모친은 말하고 있습니다. 이와 똑같은 일이 작자에게도 있었음에 틀림없다는 리얼리티를 느낍니다만, 어떻습니까?

『우울한 얼굴의 아이』와 『책이여 안녕!(さようなら私の本よ!)』을 통해

＊『M/T와 숲의 이상한 이야기』, 김형숙 옮김(고려원, 1997) 참조.

소설로도 썼습니다만, 좀더 어린 나이였을 때 야밤에 혼자서 숲에 들어갔는데 지나가는 비에 발이 묶여 큰 밤나무 아래의 구멍 속으로 들어갔어요. 몸에 열이 오른 채 구멍 안에서 자고 있는 저를 소방대원들이 구해주었습니다. 이것은 실제 이야기입니다. 그 일에 대한 어렴풋한 기억과 '신령이 잡아가서 갑자기 행방불명이 되었다'는 숲속의 몇 가지 전승이 어린아이의 공상벽에 의해서 뭉쳐졌어요. 소설을 써가는 중에 불쑥 떠오르듯이 기억이 났지요. 그런 기억을 픽션으로 완성한 작품이었다고 봅니다.

> 『동시대 게임』에서 전쟁 중에 대피해 있던 아포지이, 페리지이라고 하는 쌍둥이에게 모델이 존재했다고도 하던데요?

모델은 없습니다(웃음). 과학도로서 지적인 청년이 산골짜기로 가서 그 인물들에게 과학 책을 여러 권 받아 온다는 장면을 되씹으며 공상하고 있었는데 그때 이미 apogee, perigee라고 하는, 달의 궤도상에 존재하는 지구와의 원지점, 근지점이라는 단어들을 알고 있었습니다. 이 단어에서 어딘가 익살스런 두 **할아버지**를 이야기의 인물처럼 떠올렸던 것 같아요. 나는 특히 어린 시절에 여러 가지 이상한 말을 단서로 공상했던 내용들을 잘 기억해냅니다. 그리고 언어를 단서로 어린 시절의 기억을 되살리는 일은 언어를 통해 새로운 상상을 전개하는 것과 합치되는 부분도 적지 않다고 생각합니다.

> 아, 매가 울고 있네요. 매의 소리도 몇백 년 전의 옛날과 변함없지요. 저 산속에서 메이스케〔『우울한 얼굴의 아이』『책이여 안녕!』 등에 등장하는 인물〕도 듣고 있을지 모르겠네요. 독자의 입장에서 보면 『동시대 게임』에서 "천황가의, 즉 태양신의 유예와는 반대인, 어둠의 힘을 대표"하면서 대활약을 하는, 그리고 『2백 년의 아이들』에서 조각가인 후나코시 가쓰라(舟越桂) 씨의 그림에 의해 암팡지면서도 깊은 내면을 간직하고 있는 모습으로 묘사된 메이스케의 존재감은 역사상의 인물처럼 기억에 남아 있습니다. 그 매력적인 트릭스터와 같은 인물 가메이 메이스케는 어떻게 해서 탄생한 겁니까?

그 인물은 우선, 메이스케라는 이름에 끌렸습니다. 좋은 이름이죠? 여러 지방에 전해 내려오는 전승으로 농민봉기에 대한 이야기 속에 자그마한 소년이 중요한 역할을 담당했던 에피소드가 때때로 우스개 이야기처럼 포함되어 있다는 사실에 흥미를 느꼈습니다. 소년은 어린아이를 바보 취급하는 번(藩)의 관리소에 들어가 무기를 갖고 나오기도 하지요. 나는 이러한 전승에 아프리카나 아메리카 인디언이 말하는 익살스러운 장난꾸러기로 민중에게 새로운 것을 가르치기도 하는 트릭스터라는 신화상을 조합시킨 인물을 만들어내고 싶었어요. 그런 인물을 메이지유신 조금 전에 실제 이 지방에서 일어난 농민봉기라는 사건을 배경으로 좋은 이름을 붙여 등장시키자, 하고 생각했지요. 그리고 소년 영웅을 만들었습니다. 그 무렵에 이와나미쇼텐이 발행한 사상대계에 민중봉기를 이끈 지도자에 대한 평전이나 지도자들의 문장을 모아 펴낸 책이 있었는데, 그중에서 다나카 메이스케(田中銘助)라는, 도호쿠에서 일어난 봉기에서 실존했던 인물의 이름을 보고 마음에 들어서 그 이름으로 정했습니다. 나중에 그 자손들로부터 다나카 메이스케와 시코쿠의 봉기와의 관련을 묻는 편지를 받고서는 사과의 편지를 보내기도 했지요.

> 작품에 묘사되는 숲이나 마을의 모습이 실제 오세 마을의 역사나 지리와 어느 정도 일치하고 있으며 빗겨 가고 있는지, 이곳에 오니 정말로 혼란스럽습니다.

소설에 기술된 '숲'은 무엇보다도 언어의 숲, 언어에 의한 이미지의 '숲'입니다. 이곳에서 보이는 숲은 차분하고 한적한 숲입니다만, 저 강을 한참 거슬러 올라간 곳에 오다미야마라는 깊고 울창한 숲이 있습니다. 그곳의 이야기를 부모님한테 전해 들으면서 '숲'에 대한 상상력의 토대가 형성되었습니다. 그런 토대 위에 나라의 안팎, 역사의 원근을 불문하고 다양한 언어로 된 전승을 많이 읽고서 언어의 '숲'을 만든 겁니다. 그런 와중에 생각지도 못하게 이 지역의 역사에 부합하는 사건이나 인물이 상상의 세계에서 내려와서 리얼한 지면에서 활동하게 된 경우도 있고요. 바로 그러한 점이 소설을 쓰는 일의 불가사의함이지요.

제4장

- 『'레인트리'를 듣는 여인들』
- 『인생의 친척』
- 『조용한 생활』
- 『치료탑』
- 『새로운 사람이여 눈을 떠라』

여성이 주역이 된 1980년대

1980년대에 들어서면서부터 작품의 분위기가 이전과는 사뭇 달라지는 느낌입니다. 구체적으로는 1980년 1월호 『문학계』에 단편소설 「머리가 좋은 '레인트리'」를 발표하시면서 시작된 변화입니다. 이 작품의 구성을 포함해서 새로운 시도였지요. '레인트리'란 죽음과 재생의 의미를 담고 있는 우주의 나무로 현실에서도 어딘가에서 자라고 있는 나무라고 설정되어 있습니다. 그리고 '내가 태어나 자란 소우주(마이크로코스모스)인 숲 속 마을의 메타포'이기도 하다고, 당시 말씀하고 계십니다. 「'레인트리'에 목매단 남자」「거꾸로 선 '레인트리'」「헤엄치는 남자—물속의 '레인트리'」라고 제목이 붙여진 다섯 편의 연작 단편집으로 전체로서는 『'레인트리'를 듣는 여인들』이라는 장편소설을 이루고 있지요. 주요 무대는 세미나 관계로 체재 중이라고 설정되어 있는 하와이

이고 현재 자택이 있는 도쿄의 세타가야와 그 주변을 무대로 하기도 합니다. '프로페서'라고 불리는 작가인 '나'는 대부분의 경우 어떤 사건에 대해서도 방관자이고 주역은 여성들에게 내주고 있습니다. 이러한 전환은 어떻게 해서 일어난 겁니까?

나는 이십대 중반부터 단편소설 작가로서 일을 시작했습니다. 그러다가 장편소설로 이행하면서 줄곧 장편을 써왔습니다. 사십대 중반에 『동시대 게임』을 발표했지요. 그렇게 해서 집대성하기는 했는데 그것이 독자에게 잘 전달이 되었을까? 불만이라기보다는 불안감이 있었습니다. 그런 사정도 있고 해서 다시 한 번 단편으로 돌아가보고 싶었어요. 하지만 장편소설을 내놓다가 하나씩 독립된 단편을 발표해가는 생활로 돌아가는 것도 막연한 불안감을 주었습니다. 장편소설은 1년, 2년, 그 작품의 스타일 속에서 일을 진행하기 때문에 일종의 안정감은 있습니다. 고심 끝에 일단 단편 하나를 썼습니다. 그러자 자연스럽게 다음 단편으로 넘어가지더군요. 그래서 단편 연작이라는 형태를 취하자는 생각이 들었습니다. '레인트리' 연작은 그렇게 해서 이루어진 겁니다. 그러던 중에 내가 지금까지 그려내지 않았던 성격의 인물을 만들고 있음을 알게 되었습니다. 유약하다vulnerable고나 할까, 상처받기 쉬운 타입으로 파멸해가는 인물이었지요. 그러한 남자주인공 다카야스 캇짱이 중심이 됩니다. 그리고 그를 격려하고 그를 위해 희생도 하는 여성이 함께 공존해가는 구도를 만들게 되었어요. 여성상 역시 자연스럽게 등장하게 된 듯합니다.

직접적인 계기로는, 그 즈음에 영국 작가 맬컴 라우리를 읽고 있기도 했습니다. 라우리는 당시 마흔다섯이었던 저와 비슷한 나이였을 때에 알코올중독으로 인한 사고로 죽었지요. 일본에도 『화산 아래서 *Under the Volcano*』라는 장편소설이 번역되어 있습니다. 이 작품에서 라우리는 깊은 상처를 지닌 채 살아가는 인텔리로 멕시코에 거주하던 외교관과 그의 연인으로서 자신이 사랑하는 남자가 상처받기 쉬운 인간이기에 결과적으로 상처를 줄 수밖에 없었던 여성을 그려냈지요. 남자는 그야말로 들개가 맞아 죽듯이 비참히 사라져가고, 여자는 비탄에 빠져 살아간다는 소설입니다. 이 소설은 원래 멕시코에서 지내던 게 계기가 되어 알게 된 작품인데, 내 자신이 알코올의존증이 아닐까 싶었던 적도 있고 또 감정적으로도 라우리를 상당히 좋아하게 되었어요. 특히 인간으로서 심연에 깊은 슬픔을 간직한 채 살아간다는 것, 라우리의 영어로 말하자면 grief라는 감정의 무게를 이해할 수 있었습니다.

남자의 슬픔보다도 여자 쪽의 비탄이 보다 애틋하고 절실하게 전해져오는 이유는 제가 여성이기 때문인지도 모르겠습니다. 단편 연작에 등장하는 인물은 상당히 자립적이고 자유롭고 또 지적인 여성들입니다. 화자인 '나'의 시각으로 보면 아내도 연인도 아니지요. '나'는 그녀들에게 철저한 주의를 기울이며 거리를 두기도 하지만, 가능한 한 대등하게 대하려 합니다. 약간은 비판적인 관찰도 계속하고요. 그리고 점차 그녀들이 살아가면서 겪는 시련, 비탄이 '나'에게도 절절히 전해져오게 되지요——. 시대적으로 페미니즘에 대한 관심이 고조되어 있었다고는 해도 1980년대 초라면 아직까지 구폐의 잔재가 사회적 상황이나 배경에 남아 있던 시기였지요. 개인적으로는 막 사회로 발을 내디딘 사회초년병이어서 상당히 큰 충격에 둘러싸여 이 책을 읽었습니다. 다카야스 캇짱이 데리고 있던 페니라는 여성의 편지에 이런 애처로운 말이 있었지요.

나도 그 소설을 읽었습니다. 다카야스에게는 아무 말도 하지 않았지만, 나는 그 수목이 단순히 은유에 불과하다고는 생각지 않습니다. 실제로 '레인트리'가 있다고 생각합니다. 그리고 소설 속에서는 당신이 '레인트리'를 보지 못한 것으로 되어 있는데, 나는 당신이 보았을 거라고 생각합니다. 하와이의 밤이 집 앞에 서 있는 수목이 보이지 않을 정도로 캄캄한가요? 다카야스가 입원해 있던 시설 어디에도 '레인트리'는 없었죠. 대체 어느 시설이 모델인가요, '레인트리'가 있는 시설을 가르쳐주었으면 합니다. 나는 그 아래에 앉아 '레인트리'에서 떨어지는 물방울 소리를 들으며 다카야스를 회고하고 싶군요. 내 옆자리에 지적 장애인인 여성이 있어서 나와 마찬가지로 '레인트리'를 듣고 있어도 상관없어요. 이 현대 세계에는 우리들 같은 여성이 있는 법이니까. 맬컴 라우리는 미발표 일기에 What do you seek?/Oblivion이라고 썼죠. 그러나 다카야스처럼 단 한 번도 세상에 알려지지 않은 인간이 그저 잊히는 것은 AWARE하다고 생각합니다. AWARE란 grief에 해당하는 일본말이라고 다카야스가 가르쳐주었습니다만. 선생, 앞으로는 나와 선생만이 다카야스를 기억하게 되겠죠.*

오바 미야코 씨나 쓰시마 유코 씨를 비롯해 날카로운 여성 작가들이 이 작품을 시작으로 오에 작품의 본격적인 독자이자 비평가로서 가담한 것으로 기억하고 있습니다.

소설가로서 두 분에게는 늘 경애하는 마음은 물론이고 친숙한 감정

---

* 『'레인트리'를 듣는 여인들』, 김난주 옮김(고려원. 1996) 참조.

을 갖고 있습니다. 그러나 이 분들과도, 예를 들어 오바 씨와 고지마 노부오(小島信夫) 씨, 쓰시마 씨와 나카가미 겐지 씨처럼, 문학적 동지가 될 정도로 가까워졌던 적은 없어요. 성격이 기본적으로 안에 틀어박히는 타입이기도 해서 지인이나 친구와 거리를 두는 게 일상적이라는 이유도 있습니다. 게다가 소설가의 삶을 살면서 가끔 외국에 나가 잠시 가르치는 생활을 하는 탓에 새로운 여성을 가까이 할 수 있는 기회가 별로 없었지요. 연애랄 정도의 깊은 관계는 아닌 수준에서 독립적이고 지적인 배경을 가진 사람, 유머러스한 사람, 그런 여성들과 이야기하는 것은 늘 즐겨왔습니다. 어디까지나 나의 입장입니다만, 여러모로 서로 깊이 이해할 수 있는 여성들과 만나왔다고 봐요. 그런 사람들 중 몇 명인가를 합쳐 모델로 삼아서 소설에 등장시키기도 했습니다.

결국 이 세계는 아직도 남성 중심의 사회라고 생각합니다. 미국 대학처럼 개방된 곳에서도 오히려 완강할 정도로 남성 사회의 골격이 존재하고 있어서 여성들이 독자적인 일을 하면서 남성 학자들과 협동하기 위해서는 많은 지적 생활의 기술이 필요하지 않을까, 그렇게 생각해요. 그러한 차원 외에 부수적으로 다른 힘도 필요할 겁니다. 자신의 존재감을 뚜렷하게 드러내면서 살아간다는 것은 아무리 현명한 여성이라 할지라도 어려울 거라는 인상을 받았지요. 사실 실력 좋고 매력적인 사람이 종종 결혼 생활에 파경을 맞기도 합니다. 그러한 위기를 극복해낸 상태라고 말하는 사람들도 있었지만요.

어떤 때는 함께 긴 대화를 나누던 중에 비애랄까, 비탄이랄까, 상대방 여성이 그러한 감정을 표출하기도 합니다. 물론 그 정도로 깊게 관여했다는 것을 말하려는 게 아닙니다. 그럴 때 가만히 바라만 보고 있는 것도 실례지요. '아, 이 사람에게는 우리와 유쾌하게 이야기할 수 있는 측면과 더불어 슬픈 면이 존재하는구나.' 이렇게 느낀 적이 있어요. 주의해서 읽어보니, 미국이나 영국·프랑스 소설에 그러한 여성을 묘사하고 있는 경우가 종종 있다는 것도 알게 되었지요.

> 일본 소설에는 그러한 시점에서 여성을 그려낸 작품이 별로 없다는 말씀이네요. 여성 작가의 작품도 그렇게 생각하시는지요? 당시 오에 선생님은 노가미 야에코(野上彌生子) 씨나 사타 이네코(佐多稲子) 씨와 문학적인 의견 교환을 하셨던 것 같은데, 여성 작가로서 자극을 주신 분은 있었습니까?

외국의 여성 시인이나 작가, 사상가 중에 늘 읽고 있는 작가는 미국 남부의 기독교 사회로 깊이 침투해 있는 플래너리 오코너Flannery O'Connor와 프랑스 전전, 전중의 사상 세계에 있어 정점을 이뤄냈다고 생각되는 시몬 베유, 그리고 블레이크 전문가이기도 한 신비스러운 시인 캐서린 레인Catherine Lane입니다. 일본에서 가장 경애하는 사람은 사타 이네코 씨였습니다. 나와 거의 동년배이지만 그래도 존경하는 마음이 컸던 사람은 하야시 교코이고요. 노가미 야에코 씨는 세이조나 기타카루이자와의 집에서 가까이 살고 계시기도 해서 친숙한 마음도 들었고 신문이나 대담 등을 통해 선생을 위한 기념회가 있을 때는 일을 도와드린 적도 있었지만, 직접적으로 이야기를 나눈 것은 두세 번뿐입니다. 에토 준이, 그는 상류 의식이 강한 사람인데, 오에는 와타나베 가즈오가 죽자 노가미 씨와 가까워졌다고 쓴 적이 있어요. 하지만 사실이 아닙니다. 나는 본질적으로 반(反)상류라는 생활감각으로 살아왔습니다.

> 덧붙여 여쭈어보겠습니다. 같은 1935년생이신 구라하시 유미코(倉橋由美子) 씨에 관한 건데요. 구라하시 씨는 『스미야키스토Q의 모험(スミヤキストQの冒險)』을 쓰기까지 전위의 선두를 달리고 계셨는데, 이후로 급속하게 보수적인 소설 창작으로 돌아섰습니다. 구라하시 씨에 대해서는 기억에 남는 대화 등이 있으십니까?

제대로 이야기를 나누어본 거라면 '히라노 겐이 발견한 두 사람'이라는 주제로 열린 『근대문학』 좌담회에서 한 번 기회가 있었습니다.

구라하라 씨는 나 같은 지방 출신의 풍요롭지 않은 집안에서 자란 어린아이의 입장에서 보면 의사집 딸이라고 우리에게 심술궂게 대하던 동급생과 같은 느낌이었습니다. 사르트르 독해가 완전히 달랐다는 것도 인상적이었습니다. 내가 관심이 있던 사르트르의 상상력론은 전혀 인정하시질 않았어요. 그 후로 한 번도 뵌 적은 없어요. 구라하시 씨의 후반기의 요시다 겐이치 취향과도 같은 세계는 앞서 말한 저의 반상류 의식과는 전혀 별개의 세계입니다. 그런 식이어서 가끔씩 저에 대해 비판적으로 시시콜콜한 비평을 하실 때에는 역시나 껄끄럽다는 생각을 했지요.

> 『'레인트리'를 듣는 여인들』로부터 깊은 감명을 받았던 작곡가 다케미쓰 도오루 씨가「레인트리(雨の樹)」「레인트리 소묘(雨の樹素描)」라는 곡을 작곡하게 된 것도 지금으로서는 그립게 여겨집니다.

저는 일본인 피아니스트로 우치다 미쓰코(內田光子) 씨와 다카하시 아키(高橋アキ) 씨의 곡들을 줄곧 들어왔습니다. 음악을 통해 느끼는 이상적인 여성상입니다만, 다카하시 씨는 다케미쓰 씨에 대해 발언을 한 적도 있고 그의 음악에 관해서는 여성으로서 최고의 이해자라고 생각합니다. 매년 깊이를 더해가는 다케미쓰 씨의 피아노곡

연주는 실로 대단했습니다.

> 화제를 좀 바꿔서, 1977년 작품 속에 등장하는 장소의 모델이 되는 하와이 대학 동서문화연구소의 세미나에 참가하셨지요. 이미 멕시코 체재의 경험도 쌓은 상태로 그 당시부터 외국 작가와의 교류가 창작에 있어 유용한 기회였을지 모르겠네요.

일본의 동시대 작가라고 하면 아베 고보, 요시이 요시키치 씨처럼 존경하는 마음을 가지고 있는 분들은 있습니다. 하지만 아베 씨는 좀 별도로 하고, 앞서도 말했지만 나에게는 일본 문학과는 조금 거리가 있는 연구자 친구들과의 교제가 더 소중했어요. 외국의 시인이나 작가들과는 내가 외국으로 나가서 단기간 체제를 하면서 함께 일을 하기도 했기 때문에 도리어 더 친해지는 사람들이 많았습니다. 그런 교제를 시작한 첫 시기로 1977년에 참석한 세미나는 개인적으로 아주 중요한 자리였습니다. 그 세미나에 미국에서 비트닉Beatnik 문화를 만든 시인 앨런 긴즈버그Allen Ginsberg가 왔습니다. 방 하나를 두 작가나 시인이 함께 사용했는데 그렇게 해서 친해진 사람이 서사모아에서 온 작가 앨버트 반트Albert Wendt입니다. 유럽계의 지적 교양이 있는 집안의 자제로 태평양제도의 사람들이 갖고 있는 민속학적인 분위기를 풍기는 재미있는 작가입니다. 아프리카 사람 최초로 노벨상을 받은 극작가 월레 소잉카Akinwande Oluwole Soyinka하고도 그곳에서 만났고 오랜 만남을 지속하고 있습니다.

> 미국 사회에 있어서의 남녀 관계, 페미니즘이라는 조류의 성행도 제일 먼저 직감하셨다고 봅니다. 그러한 풍토에 대한 이해나 위화감이 작품에는 동시에 나타나 있습니다. 최근의 작품 『우울한 얼굴의 아이』에 등장하는 미국인 일본문학 연구자라는 인물이지요? 로즈에 대한 묘사에도 일관된 거리감이 있다는 생각이 듭니다. 동시에 일본의 여성이 대상이라면 이렇게는 하지 않았을 거라고 생각되는 시선이나 관찰의 깊이, 그리고 가차 없음(웃음)도 느껴집니다.

세미나에서는 3주나 4주간 한곳에서 생활하고 토론하고, 혹은 2, 3일씩 회의를 진행하는 스케줄이 반복되었습니다. 처음 하와이에 갔을 때는 중국계 여성 작가 맥신 홍 킹스턴Maxine Hong Kingston이 왔어요. 그리고 마사오 미요시Masao Miyoshi라는, 일본에서 미국으로 건너가 살고 있는 훌륭한 문학이론가가 중요한 회의에 자주 참석했는데, 미요시 씨는 페미니즘의 우수한 논객이 되는 여성들을 소중히 여겼습니다. 예를 들어 자크 데리다를 번역하고 이론가로서도 주목을 받았던 가야트리 스피박Gayatri Chakravorty Spivak이 있었죠. 스피박을 비롯해 이론가로서 재미있고 또 인간적으로도 품이 깊어서 그늘도 갖고 있고 가벼운 유머도 있는 그러한 여성들을 미요시 씨로부터 소개받았습니다. 영어로 대화했기 때문에 마치 대학 동급생들처럼 이야기했지요. 가끔은 서로의 깊은 곳에 있는 문제가 대두되기도 해서 함께 신중하게 논평하기도 했습니다. 그렇게 해서 만난 여성 학자나 시인, 소설가들로부터 다양한 여성상을 취할 수 있었다고 봅니다.

> 1989년에는 작품 『인생의 친척(人生の親戚)』에서 처음으로 여성이 소설의 주인공으로 등장합니다. 구라키 마리에라는 인물로 '구라키 마리아〔暗きマリア, 어둠의 마리아〕'를 연상케 하는 이름인데요. 그녀는 화자인 '나'의 아들이 다니고 있는 양호학교 동급생의 모친이었지요. 그녀의 장애를 가진 두 아들이 같이 자살해버린다는, 상상을 초월하는 비극에 애도의 마음이 듭니다. 그녀는 상당히 과잉된, 주변 사람이 불편할 정도로 외골수적인 성격의 강한 여성이었는데요. 두 아들의 자살 사건 이후 멕시코로 건너가 농장에서 지내며 봉사활동에 몰두하게 되지요. 건강하고 당찬 여성의 이야기입니다.

『인생의 친척』은 나에게도 특별한 소설입니다. 유명 신문의 사람들에게 널리 알려진 스타 저널리스트로부터 나의 인격에 영향을 준──그렇다고 해서 개인적인 교제는 없었지만──, "이 사람의 소설은 읽은 적이 없지만"이라는 말을 서두로 하여 '갖은 욕설과 맹렬한 비방'이 한동안 이어졌습니다. 그래서 나는 처음으로 우울증 같은 상태에──최근 말하는 '우울 장애Depression', 옛날 말로는 '우울증melancholy'입니다──빠진 시기가 있었습니다. 그때 내 자신을 치료할 생각으로 지금까지의 소설 세계와는 다른 것을 새로운 방식으로 써보기로 했어요. 아침에 기상했을 때가 기분이 제일 침울하기 때문에 잠에서 깨면 바로 일어나서 우선 소설을 썼어요. 오후에는 평소 늘 해오던 대로 책을 읽거나 에세이를 쓰거나 했습니다. 일단 아침 시간에는 새로운 소설에 집중을 해서 3개월 정도 만에 완성하게 되었지요. 원래 나에게는 히로익하고 유머러스한, 그러나 비극에 빠진 여성에 대한 동경이 있어요. 실재하는 모델은 없지만 그때까지 눈썰미 있게 기억해두었던 스케치의 집적이 세부를 이루고 있습니다. 이 소설을 쓰고 나니 그때까지의 우울증이 싹 가셨지요. 내가 노벨상을 받을 때, 앞서 말한 저널리스트는 『오에 겐자부로의 인생(大江健三郎の人生)』이라는, 표지가 새빨간 책을 냈습니다. 시간이 좀 지나서 정신과 의사이기도 한 작가 가가 오토히코 씨에게 나는 그렇게 해서 우울증을 극복했다고 말하니까, 그렇게 아침 일찍부터

증세를 앓는 것은 조증이었지 않냐고 진단해주었습니다(웃음).

'인생의 친척'이라는 말은 멕시코에서 만난 동료로부터 스페인어 소설 강독을 받으면서 찾은 겁니다. Parientes de la vida〔인생의 친척〕, 그것이 곧 '슬픔'이다…… 조금 성가신 친척과 같은 것이다, 그러한 슬픔은 인생에 늘 따라다닌다―이것이 소설의 주제였습니다. 크나큰 슬픔과 함께 살아가지만 생기가 넘치고 사람을 끌어당기는 힘이 있는 여성의 삶을 그려내고 싶었지요.

주인공 마리에에게는 장애가 있는 두 아이가 있어요. 아이 둘이 공모를 합니다. 어느 해안의 낭떠러지로 가서 휠체어에 앉은 동생을, 지적 장애를 갖고는 있지만 몸은 성했던 형이 밀어서 둘이 함께 바다로 떨어져버리는 사건이 일어나지요. 충분히 상상할 수 있는 가장 비참한 사건으로서 그러한 비극을 설정했어요. 이렇게나 엄청난 슬픔 속에서 모친인 주인공은 어떻게 살아갈까? 살아 있는 한 그 슬픔을 극복하는 건 불가능하겠지요. 그런데 '인생의 친척'으로서 그 슬픔이 늘 따라다니지만 건실하게 살아갑니다. 그런 과정을 상상해보려고 했습니다. 그녀는 종교적인 집단에 참가하기도 하지요. 해외에서 일을 하려고 떠나기도 하고요. 그리고 멕시코의 농장에서 일하면서 암에 걸립니다. 그렇지만 그녀는 최후까지 굴복하지 않아요. 멕시코에서 에로틱하고 사랑스러운 자신의 사진을 찍어 예전부터 자기에게 헌신적이었던 3명의 젊은 청년에게 보낸다는,

깜찍한 행동을 하고 죽습니다.

마리에는 꽤나 대담한 제안을 '나'에게도 제시하지요.

마리에는 내 눈이 치마 안쪽으로 가 있는 것을 눈치채자, 양 다리를 오므리는 동작을 하는 대신, 다시금 피로와 우울로 덮여 있지만 베티 같은 화려한 얼굴에 미소를 지으며, 꼭 정신 전문이라고는 말할 수 없는 제안을 했다. 그렇다고 육체 전문도 아니었겠지만……
"앞으로는, K선생님과 함께 밤을 지낼 일은 없지 않을까요? 그렇다면 기운을 내서 한번 할까요? 히카리가 잠들면 찾아오지 않을래요?"
"……지금보다 훨씬 젊었을 때는, 꽤 노골적으로 유혹당하면서도 안 한 적이 두세 번 있었죠. 나중에 계속 후회했기 때문에 언제부턴가 일단은 하기로 한 시기가 있기는 하지만…… 지금은 하든 안 하든 양쪽에 애틋한 감정이 다 남아 있는지라, 그 둘에는 그렇게 대단한 차이는 없었다고 회상하는 나이가 돼서 말이죠."
"즉, 하지 않아도 좋다는 이야기네요. ……저도 오늘 밤 일을, 애틋한 감정으로 떠올릴 거라고 생각해요, 하든 안 하든." 마리에는 오히려 안심했다는 듯한 표정을 지으며 말했다.*

---

* 『인생의 친척』, 박유하 옮김(웅진닷컴, 1994) 참조.

이 작품보다 조금 앞서서, 하나오바와 여선생이 격론을 나누면서 숲의 신화와 천 년 전의 와카가 공명하는 작품「또 하나의 이즈미 시키부가 태어난 날(もうひとり和泉式部が生れた日)」(1984)이나, 혁명적인 학생운동의 여성 투사가 주인공인 시나리오 초고「혁명여성(革命女性)」(1986)을 발표하고 계십니다. 상당히 폭도 넓고 개성도 강하고 적극적인 여성들을 묘사하면서도 오에 작품 전체를 통해 이른바 로맨틱한 드라마를 전개하지는 않으시지요. 그것은 어떤 이유에서입니까? 저를 포함한 주변의 여성 독자들이 공통으로 생각하는, 오랫동안 품어왔던 의문이기도 합니다.

오자키 씨와 인터뷰를 하면서, 처음으로 정말로 그렇다는 생각이 드네요. 나는 문학사로 보자면 로맨티시즘 시대로부터—블레이크에서 예이츠에 이르는 영국의 사조에—깊은 영향을 받은 인간입니다. 그런데도 불구하고 실제 여성 관계에서는 로맨틱한 것과 별로 인연이 없었어요. 서로 힘든 만남을 가지며 비극적인 상태에 빠지거나 시련을 드라마틱하게 극복하거나 하는, 그러한 연애를 경험하지 못했지요. 그래서 소설에 쓸 수 없었던 셈입니다.

결국 지금 기나긴 인생을 되돌아보니, 한마디로 '오에 겐자부로의 인생'에서 여성은 대등하게 연애를 하고 상대를 아프게 하거나 자신을 괴롭히면서 서로 성장해가는 의미로서의 상대는 아니었습니다. 내가 영향을 받은 것은 모친과 누이, 결혼한 상대도 친구의 누이였으니까요. 늘 어머니나 아내가 비호해주고 돌봐주는, 이를테면 어린애 같은 존재로서 살아온 게 나의 인생이었습니다.

어쩐지 친구들이 실망할 듯한 대답입니다(웃음). 내외분이 말씀처럼 그러한 관계라고도 생각하지 않고요.

아니요. 나와 아내와의 관계는 정말로 그랬습니다. 일반적인 결혼생활에서 남편이 아내로부터 늘 보호를 받는 생활은 그다지 보편적이지 않지요. 그런데 내 경우에는 지적 장애가 있는 아이가 태어나 벌써 43년이 지났는데도 늘 네 살에서 다섯 살인 채로 머물러 있는 아이를 아내가 보호하고 지냅니다. 그 보호하는 행동을 돕는 조수처럼 나는 옆에 붙어 있어요. 그렇게 살아왔습니다. 아이를 보호하는 측에 서 있다기보다 장애가 있는 아이와 함께 아내를 의지하며 살고 있는 겁니다(웃음). 항상 어디에선가 아내로부터 도움을 받지요. 그러한 느낌으로 살아왔습니다. 그래서 나와 아내가 대등하게 마주 보고 서로를 비난하거나 용서를 빌거나 하는, 그런 남녀 간의 싸움이라는 걸 경험하지 못하고 살아온 게 아닐까 싶어요.

내 소설에도 남성과 여성이 충돌하는 장면은 있습니다. 일반적으로는 그런 장면이 있으면 다음 장면에서는 화해를 하고 연애 이야기로 발전하곤 하지요. 내 소설에서는 그런 일은 절대로 일어나지 않아요. 일단 대립하면 다시는 만나지 않게 되는 남녀 관계가 묘사되지요. 이런 점은 소설가로서는 큰 결점일 겁니다. 생각해보면 고등학교에서 대학까지 이타미 군의 누이 말고 다른 여성으로부터 진지한 관심을 받아본 적이 없습니다. 여성들 모두가 나를 이상하고 특이한 것을 말하는— 초기 단편도 기본적인 재미는 그것입니다—녀석이라고 느꼈을 겁니다.

> 그래도 최근까지도 후원회나 사인회에 가보면 젊은 학생에서 연배가 있는 분들까지, 여성 독자가 많이 모여 있는 것을 볼 수 있고 모두들 선생님의 열렬한 팬이라는 느낌이 듭니다.

어머니한테서요, 소설가가 되어서 다행이라는 놀림을 받은 적이 있습니다(웃음). 좀더 솔직히 말해서, 나라는 인간에게는 매력이 없다고 생각했어요. 국민학교에 입학해서 인근의 아이들과 함께 란도셀〔아이들이 메는 네모난 책가방〕을 메고 학교에 갔지요. 그때 한 친구를 보고 정말 이 녀석은 어린애다운 유쾌함이나 아름다움을 갖고 있구나, 하고 생각했어요. 나는 벌써부터 자각적으로 어린애다운 자연스러운 매력이 없다고 실망하고 있었지요.

야구를 하면 공 던지는 폼이 이상하다고 모두가 그랬어요. 그럼 야구 잡지를 읽고 어떻게 공을 던지는지 공부해서 폼을 고쳤지요. 그래서 내가 공을 던지는 폼은 점점 더 괴상해졌지요. 말하는 투나 걸음걸이도 그랬습니다. 정말이지 자연스러운 구석이라고는 없는 아이였어요. 그런 생각이 아직도 있습니다.

자연스럽게 행동해서 모두가 나를 재미난 녀석이라고 생각하게 해본 적은 없었어요. 청년이 되어서도 그런 상태였기 때문에 실제 여성에게서 '너는 정말로 멋진 사람이야'라는 말은 들어본 기억이 없습니다. 아내가 결혼을 해준 것은 본인의 오빠에게 정말 소중한 친구 같은 이 남자와 함께 살면서 착실한 생활을 꾸려가보자고 생각했기 때문이 아닐까 싶어요. 어쨌든 나는 같은 세대로 따지자면 이시하라 가이코와 같은 매력적인 사람들과는 달라서 나르시시즘을 갖고 남을 대하는 태도도 없었습니다. 나는 그저 소설 이야기를 만들어가는 인간이고 가공의 모델을 통해 나를 어필하는 인간이라는 것을 아주 잘 알고 있었습니다. 때문에 소설가가 되었지요. 그때나 지금이나 여성을 존중합니다만, 익살스럽게 행동하는 게 편하고 좋습니다.

그러시군요. 귀중한 이야기에 감사드립니다(웃음). 여성이 중심이 되는 작품에 대해서 다시 이야기를 진행해보면, 1990년

『조용한 생활(靜かな生活)』이라는 작품에서는 화자가 젊은 아가씨인 '나' = 마짱으로 나옵니다. 다음 문장처럼 이 부분만 읽으면 너무나도 경쾌한 분위기 때문에 작가가 '오에 겐자부로'라고는 믿기지 않을 정도입니다.

오늘이야말로 겨울이 시작되는 첫날인가 새삼스럽게 느껴지는 청명한 아침이다. 볕이 있는 동안 세탁물을 다 말려버리려고 분주하게 움직이고 있는데 부엌 구석에서 환히 들여다보이는 곳에 혼자서 옷을 다 갈아입고 이요가 서 있었다. 햇살이 부서지며 들어오는 유리문 저편에서 기와로 된 테라스에 늘어놓은 관엽식물 화분을 둘러보고 있었다. 이러한 너무나도 '표현적인' 모습의 오빠는 뭔가를 의도하고 있을 텐데, 하고 생각하면서도 저혈압 탓에 머리가 아직 굼뜨게 뒤척이고만 있는지 배가 고파서 저러고 있는 거라면 서둘러 아침밥을 짓자는 마음만이 나를 재촉하고 있었다.
"이요, 일요일인데도 일찍 일어나고, 대단하네. 빨래를 일단 끝내면 홍차를 끓여줄 테니까, 기다리고 있어!"*

소설 속의 가족 구성이 실제 오에 집안과 같기 때문에 연상

---

* 『조용한 생활』, 김수희 옮김 (고려원, 1995) 참조.

이 잘 되기도 합니다만, 잠시 후에 여쭈어볼 『새로운 사람이여 눈을 떠라(新しい人よ目覚めよ)』를 거쳐 세심한 작업 끝에 픽션화된 지적인 가족소설이었습니다. 이 작품을 비롯해 이후 수년간, 여성에 의한 말하기를 채용하신 것은 어떠한 연유에서입니까?

여성을 화자로 해서 소설을 써도 그것은 역시 내 자신의 이야기이고 소설의 방법적인 필요에 의해 가끔 여성 화자를 선택하는 것뿐입니다. 소설 속에서 여자라는 성별을 가진 화자가 리얼하게 활동하는 것이지, 진짜 현실의 육체와 지성을 갖춘 여성이 말하고 있는 것은 아니지요. 그것은 실제 작가가 여성이기에 다른 인간의 내러티브일 수 없음이 명백한——버지니아 울프, 시몬 베유, 사타 이네코, 하야시 교코라는 멋진 예를 알고 있습니다만——, 그러한 진짜 여성의 내러티브가 아닙니다. 그래서 내 어머니나 아내, 누이, 그리고 우리집 큰딸의 내러티브를 소설 속에서 재현할 때에는 상당히 오랜 기간을 통한 관찰의——소설에 쓰려고 해서 관찰을 거듭한 것은 아니지만——성과가 나오는 듯도 해요. 단순히 그 여성들이 평소 나에게 소중했다는 것에 지나지 않을지도 모르지만요.

　소설의 말하기에 있어서 그것도 작중인물 하나를 화자로 한 내러티브에서 매력적인 것은 종종 젊은 청년이 자신의 모험을 서술하는 경우입니다. 예를 들면 멜빌의 『모비 딕』이나 샐린저의 『호밀밭의 파수꾼』이 그렇지요. 디킨스의 『황폐한 집』이라는 소설은 2부로 구성되어 있습니다. 1부에서 얼굴에 상처를 입어 자신은 흉하다고 생각하는 여성이 서술을 하고 있는데 마지막에 가서는 그렇게까지 추하지 않을지도 모른다는 생각의 전환이 서술되어서 효과를 거두고 있지요.

나는 우리 가족을 모델로 지적 장애아를 가진 가정에 대해 쓰려고 젊은 아가씨를 화자로 설정한 겁니다. 실제로 장녀 나쓰코는 오빠 히카리의 상황을 이해하고 잘 돌보아주었어요. 아내가 말하기를 나쓰코는 세 살 나이에 일곱 살인 오빠를 돌보려고 했답니다. 나도 지켜보았지요. 나쓰코처럼 장애가 있는 오빠를 용감하고 상냥하게 보살펴줄 수 있는 화자를 도입한 겁니다. 이런 화자라면 어린아이의 내적 세계를 떠올리게 할 수 있고 또 양친에 대한 화자의 비판도 조금은 넣을 수 있겠구나 싶었지요. 일종의 사회화라고나 할까, 장애가 있는 아이를 가진 가정의 생활을 사회적인 것으로 확장시켜 쓰는 게 가능할 것 같았습니다.

> 이어서 근미래 SF소설이라 부를 수 있는 장르의 작품 『치료탑(治療塔)』과 『치료탑 혹성(治療塔惑星)』에서도, 계속해서 리쓰코라는 젊은 여성 화자를 내세우고 계십니다. 리쓰코의

구김살 없는 말투 때문에 미래를 위해서 지구를 탈출하지 않으면 인류는 살아남을 수 없다는 설정에도 불구하고 그 밑바탕에 보증되어 있는 듯한 어떤 희망을 느낄 수 있었습니다.

나는 눈물을 한껏 머금은 눈을 귀로 하여, 그 화면에서 무언으로 말해지는 것을 들으려 했다. 그리운 사쿠짱의 숨결이, 뱃속에 있는 어린 태아의 심음과 공명하며 전해주는 것처럼, 'He grows younger every second'라고 시작되는 예이츠의 시행을, 그러나 영어도 아니고 일본어도 아닌, 아마도 '새로운 지구'에서 통용되었던 우주의 언어로, 지금은 크기도 분명하지 않게 다만 누워 있는 젊은이, 점점 더 젊어지는 사람들과 함께 나는 듣고 있었다. 그 새로운 사람보다 한층 더 새로운 사람을, 다른 사람이 아닌 바로 네가 낳는 것이다, 라고 그 언어는 내게 말하고 있었다. 이미 그 누구보다도 새로운 사람이, 어머니인 나의 기쁨으로서 내 안에 있으며, 친밀한 심장 소리를 전하고 있다.

"He dreams himself his mother's pride,

All knowledge lost in trance

Of sweeter ignorance."*

---

* 『치료탑/치료탑 혹성』, 김난주 옮김(고려원, 1996) 참조.

"지구에 존재하는 오래된 인류의 여성이면서 우주를 향해 열린, 완전히 새로운 인간을 내 육체를 통해 낳고, 내 정신과 감정으로 혼자서 교육해간다."
이는 1990년의 시점에서 오에 작품의 미래를 위한 문학적, 윤리적인 상상력의 방향성을 제시한 대목이라고 봅니다.

이 작품에서 그러한 여성상에 대한 동경을 표현한 것은 말씀 그대로였습니다. 나에게는 그러한 여성에게 구원받는 자로서의 남성상에 대해 꿈처럼 집착하는 면이 있어요. 멀지 않은 미래에는 남성 사회가 막다른 상태로 정체될 거라고 예상합니다. 그때 여성의 힘, 여성적인 것의 힘이 역할을 완수하고 그것이 바로 지구를 구하게 되지 않을까 생각해왔습니다.

그것은 괴테와 같은 대시인이 여성에게 이끌린 것이나 단테가 베아트리체라는 초월적인 여성에게 의지한 것과 관련이 있습니다. 그것이 없으면 『신생』은 탄생하지 못했을 거고 『신곡』도 완성되지 못했어요. 단테는 『신생』에서 말하듯이, 정말로 무구한 소녀와 만나서 그 아름다움에 이끌려 시를 쓰기 시작하지요. 순백하고 밝고 자립적이어서 굴복하지 않는, 그런 여성상이 문학에 늘 등장해왔다는 점은 미래를 예견하는 부분이 없지 않아 있습니다. 나는 그렇게 생각합니다. 사랑스럽고 아름답고 현명한 여성을 공상하는 것 자체가 남성 중심 사회에 젖어 있는 것으로 여성을 차별하는 게 아니냐는 비판도 있을 수 있습니다. 그렇지만 나는 그런 여성에게 도움을 받은 인간으로서 말하고 있는 겁니다.

● 「새로운 사람이여 눈을 떠라」와 윌리엄 블레이크

그렇지만 미래를 위한 자극이라는 점에서 생각해도 역시 1983년에 발표하신 연작소설 『새로운 사람이여 눈을 떠라』는 일본 현대문학이 영국의 19세기 문학과 융합해 창출된 듯한, 또 작가의 실생활이 고전의 지혜로부터 장려되고 구제된 듯한 완전히 새로운 소설이었습니다. 이 작품 이후, 이른바 일본의 사소설이라는 것은 순식간에 퇴보했다는 인상마저 듭니다. 이 작품은 그 직전에 출간하신 연작소설 『'레인트리'를 듣는 여인들』에서 이어지는 것이지요?

그렇습니다. 『새로운 사람이여 눈을 떠라』의 시작 부분에 「무구한 노래, 경험의 노래」라는 장이 있습니다. 이는 두 권으로 된 블레이크의 최초의 서정시집 타이틀입니다. 『결백의 노래 Songs of Innocence』 와 『경험의 노래 Songs of Experience』라는 시집이지요. 이 소설을 쓰기 시작하는 결의를 화자인 '나'는 다음과 같이 말합니다. "지금까지 나는 맬컴 라우리를 다시 읽으면서 『'레인트리'를 듣는 여인들』이라는 연작 단편집을 써왔다. 이제부터는 나와 아들의 관계, 우리 가정의 일을 새롭게 조명하며 써나가려 한다. 그러기 위해서 나는 지금 읽고 있는 책과는 전혀 다른 책들을 다시 읽으며 준비할 것이다. 이를 계기로 내 생활 자체를 새로 시작하고 싶다는 바람이다……"

'나'는 핵병기 폐기 시민운동을 전하는 텔레비전 프로그램을 만들기 위해 유럽을 여행하면서 맬컴 라우리를 계속 읽고 있지요. 그것은 『샘으로 가는 숲길 The Forest Path to the Spring』이라는 중편입니다. 그 책에는 음악가가 등장하는데 그 음악가는 앞으로 작곡할 악보의 오른쪽 윗부분에 "부디 내가 만드는 음악이 혼란스럽거나 고뇌에 가득 차 있거나 해도 나를 도와주소서. 내 음악에 질서를 부여해주소서"라는 기도문을 써놓습니다. 그리고 "당신이 나를 도와주지 않는다면 나는 길을 잃을 것입니다" "or I am lost"라는 말로 그 기도문이 끝나 있는 것을 '나'가 보게 됩니다.

그러자 '나'는 누군가 다른 사람의 작품에서 이것과 똑같은 말을 읽은 것을 기억해내지요. 프랑크푸르트에 기차가 닿았을 때인데, 역 빌딩에 있는 책방에 가 찾아보니 윌리엄 블레이크의 시 전집이 눈에 띄었어요. 그것을 펼쳐 보니—— 바로 「잃어버린 아이들」이라는 시의 "아, 이렇게 빨리 걷지 않게 해주소서, 말을 걸어주소서, 아버지여. 그렇지 않으면 나는 길 잃은 아이가 되어버릴 겁니다" "Or else I shall be lost"라는 구절이 눈에 들어옵니다. 그리고 비슷한 이 두 구절이 '나'를 라우리의 세계에서 블레이크의 세계로 옮겨가게 했다고 씀으로써 또 다른 단편 연작을 시작합니다.

또 '레인트리' 연작에서는 grief, 슬픔을 남성과 여성 간의 감정으로서 다루었는데, 지금은 그와는 다른 주제가 자신의 눈 앞에 있음을 압니다. 장애를 가진 아이가 육체적으로는 열다섯, 열여섯이 되어 사춘기를 맞게 되었지요. 그리고 아이의 내면에는 새로운 고뇌가 있는 듯합니다. 그 아이의 슬픔이 모친이나 누이에 대한 반항으로 나타나는 것을 가족과 함께 어떻게 받아들이면 좋을까? '나'는 이를 지금부터 써나갈 연작 단편의 주제로 하자고 결정합니다. 그리고 실제로 아이와 가정을 바꾸기 위해 노력하기 시작하는데, 그러기 위한 실마리로서 생생한 역할을 하는 것이 블레이크의 시임을 발견해가지요. 이 소설은 그런 소설입니다.

> 오에 선생님과 18세기에서 19세기에 걸쳐 살아간 블레이크와의 만남은 운명적이라고나 할까, 숙명적인 느낌마저 듭니다. 문학에서 인용하는 시처럼 삶을 살고 또 실제 인생이

블레이크의 시가 되어버린 듯한 신비함이 느껴집니다. 처음에는 고마바의 교양학부 도서관에서 우연히 한 구절을 보게 되셨다고요?

그렇습니다. 대학에 들어가서 매일 수업이 끝나면 도서관에서 책을 읽었어요.——당시에는 큰 영어사전 같은 걸 사서 소장하고 있는 사람이 별로 없어서 대학원생도 도서관에 있는 사전을 이용했습니다. 그래서 화장실에 갈 때에는 자기 책과 도서관 사전을 도둑맞지 않도록 주의하려고 주변 사람에게 부탁을 하거나 했어요. 그때도 내 옆에서 커다란 책을 읽고 있던 서른 살 정도의 연구자한테서 책을 봐달라는 부탁을 받았지요. 살짝 훔쳐보니 긴 시의 한 구절이 눈에 들어왔습니다. 인간은 도회로 나가서 거기서 노동을 하고 고생을 하지 않으면 안 된다, 그리고 다시 고향의 산골짜기로 돌아와 거기서 죽는다는 의미 같았어요.

그것을 보고 나는 아, 나의 인생이 이럴지도 모르겠구나, 감전된 듯한 충격을 받았습니다. 나는 산골짜기 마을에서 태어났고 그곳에서 어머니가 노역을 해가며 몇 푼의 돈을 보내주신다. 그 덕분에 나는 도쿄에서 지내며 공부를 한다. 앞으로 일도 하게 될 테지만 장래에는 산골짜기로 돌아가서 이번에는 내가 내 아이들에게 돈을 보내주며 곤고하게 살다가 결국 그곳에서 죽어갈 테지. '바로 그런 거다, 너의 인생은. 지금 공부를 시작하려고 하는 도쿄 대학 초년생인 너의 미래는!'이라는 예언을 받은 듯한 생각이 들었지요. 하지만 그때는 아직 그것이 누구의 시집인지도 몰랐어요. 남이 읽으려고 펼쳐놓은 책을 접어서 책표지를 확인할 수 있는 용기가 없었지요. 그 페이지만을 본 것뿐입니다. 몇 년인가 지나서 어떤 책에서 그 예언시라고 불리는 장편시의 다른 행을 인용한 부분을 발견하고서 '아, 이 문장이다' 싶었지요. 그래서 바로 블레이크 시 전집을 사서 아까 말한 『결백의 노래』 『경험의 노래』처럼 짧지 않은, 장대한 8백 행이나 되는 시 몇 개를 골라서 의미도 잘 모른 채로 읽어가다 사흘째에 겨우 발견했습니다. 내 인생에 대한 예언이라고 생각했던 부분을요.

소설에 인용하고 있는 대로 원문과 번역문을 인용하면 이렇습니다.——That Man should Labour & sorrow, & learn & forget, & return/To the dark valley whence he came, 인간은 노역하지 않으면 안 된다, 슬퍼하지 않으면 안 된다, 그리고 배우지 않으면 안 된다, 잊어버리지 않으면 안 된다, 그리고 돌아가지 않으면 안 된다/왔던 어두운 골짜기로——

이것이 블레이크와의 만남입니다. 아이가 장애를 갖고 태어났을 때도 역시 블레이크를 읽었어요. 그것은 내 인생의 예언시로서 거기에 무언가 씌어 있을 것 같은 생각이 들었지요. 『개인적 체험』에도 블레이크의 「천국과 지옥의 결혼」을 인용해놓았습니다. 예를 들면 채워지지 않는 욕망을 키워나가기보다는 갓난아기의 요람 속에서 그것을 죽이는 편이 낫다, "Sooner murder an infant in it's cradle than nurse unacted desires", 이것은 블레이크에게 있어서의 desire, 욕망에 적극적인 의미를 부여하고 있는 시행입니다. 그런데 눈앞에 있는 침대에서 괴로운 듯이 숨을 쉬고 있는, 장애를 갖고 태어나서 막 수술을 받은 아이를 바라보면서 오히려 역으로 그 시를 기억해냈던 겁니다. 어쨌든 나는 늘 블레이크를 내 인생과 결부시키면서 읽어왔기 때문에 그 시가 내 인생의 근본에 닿아 있는 듯했습니다. 물이 종이에 스며 번지듯이 서로가 서로를 만나는 경험을 여러 번 했지요.

그리고 히카리 씨가 성인식을 맞이하는 기념으로 이 연작집이 만들어진 거네요.

장애를 가진 장남과의 공생과 블레이크 시를 읽으면서 환기되는 기억을 하나로 엮어 나는 일련의 단편을 써왔다. 이번 6월 생일에 스물이 되는 아들을 위해 우리의, 아내와 동생들을 포함한 우리의 지금까지의 나날과 미래에 대한 총체를 전망하기 위해서였다. 이 세계와 사회, 그리고 인간에 관한, 나의 삶과 합치된 정의집(定義集)이라고도 명명하고 싶은 것이었다.

이런 바람을 담으셔서요.

그렇지요. 특히 『새로운 사람이여 눈을 떠라』를 쓰기 위한 준비를 하고 있던 3년간은, 이전 10여 년 동안 나온 블레이크 연구서는──고전이 되어 있는 중요한 책은 원래부터 매일 간다의 서양서적 책방에 다니면서 전부 샀다는 생각이 들 정도예요. 이 소설을 출간하고 다음 해에 캘리포니아 대학 버클리 분교로 가르치러 갔을 때, 영국의 반핵운동 지도자인 역사가──제로 옵션이라는 외교적인 수법을 고안한 사람인데──가 강연을 오게 되었어요. 그가 블레이크에 대해 했던 논평과 관련해 질문을 했는데, 나를 호텔로 불러서 장시간 대화를 나누기도 했습니다. 그 사람은 평화운동을 하다 사퇴하고서는 캐나다의 대학에서 블레이크에 관한 강의를 하고 그 책을 마지막으로 일생을 마감한, E. P. 톰슨Edward Palmer Thompson입니다. 그러한 준비 작업을 거쳐 쓰기 시작하자──7개의 단편을 썼는데──, 각각의 히카리에 관한 일화에 걸맞은 블레이크의 시가 당장 떠올랐지요. 지금은 기억력이 많이 떨어졌습니다만, 그 무렵에는 블레이크의 시를 100행 정도는 언제라도 **줄줄** 인용할 수 있었어요. 소설을 쓰면서 떠오르는 시행을 그대로 적어 넣지요. 그리고 소설을 퇴고하면서 블레이크의 모든 작품을 한 행씩 검색할 수 있는 용어 색인을 찾아 체크해보면, 대부분 기억한 그대로였습니다.

그 정도로 읽고 연구한 끝에 비로소 인용과 소설이 완벽할 정도로 융합된 세계를 완성하신 거네요. 이 작품에 관해서는 쓰루미 슌스케(鶴見俊輔) 씨가 고단샤 문고판 해설에 너무나도 멋진 비평을 쓰고 계십니다. 『개인적 체험』과 『핀치러너 조서(ピンチランナー調書)』, 그리고 『새로운 사람이여 눈을 떠라』는 "같은 주제를 갖고 새로이 작곡한 음악처럼 각기 다른 형식을 갖고 펼쳐진다"고.
"어떤 때에는 블레이크의 언어가 독창으로 나타나고 어떤 때에는 블레이크와 주인공이 합창을 하고, 어떤 때에는 주인공과 아들 이요가 합창하고, 또 어떤 때에는 블레이크와 아들이 합창한다" "이 작품 속에서의 블레이크의 시구와 주인공 아들의 일상생활의 어구(행동)는 훌륭한 합창을 이룬다. 블레이크의 『결백의 노래』는 이 합창을 거쳐 2백 년 후의 일본에 살아 있다." 게다가 이렇게 적중하고도 있습니다. "미래를 살아갈 새로운 인간 옆에 또 한 사람의 젊은이로서 다시 태어나기 위한 자신을 세웠다." 이런 정도까지 이 작품이 성과를 이루었다는 말인데요. 블레이크의 예언시와 오에 선생님의 인생은 어째서 이토록 깊이 결합되어 있는 걸까요?

예언, 프라퍼시prophecy란 구약성서와 관련된 말입니다. 신이 준 미래를 읽고 해독할 열쇠가 되는 예언을 말하지요. 그리고 신의 중요한 말씀을 보관할 인간의 언어로서의 예언도 있고요. 그 둘을 합쳐서 prophecy라는 말이 생겨났습니다. 윌리엄 블레이크는 자기 혼자서 구약의 신화 세계에 걸맞을 만한 세계를 창조한 사람입니다. 그리고 그것을 바탕으로 몇 개의 긴 시를 예언시라 불렀지요. 특히 재밌는 것은 그렇게 해서 그의 신화 세계에 존재하는 중요한 남성(으로서의 신적 존재)을 창조하자, 이미 동시에 그 여성판도 창조되어 있었다는 겁니다. 블레이크는 이를 에마네이션emanation이라 불렀습니다. 보통은 신이라는 유일의 존재가 있어서 신으로부터 빛이 흘러나오듯이 퍼져 나가서 이 인간 세계가 창조되었다, 그 신적 유출을 에마네이션이라고 합니다. 블레이크의 에마네이션은 남성이 있으면 그에 상응하는 여성상이 늘 따라다니는 겁니다. 그렇게 붙어다니는 여성(으로서의 신적 존재)을 에마네이션이라고 한 거지요. 이 점이 나에게는 너무나도 매력적이었습니다.

여성은 남성의 종속적인 존재라는 뜻인가요? 그 반대는 있을 수 없을까요?

페미니스트가 아니어도 블레이크를 그렇게 비판하고 싶어질 테지요. 그리고 이것은 나의 자아비판입니다만, 이것도 오자키 씨의 질문을 생각하던 중에 떠오른 건데, 블레이크적인 에마네이션, 즉 아주 강한 남성이 있고 남성에게서 파생된 그림자와 같은 존재로 그 남성을 지탱하고 장려하는 여성을, 그러한 에마네이션적 여성상을 나도 좋아하는 게 아닌가 싶더군요. 다시 말해서 남성 쇼비니즘에 얽매여 있는 부분이 있습니다. 한편으로는 그러한 여성상을 경외하고 있다는 생각도 있지만요. 적어도 나는 소설에서 어떤 남성을 창조하면 그 남자를 지지해주는, 상냥하고 아름답고 현명한 여성도 창조해서 **짝**을 지어 써왔습니다. 진정으로 나는 블레이크적인 사고를 바탕으로 하고 있었구나, 지금에서야 알겠습니다.

예언시에서 블레이크는 혼자서 구약성서를 쓰듯이 수많은 신적 존재로서의 남성상과 그 에마네이션으로서의 여성상을 창조했어요. 그렇게 해서 전 세계를 상대로 이야기를 펼쳐나간 겁니다. 블레이크의 시에는 그 말미에 '최후의 심판'이라는 그림이 여러 개 덧붙여져 있습니다. 심판을 내리는 신 아래 무수한 인간이 모여 있는 그림이지요. 그것이 블레이크의 세계의 심판이라는 형태입니다. 그런 식으로 세계의 종말이 와서 신이 사람들을 심판하게 되면 죽은 자도 모두 불려 나오게 마련입니다. 그렇게 불려 나온 사람들을 전부 자신의 시 안에 표현하려는 게 그의 예언시의 장대한 의도이지요. 신화적인 성격을 띤 「아메리카」라는 시에서는 건국으로부터의 역사가 구체적으로 서술되고 있고, 「밀턴」에서는 밀턴이라는 시인이 죽어서 어떠한 경험을 하는지, 신비로운 신에 대한 상상과 현대사회의 정황에 대한 구체적인 반영이라는 두 가지 면을 담아내고 있지요. 「예루살렘」이나 「네 개의 분신」은 구조적으로 가장 큰 예언서인데, 나는 그중 극히 일부분을, 그것도 곡해해서 읽은 시점에서 이는 내 인생을 예언하고 있는 말이라고 직감한 겁니다. 블레이크 시의 언어의 질량과 그 음의 울림이나 리듬에 예언을 실감하게 하는 힘이 있다고 봅니다.

> 왠지 그 특징 자체가 오에 작품과 겹쳐집니다. 개인적인 면에서 신비롭고 동시대적이라는 것이 특히요. 그리고 블레이크에게 영향을 받은 오에 선생님의 소설이 '맞아, 이런 일은 정말 있어!' 하고 느껴지기도 해서 이번에는 저희 독자를 위한 예언시로서 성립하는 것을 실감하기도 하는데요. 그렇게 해서 이 세계 전체, 세계의 실상이라는 것이 작품에 반영되어갑니다. 그러한 '전체'를 표현한다는 것이 『새로운 사람이여 눈을 떠라』라는 작품에서부터 1990년대의 대작으로 나아가는 시작이 된 거네요.

오자키 씨가 사용한 '실상'이라는 말, 인간 생활의 실상, 인간 내면의 실상, 그러한 것들이 합쳐진 삶의 방식이 갖는 실상…… 실상이라는 말은 아주 블레이크적입니다. 블레이크는 젊었을 때 현대 페미니즘의 개척시대라고도 할 수 있는 시절의 여성 사상가가 중심이었던 문화 집단의 일원이었습니다. 결혼하고 나서도 국가에 대한 반역죄로 몰려 재판에 송환되기도 하고 많은 경험을 하게 되는데, 재판 사건 이후로는 집에 틀어박혀서 착실한 협력자인 부인과 함께 판화 제작에 열중하며 생활했지요. 그러면서 독자적인 신앙에 뿌리를 둔 장대한 세계상을 묘사하고, 반면 정신적으로는 프랑스혁명이나 미국의 독립 같은 동시대의 현실에 몰두해 있던 불가사의한 사람이었습니다. 그의 시를 읽고 판화를 보면 훌륭한 백과사전을 읽으면서 세계와 인간을 사유하고 있는 듯한 느낌이 듭니다. 그래서 나와 히카리가 함께하는 삶의 의미라든가, 동시대의 사회에서 일어나고 있는 사건에 블레이크를 통해 새로운 의미를 부여한다든가, 비로소 나에게 명백하게 보이는 세계가 있었습니다. 그것을 1년 이상 단편으로 계속 쓴 거지요.

나는 이 단편 연작에서 동시대의 사건이나 내 경험을 자세히 써 갔어요. 그것도 지극히 자연스럽게 블레이크를 읽는 것이 나에게 오늘의 현실을 쓰게 했고, 나와 아이 사이에서 일어난 일들이 블레이크에게 다시금 깊이 되돌아가도록 했습니다. 별로 고생스럽지 않은 작업이었습니다. 작품으로서 다듬은 후에 어려운 일은 있었습니다만, 현실과 블레이크의 시는 정말로 다방면에서 풍부하게 연결되어 있었지요.

『조용한 생활』의 가정상

그 연결이라는 것이 독자 측에서는 또 다른 수용 방법이 되는 거지요. 확실히 『조용한 생활』이라는 소설의 제목대로 도쿄 세타가야에서의 생활은 여동생 마짱도 남동생 사쿠짱도 순조롭게 성장해가던 건실한 생활임에 틀림없었습니다. 그렇지만 그 안정은 끊임없는 지혜와 세심한 주의의 결과이지, 현실 사회의 불안감으로부터의 격리는 아니었지요. 그런 점에서 현대 일본의 사회나 가정을 둘러싸고 있는 일상의 긴장과 불안을 느끼게 합니다.

뜻하지 않게 사건에 휘말릴 법한 현대 시민의 긴장과 불안을 이 일가는 짊어지고 있다. 핵의 위협이 걷히는 날은 유감이지만 앞으로도 없을 것 같다…… 오에 작품의 5인의 가족은 신비하고 성스러운 가족 같으면서도 동시에 20세기 후반의 도시에 살고 있는 가족의 전형을 보여줍니다. 그리고 이 작은 가정 속에 현대 사회의 재난이 언제고 침투할 거라고 독자는 예감합니다.

우리 가족은 그야말로 동시대를 꿋꿋이 살아왔습니다. 단적으로 말해서 장애아가 있는 가정은 사회 속에서 취약한 상태이니까요. 조용한 주택가에 자그마한 집을 갖고…… 벌써 둘째 아들과 큰딸도 결혼을 해서 각자 아이가 있습니다만, 1980년대에는 그곳에서 다섯 사람이 모두 경직된 삶을 살고 있었습니다. 큰 아들은 양호학교 고등부에 다니고 있었는데, 그 무렵 집 근처에서 한 소녀가 난폭한 일을 당했다는 소문을 듣고서 벌써 저희는 흠칫했습니다. 근거는 없지만 우리가 무구한 소년이라고 생각하던 아들에게 혹시나 다른 측면이 있어서 어딘가에서 소녀를 공격한 건 아닌가 싶은 불안에 사로잡혔지요. 그러한 일이 현실이 되는 순간, 우리 가족은 사회와 완전히 격리될 것이다. 앞으로 다가올 사회와 개인 생활의 불안정한 관계와 우리들을 기다리고 있는 위험성도 감안해야 한다. 그러다가 차츰차츰 여동생이 실은 다른 범죄자가 있어서 그 녀석이 이 마을에 숨어들어 있는 상황을 알아낸다. 그리하여 불안감이 걷히고 아이와의 관계도 새로운 색채를 띠게 된다. 이러한 이야기를 쓴 것이 『조용한 생활』입니다.

이 소설은 사소설은 아닌데, 당시 실제로 벌어진 일과 어느 정도 거리를 두고 평행한 관계에 있는 건 사실이지요. 작품 중의 픽션과 현실에서 진행되는 생활이 경계를 이루는 작품을 쓴다는 것이 어려움을 무릅쓴 작업은 아니셨는지요? 『새로운 사람이여 눈을 떠라』에서 "거듭 닥쳐오는 재앙을, 아들과 아내 모두 다 함께 물리치며 살아왔다"는 표현을 보고 가슴이 뭉클했습니다.

그렇습니다. 히카리, 즉 더 이상은 이요라고 불리기 싫어진 큰아들과 여동생이나 남동생을 포함해서 실제로 많은 사건이 일어나던 시기였습니다. 그런 일이 많이도 있었네, 하고 다시금 아내와 이야기한 적도 있습니다.

『새로운 사람이여 눈을 떠라』를 쓸 당시, 내가 쓴 사회적 에세이에 대해서 우익이라고 칭하는, 그러나 확실한 정체는 알 수 없는 사람들로부터 익명의 공격이 계속되었어요. 갑자기 누군가가 찾아와서 현관에 나간 딸에게 "댁의 부친이 쓰고 있는 작품은 발칙하기 그지없다"고 비난하기 시작했지요. 정치적인 시민운동에 찬동하는 서명을 하면 "당신은 어째서 잘못된 운동에 가담하느냐?" 하는 비판이 반드시 왔습니다. 지방지 투서란의 단골로, 그 지역에서는 꽤나 알려져 있는 인사로부터 어디서든 조사할 수 있는 부류의 사건에 대한 문의가 있었어요. 그 편지에 답을 써서 팩스로 보냈더니 몇 년 동안이나 그것을 두고 비난하는 투서를 나뿐만이 아니라 여러 방면으로 보냈습니다. 그러한 이유로 소설가는 자기 집에서 조용히 일을 하는 법입니다. 그런데도 내 생활의 내면에까지 시선을 받고 있었지요. 남의 목소리가 전해져 오고 이쪽의 목소리가 모르는 사이에 남을 상처 입히기도 하는, 그런 이상한 생활입니다. 개인의 생활 속으로 사회가 폭력적일 정도로 노골적으로 개입해오는 국면이 있지요. 한번 그런 일이 있으면 또 그런 일이 발생하지나 않을까 하는 강박관념 같은 게 가정에 뿌리내리지요.

그러한 배경하에서 『새로운 사람이여 눈을 떠라』의 이야기는 진행됩니다. 블레이크도 사회로부터 심하게 박해를 받는다는 생각을 갖고 있던 사람입니다. 앞서 말했듯이 영국 왕국을 모욕했다, 영국 국가에 반역했다는 죄명으로 고발당해서 그와 부인이 재판에서 유죄판결을 받게 될 위기도 있었어요. 그렇게 되면 사형입니다. 나폴레옹이 돌아온다면 환영한다고 공언했다는 허위 정보로 고발당한 게 원인이었지요. 그 후로 블레이크는 주의가 깊어지고 현실 문제로부터 멀어져갑니다. 여러 점에서 내가 블레이크에게 이끌리는 이유가 있었다고 봅니다.

작품 중에는 히카리가 2인조 청년에게 자택에서 끌려 나가 도쿄역에 방치되는 '사건'이 있습니다. 그런 참혹한 사건이 설마 일어나지는 않았겠지요?

불발로 끝났습니다만, 그것과 비슷한 사건은 있었어요. 그렇게 하겠다는 예고가 왔지요. 실제 일이 벌어졌다면 나와 그 청년은 그냥은 끝나지 않았을 테지요. 그러나 그런 종류의 악의가 우리 생활을 둘러싸고 팽배해 있던 시기가 상당히 오래갔던 것도 사실입니다. 『책이여 안녕!』에서도 청년들이 말하는 악의에 찬 대사에는 모두 모델이 있습니다. 나는 그러한 부당한 일에 품었던 증오를 절대 잊지 못하는 성격입니다.

그러한 악의와 대치해온, 1980년대의 작가 'K'나 '나'라는 화자는 계속해서 우울하고 슬픈 감정을 안고 지내지요. 1985년의 작품 『하마에 물리다(河馬に嚙まれる)』로 넘어가면 그러한 경향이 더욱더 현저해지는 것을 볼 수 있습니다. 그렇게 된 데에는 작자에 대한 개인적인 공격 외에도 여러 가지 요인이 작용했으리라 봅니다. 베트남 전쟁이나 연합적군 사건에서 나 자신이 간접적으로 사람을 죽이는 일에 관여한 것은 아닐까 하는 참회의 심정도 표현하고 계시지요. 당시 성행했던 종말론의 영향도 어느 정도는 있을지 모르겠네요.

본문에도 "우리 가정이 늘 축제 분위기인 것은 축제의 익살꾼이자 제사장이기도 한 이요가 있어서이다"라고 나와 있듯이, 그런 생활 속에서 도움이 된 것은 히카리 씨의 존재였지요. 실제 가정의 분위기도 밝지요?

나는 그저 소설이나 쓰는 인간, 그리고 블레이크를 읽으면서 장애아와 함께 사는 인간이라는 '쓰는 이=인물상'을 만든 것뿐이지만, 실제 생활도 거의 그대로였고 가족들은 그런 행동을 존중해주었습니다. 무엇보다 히카리가 작품에도 실생활에도 최고의 '등장인물'로서 존재했지요. 가정 외의 로맨틱한 인간관계 같은 것에는 도저히 시간을 투자할 만한 여유가 없는 삼십대, 사십대, 그리고 오십대를 보냈습니다. 그렇다고 정서적으로 빈곤했다는 건 아닙니다.

장애가 있는 아이와 함께 살았던 경험이 있는 분이라면 공감하실 겁니다. "현실은 댁의 집안처럼 녹록하지 못하다"는 편지를 받기도 했습니다만, 장애가 있는 인간은 기본적으로 악의가 있는 존재는 아니지요. 나는 소위 인간의 문명 혹은 문화조차도 인간에게 악의와 죄를 떠맡기는 건 아닐까 하는 블레이크적인 사고를 갖고 있습니다.

히카리는 지적 장애가 있지만, 텔레비전이나 라디오의 음악 프로그램을 통해 말을 기억합니다. 그렇게 해서 단순하지만 자기가 생각한 것을 말로 표현하기도 하지요. 그러면—우리가 히카리를 푸짱이라고 부르던 때가 있었는데——, "푸짱이 이런 재미난 걸 말했다"고 우리에게 바로 전해주는 게 여동생의 역할이고, 아내도 그러한 유머에 민감한 성격입니다. 아내의 아버지인 이타미 만사쿠가 그런 인물이셨던 것 같아요. 히카리가 사춘기를 맞아서 나에게 반항하고 충돌이 일어났지요. 그럴 때면 나는 얼마 동안 내 중심적으로 행동을 합니다. 얼굴을 맞대고 대화를 하지 않아요. 그러자 통풍으로 고생하는 나의 발을 보며 "붓지는 않았어?" 하고 히카리가 말을 걸어오더군요. 히카리가 내 발을 향해 "착한 발, 착한 발이네요" 하고 대화를 시작하기에 우리는 화해를 했습니다. 히카리의 단순하지만 재미있는 언어 사용 덕에 우리 생활은 평소 활기에 찼지요.

> 1992년 10월, 히카리 씨의 첫 CD가 발표될 때 기자회견장에서 긴장해서 상기되어 있는 히카리 씨와 오에 선생님 내외분의 모습을 뵀던 적이 있습니다. 그때 분명히 "내 소설에서 히카리에 해당하는 등장인물의 언어만은 창작이 아니라 전부 사실입니다"라고 하셨지요. 장애가 있는 아이의 성장 과정에 대한 연구에 도움이 되기 위해서도 그렇게 써왔던 거라고도 말씀하셨습니다.

그렇습니다. 장애가 있는 아이의 단순하고 때로는 익살맞은 언어가 갖는 훌륭함을 표현하는 것이 히카리에 대해 쓴 소설에서 중요한 요소를 이룹니다.

그러던 중에 음악을 작곡하게 되어서 음악의 언어로 히카리가 자기 자신의 내면을 표현할 수 있게 된 것이, 우리의 생활이 정말로 크게 변하는 전환점이었습니다. 『새로운 사람이여 눈을 떠라』의 마지막 장에 고등부의 합숙 훈련을 마치고 돌아온 히카리가 이요라고 불러도 "이요는 이제 없다니까!"라고 하면서 "히카리"라고 부를 때까지 식탁에 오려 하지 않았다는 삽화를 썼습니다. 이는 실제 있었던 일로 "아, 이런 식으로 커가는구나!" 하고 놀랐어요. 이렇게 해서 내 아이들은 히카리의 여동생도 남동생도, 나로부터 독립해서 새로운 인생을 살아가리라고 각성하게 되었습니다.

블레이크의 시에 "Rouse up, O, Young Men of the New Age!"라는 구절이 있습니다. 새로운 시대의 인간이여, 젊은이들이여, 눈을 뜨라는 뜻이지요. 이 구절이 생각나서 소설의 결말을 "나는 이제부터 나이를 먹고 죽음을 향해 간다. 지금까지 이 지적 장애가 있는 아이가 어떻게 살아갈 것인가가 나의 가장 큰 고민이었다. 그렇지만 당사자인 아이는 자기 나름으로 새로운 생활을 발견해갈 것이다. 그것이 새로운 시대인 것이다"라고, 부친인 '나'의 생각으로 끝맺었지요. 여기에 덧붙여서, 나는 어렸을 때 어머니나 할머니한테 들은 마을의 전설에 근거해 신비적이라 할 만한 믿음을 갖고 있어요. 내가 죽어 이 세상에 없다는 사실을 아이들이 너무 비통해하거나 괴롭게 생각하지 않는다면, 그리고 그들의 새로운 생활을 꾸려가준다면, 나도 새로운 인간이 되어 언젠가는 돌아올 것이다, 이런 식으로 인간의 죽음이나 재생이라는 게 이루어질 거라고 생각해요.

남동생과 함께 마침내 식탁으로 향하는 장면이었지요? 정말로 감동적이었습니다.

키나 몸집의 크기에도 커다란 차이가 나는 형제 둘이서 웬일인지 어깨를 나란히 하고 식탁으로 걸어왔다. 그리고 저마다 기세 좋게 식사를 시작하는 것을 보면서 나는 직전의 상실감이 여전히 남아 있는 가운데, 그래, 이요라는 별명은 사라져버리는구나, 하고 생각했다. 그러나 그것은 자연스러운 추이일 것이다. 아들이여, 확실히 우리는 지금 너를 이요라는 어린애를 부르는 이름이 아니라 히카리라고 부르기 시작하지 않으면 안 되는구나. 너는 그러한 연령임에 틀림없는 거다. 너, 히카리와 그리고 너의 동생, 사쿠라오가, 곧 두 명의 청년으로 우리 앞에 서게 될 것이다. 가슴속에서 블레이크의 『밀턴』의 서장이, 평소 암송하던 시구가 용솟음쳐 오는 듯했다. "Rouse up, O, Young Men of the New Age! set your foreheads against the ignorant Hirelings! 눈을 떠라, 오, 새로운 시대의 젊은이들이여!

무지한 용병들을 향해 너희 이마를 맞대어라!"

이 작품에서 오에 선생님은 '새로운 인간'이라는 말을 전면으로 내세워서 독창적인 의미를 부여하고 계십니다.

'새로운 인간'이라는 말은 성서에 나오는 바울의 편지 중에 '에페수스인에게 보내는 편지'를 보고 착상해낸 겁니다. 현재 세계 최대의 문제임에 틀림없는 이스라엘과 팔레스타인의 대립, 이것과 똑같은 대립이 예수 그리스도가 태어난 시대에도 격렬히 일어났었지요. 예수는 서로 입장이나 생각, 그리고 민족이 다른 사람들을 화해시키는 사상운동을 일으켰고 그것을 바울이 모두에게 전파하며 그리스도교도로서 공통의 문화와 문명을 만들어가자고 호소하는 편지가 있어요. 여기서 그리스도를 '새로운 사람'이라고 부르고 있습니다. 영어판 성서라면 "new man". 나는 이것을 예수에서 분리시켜 문자 그대로 '새로운 사람, 새로운 인간'으로 받아들이고 세상을 바라보는 중요한 관점으로서 치환해왔습니다.

이와는 조금 다르게, 정말로 빛이 나는 듯한 '새로운 사람'이라는 이미지를 예언시에서 창조한 것이 윌리엄 블레이크입니다. 블레이크 시에 로스Los라는 신적인 인물이 나옵니다. 내 책 『새로운 사람이여 눈을 떠라』의 양장본 표지에도 사용하고 있지요. 블레이크 자신이 그린 그림 속의 인물인데 로스는 거꾸로 읽으면 솔Sol입니다. 라틴계 언어로 태양이라는 의미이지요. 블레이크는 그를 '새로운 사람'의 상징으로 삼고 있습니다. 그것이 내가 생각하는 '새로운 사람'의 이미지에 가까워요. 예수 그리스도라는 특별한 존재가 아니라 인간 세계에 새로운 것을 도입하는 젊은 사람을 나는 '새로운 사람'이라고 봅니다.

> '새로운 사람'들을 향해 『새로운 사람이여 눈을 떠라』에서 언어를 정의하고, 그것을 윤리적인 상상력을 단련시키기 위한 계기로 삼고자 '정의집(定義集)'을 계획했다고 하셨습니다. 최근까지 『아사히신문』에 연재되던 에세이 「전하는 말(傳える言葉)」이 바로 그것이지요?

지금까지도 '정의집'이라는 제목의 에세이를 계속해서 연재하고 있습니다. 그렇다고 해도 나는 젊은 사람들에게 교육적, 지도자적 역할을 할 자질도 없고 그럴 마음도 없습니다. 단지 언어의 힌트는 주고 싶습니다. 예이츠의 시에 '사람을 지배하는 폭군도 지배당하는 노예도 아닌, 그렇게 독립해 있는 인간이 좋다'라는 의미의 구절이 있어요. 나도 그렇습니다.

나는 사람을 지배할 생각도 없고, 어떠한 지도적인 이념을 제

시할 마음도 없습니다. 사르트르가 자신은 웃으면서밖에 명령할 수 없다고 했는데, 그런 점이 내가 사르트르를 편애하게 된 **이유**이지요. 소설가라는 직업을 갖고 있고 또 기본적으로도 익살꾼처럼 발언하는 게 성격에 맞습니다. 강연 때에도 원고를 미리 준비해 갔으면서도 시작 부분에서 쓸데없이 여담을 길게 하는 바람에 본론을 얘기할 시간이 부족해지는 경우가 종종 있습니다.

다만, 언어를 정의하는 일은 좋아합니다. 나는 노벨상 수상 기념 강연의 제목으로 '애매모호한 일본의 나'라는 타이틀을 골라서 많은 비판도 받았습니다. 그런데 '아름다운 일본'도 하나의 정의라면 '애매모호한 일본'도 마찬가지로 하나의 정의이지요. 나는 내가 내린 정의 쪽이 실체에 가깝다고 봅니다. 언어의 의미를 손으로 잡듯이 구체적으로 분명하게 정의하는 게 시인이나 소설가가 할 일이지요. 누군가가 사용해놓은 언어를 상기할 때 그 언어의 진정한 무게, 진정한 재미가 분명해집니다. 그러한 언어를 쓰는 사람이 진정한 시인이고 진짜 소설가, 진짜 사상가라고 봅니다.

어렸을 때부터 책을 보면서 다양하고 재미있는 내용의 정의를 발견하면 수첩에 써놓곤 했습니다. 예를 들어 '고래'에 대해서 '포유류로 수중에 살고 꼬리가 수평인 형태를 띠고 있는 동물을 고래라 한다'는 정의가 인상적이었어요. 멜빌의 『모비 딕』을 읽었을 때 아하, 이 고래에 대한 정의는 열 살 때부터 알고 있었다고 생각했지요

(웃음). 내 소설에도 내 나름으로는 은근히 잘했다고 생각되는 묘사가 있어요. 그것을 정의로 간주하고 있습니다. 초고를 고치는 동안 그러한 표현에 다다르게 되지요. 정의를 해서 마음에 드는 표현을 찾아내면 무엇보다 행복해집니다.

아버지라는 존재

오에 선생님의, 특히나 1990년대 중반에 쓰신 『회복하는 가족(恢復する家族)』이나 『느슨한 유대감(ゆるやかな絆)』과 같은 일련의 에세이는 일본의 부친상, 아버지라는 존재의 정의를 상당히 변화시키지 않았나 싶습니다. 위협적인 부친이 아니라 함께 해결책을 찾는 부친상을 정의하기 위해 구체적인 이미지를 부여하셨지요. 실제로 지금 삼십대 이하에서는 그런 아버지들이 늘어나고 있는 듯합니다.

나는 권위적으로 아이를 대하고 억압하는 부친상에서는 자유로웠습니다. 아버지가 일찍 돌아가셨으니까요. 내가 아홉 살 때였지요. 아버지는 말수가 적은 분이셨어요. 자기 일만 묵묵히 하시는 분이셨죠. 이전에도 이야기했지만, 삼지닥나무의 껍질을 벗겨 하얗고 깨끗한 제품으로 만들어서 내각인쇄국에 입고시키는 게 가업이었습니다. 지폐의 원료이기 때문에 아주 작더라도 검은 껍질이 섞여 있으면 큰일 납니다. 그래서 아버지는 건조시킨 내피를 한 장씩 검사해서 조금이라도 검은 점이 있으면 그것을 유명한 메이커에서 특수 주문한 '히고의 가미〔쇠 칼집에 접어 넣는 주머니칼의 하나〕'라는 주머니칼로 긁어내는 작업을 365일 내내 하고 계셨습니다. 자식들에게 말도 직접 걸지 않으셨어요. 가끔 어머니를 통해 들었을 뿐입니다. 내가 하고 다니는 이야기에 대해서 아버지가 "저 녀석은 별난 놈일세"라고 하셨다더군요. 그것은 좋은 의미였지요. 나는 아버지가 그렇게 말했다는 걸 듣고서 처음으로 기뻤던 것 같습니다. 그런 일본적인 구식 가정에서 자랐어요.

그런 상태로 아버지가 돌아가셨기 때문에 나는 언제까지나 성숙한 어른이 될 수 없는 타입의 인간이 되어버린 듯했어요. 영어에 disciplined라는 말이 있지요. 언어의 사용이나 행동이나 공부의 기본이 잘 훈련되어 있다는 걸 의미합니다. 그렇게 가정교육이 잘된, 제대로 된 인간으로 성숙할 수 있도록 교육받은——그것도 기숙사 제도가 좋은 학교에 다닌 듯한——, 즉 disciplined된 사람인가 아닌가가 특히 영국에서는 사람을 판단할 때 큰 기준이 되지요. 일본에서는 어떨까요? 전전의 상류계급 아이들을 제외하고서 그렇게 제대로 된 사립학교에서 훈련을 받은, 영국의 젊은이라는 느낌의 disciplined된 타입은 별로 없었다는 생각이 듭니다.

어찌 됐든 disciplined된 인간은 아니었어요. 가정에서도 또 사회적으로도 그랬지요. 특히 내 성격이 그러했던 것 같습니다. 대학에 들어가는 것도 내가 좋아하는 선생님에게 배우길 고집하고 그 선생님이 하신 말씀만 기억해두려고 했어요. 내가 좋아하는 방향의 교육만을 받으려고 한 인간이어서—몇 분인가 우수한 선생님과 만났던 일은 저의 행운으로서 부정하지 않지만—, disciplined되어 있지 않았고, 그런 채로 부모가 되었기에 제대로 된 아버지도 아닐 거라고 봅니다.

그래서 나는 장애가 있는 히카리를 위해서는 전력을 다 쏟았지만, 한편으로 건강한 딸이나 작은아들은 나를 통해 제대로 된 교육을 받지 못한 건 아닐까 불안합니다. 그런데 아내의 경우는요, 역시 부친 이타미 만사쿠가 일찍 돌아가셨는데, 오빠 이타미 주조는 조금 다른 방식의 교육을 받았지만, 아내만큼은 이미 완전하게 이타미 만사쿠가 교육하려고 했던 의도에 들어맞는 어머니로서 키워진 사람입니다. 그리고 자신이 받은 교육의 연장으로서 아이들을 교육하고 있다는 느낌이 듭니다.

아내와 비교해서 나는 어떤가 생각해보면, 여하튼 장애가 있는 장남과는 좋은 관계를 맺어올 수 있었기에 그 아이와의 관계를 통해 비로소 자유롭게 살 수 있었다는 느낌입니다(웃음). 히카리와의 관계는 행복했어요. 다른 아이들에 대해서는 스스로들 자기를 만들어 가는 모습에 어떠한 불만도 없었고요. 다만, 히카리는 별도로 하고, 아이들이 아버지를 존경하고 있는지 어떤지는 아무 말도 할 수 없을 것 같습니다.

그래서인지 때때로 나와 닮은 사람을 발견하지요. 여러 면에서 사회적인 달성을 한 사람인데, 아버지로부터의 훈련이나 혹은 대학 제도에 길들여지는 일 없이 자기가 좋아하는 대로 살고, 좋아하는 선생님을 선택해 지식을 얻고, 좋아하는 타입의 여성과 결혼하고 그렇게 자유롭게 살며 일을 하는 사람. 그리고 어딘지 모르게 어린 아이 같은 구석이 남아 있어서 완전히 어른이 될 수 없는 사람. 권력과 무관하게 살고 싶다는 생각을 하고 부친의 권력조차 갖고 싶어 하지 않는 사람. 그런 사람이 좋습니다. 다케미쓰 도오루가 바로 그러한 사람이었지요.

> 1980년대 말경인가요? 그때까지 쓰고 계시던 사각 테에서 지금은 트레이드마크가 된 둥근 테에 검은 빛이 도는 황색의 안경으로 바꾸신 것도……

대모갑〔빗, 안경테, 단추 등의 재료〕은 비싸다고들 하지요. 그런데 그렇지 않습니다. 합성수지로 만든 똑같은 형태의 안경을 많이 가지고 있어요. 애당초 소설가로 오래 살아와서, 사십대 후반인가부터 마음먹고 다시 외국 서적을 읽기 시작했지요. 그렇게 해서 대학 졸업 이후 처음으로 철저한 방식으로 어학 공부를 재개했을 때입니다. 소설도 전혀 쓰지 않았어요. 하루 종일 히카리가 음악을 듣고 있는 거실 소파에서 각종 사전을 옆에 끼고 책을 읽었지요. 어느 날 갑자기 내 안경은 아무래도 독서용으로는 좋지 않다는 생각이 들었습니다. 그래서 책을 많이 읽는 사람들의 사진을 찾아보았어요. 그랬더니 작가나 학자나 대체로 둥근 안경을 끼고 있더군요(웃음). 오리구치 시노부(折口信夫)나 야나기다 구니오(柳田國男), 장 폴 사르트르나 조이스도.

그래서 긴자에 나가 "둥근 테로 유행에 뒤처진 낡은 디자인의 안경은 없습니까?" 하고 물었지요. 가끔 나를 응대해주던 중년이 좀 지나 보이는 여성이 의아하다는 투로 "둥근 안경이라면 얼마든지 있지요"라고 대답하더니 "그렇지만 저는 이 둥근 안경이야말로 진정한 안경이라고 생각합니다. 더구나 이 안경은 손님을 위한 안경이네요"(웃음) 하더군요. 그래서 나는 똑같은 안경을 열 개나 샀습니다. 열 개 모두 렌즈도 끼워서 상당한 가격을 지불했던 것 같아요. 똑같은 안경들을 갖고 돌아온 나를 보고 아내가 '요즘 좀 이상해졌어' 하고 생각하는 듯했어요.

그리고 사실 이 둥근 안경은 사전을 찾으면서 외국 서적을 읽기에 정말 좋습니다──일본인은 사전과 텍스트, 한자가 섞인 가나와 알파벳을 가로와 세로, 양쪽 방향으로 같이 읽을 필요가 있으니까요──. 이 안경은 어찌 됐든 나에게는 최고였습니다. 그리고 이타미 주조가요, 이타미는 아주 핸섬해서 오랜 세월 내가 용모에 신경 쓰지 않는 것이 늘 불만이었습니다. 내 사진을 찍어주거나 스케치해주기도 했지요. 안경을 바꾼 직후에 우리 집에 와서──이타미는 나를 어릴 때부터 겐산로라고 불렀습니다──"겐산로, 자네 안경으로 그만한 게 없네!" 하고 외치더군요. 그런데 왜 안경 이야기가 나왔습니까?(웃음)

  굉장히 어울리신다고 늘 생각하고 있어서요. 오에 선생님께는 역시 그 안경밖에 없을 것 같습니다.

제5장

『그리운 시절로 띄우는 편지』

『타오르는 푸른 나무』

『공중제비돌기』

1987년, 분수령이 된 해

『그리운 시절로 띄우는 편지』라는 장편이 씌어진 지 벌써 20년 가까이 되었습니다. 이 장편은 오에 소설의 전기와 후기의 분수령이 되는 작품으로 중요한 의미를 가진다고 봅니다. 동시에 이 작품이 발표된 1987년은 무라카미 하루키의 『상실의 시대』, 요시모토 바나나(吉本ばなな)의 『키친』이 밀리언셀러를 기록하는 등 일본문학에 있어서도 아주 중요한 해였습니다. 1989년 1월, 쇼와시대는 끝이 나지요.

오에 선생님은 『그리운 시절로 띄우는 편지』를 '소위 정신적 자전과도 같은 작품'이라고 하셨습니다. 『개인적 체험』 『만엔 원년의 풋볼』 『동시대 게임』과 같은 대작에 관한 술회, 아니 통렬한 자기비판도 이 작품에서 하고 계시지요. 전체적인 주제는 '죽음과 재생'이고요. 당시 오에 선생님은 쉰둘이셨지요?

지금에 와서 보면, 확실히 이 작품은 나의 장년기를 전반과 후반으로 나누는 구분점이 됩니다. 내가 청년기를 지나 이어서 장년기의 전반을 지내고 노년의 길을 주시해야 하는 장년기 후반으로 들어서면서, 그 경계를 작품화한 소설이라는 생각이 듭니다. 이보다 먼저 소설가로서는 중년기를 살면서 내 일에 대해 재검토를 해야 할 필요를 느꼈어요. 게다가 거시적인 문제로서 인간은 어째서 죽는가, 죽음이란 무엇일까를 생각하게 되었지요. 종교를 갖고 있지는 않지만 죽은 후에 다시 한 번 영혼이 소생한다는 것을 인간은 어떻게 생각해왔는지, 그것에 대해 말하고 있는 책에 관심이 갔습니다. 이렇듯 '죽음과 재생'이라는 것이 실제 인생에서나 문학에서도 중요한 과제가 되어갔습니다.

고향의 마을로 돌아가서 같은 세대의 사람들과 무언가 할 수 있지 않을까도 생각했어요. 작품 속의 '근거지'를 모두 현실화하겠다는 구상은 이 같은 생각과 결부된 것입니다. 젊은 사람들과 함께 클래식 음악회를 열기도 했지요. 결국, 그것이 고향 마을에서 내가 유일하게 현실화한 프로그램이기도 합니다. 그 계획을 구체적으로 이 소설에 쓰고 있습니다.

또 젊었을 때는 죽음을 극히 공포스러운 것으로만 생각했던 것 같아요. 죽음과 성, 섹슈얼리티의 문제도 있었습니다. 지금 노년이 되어 보니 성적인 것이 상대적으로 느껴지듯이, 죽음에 대한 생각도 그에 근접해 있음에도 불구하고 객관적으로 되는 듯합니다. 이제는 재생이라는 것에 대해서는 생각하지 않아요. 내가 사라져가는 자연스러운 현상으로 죽음을 받아들이게 되었지요. 눈앞에 육박해 오면 어떤 반전이 있을지 모르겠지만서도.

그해 가을, 내가 태어나 자란 숲의 골짜기 동네에 살고 있던 누이동생에게서 전화가 왔다. 기이 형이 대규모의 사업을 벌였다. 그가 항상 해온 엉뚱한 짓의 연장이라고 생각 못할 바도 아니지만 그 결과가 불안하다며 우리의 오랜 친구이며 지금은 기이 형의 아내인 오셋짱이 의논을 하러 왔다는 것이다. 기이 형은 들떠서 이상한 짓을 하고 있기는커녕 오히려 냉정하게 자신을 억제하고 있는 듯한 태도여서 현장에서 지휘를 한 날도 집에 돌아와서 단테를 읽는 습관은 여전했다. 게다가 말이나 행동 면에서 기이 형이 **이쪽**에 돌아와서 자기 것으로 삼은 스타일 그대로 나날을 보내고 있다. 하지만 기이 형은 정말 큰일을 새로 벌인 것이 아닐까? 기이 형으로서는 이것이 이 세상에서 보이는 마지막 움직임, 자신의 독자적인 움직임이라는 것을 염두에 두고 그 준비를 시작한 것이 아닐까?[*]

---

[*] 『그리운 시절로 띄우는 편지』 참조.

이렇게 도쿄에 사는 작가인 '나'가 어렸을 적부터 친애하던 '기이 형'――고향에서 단테를 읽으면서 『신곡』과 오버랩되는 생애를 보내온, 다섯 살 연상인 그의 이변을 알게 되는 지점에서 작품이 시작됩니다. 그리고 고향 숲 속의 인공 호수에 떠오른 유체를 건져 올리게 되면서 끝이 나지요. 『신곡』과 기이 형의 일생이 엇갈리면서도 일치되는 듯이 묘사됩니다. 아름다운 청년으로서의 분방한 청년 시절, 우익의 집단 폭행으로 입은 상처라는 수난, 근거지=유토피아의 건설, 여성에 대한 폭행살인 용의, 복역이라는 좌절, 그리고 회심, 다시 거듭되는 수난……

'그리운 시절'이라는 특별한 시간상에서의 공간 설정은, 기이 형이라는 보호자 격의 인물과 아내와 누이 그리고 아이…… 장애를 가진 히카리라는 아이가 항상 그곳에 머물고 있다는, 상상의 시간 속에 존재하는 장소로 묘사되고 끝납니다. 젊었을 때 방문했던 호주의 원주민 아보리진aborigine이 간직하고 있는 신앙이나 내 고향에 전해 내려오는 전설에 바탕을 두기도 한 재생…… 마을 창건자의 영혼이 다시 태어나서 또 한 번 새 삶을 살게 된다, 재생한다는 이미지도 설정해두고 있습니다. 이 소설의 현시점이나 회상, 중요한 인물의 죽음, 그리고 자신과 가족까지를 모두 포함해서 '그리운 시절'이라고 할 수 있는 총체적인 요소가 어우러져 있는 소설입니다.

기이 형은 책을 열심히 읽는 독실한 독서가이면서 반면 임업이나 농업을 바탕으로 지방 청년들의 생활을 조직하려고 하는 행동가이기도 하지요. 또 독신으로 숲 속 집에서 고독하게 살고 있는 사람입니다. 오히려 나의 미진한 꿈의 인물이라고 해도 좋아요. 작품에 반영하고 있는 것처럼 이 소설을 쓰기 전까지 10년 가까이 블레이크와 함께 『신곡』을 계속 읽었습니다. 『신곡』은 아주 잘 만들어진 단편소설을 여러 개 합쳐놓은 듯한 작품으로 언제 읽어도 질리지가 않지요.

내가 사십대 때, 영어로 씌어진 훌륭한 단테 연구서가 잇달아 나왔습니다. 『신곡』에 나타난 과학적 기술을 일일이 검토한 책도 있었지요. 그중에서도 영향을 받은 것은 존 프레체로John Freccero라는 사람의 『단테: 회심의 시학 Dante: The Poetics of Conversion』이라는 논문집으로 회심conversion——어떤 종교에서 다른 종교로 신앙을 옮긴다, 혹은 종교를 갖지 않았던 사람이 종교에 입문한다는 것을 『신곡』의 종합적인 과제로서 연구한 것이었습니다. 이 책을 옆에 두고 다시금 『신곡』을 되풀이해서 읽었어요. 그러면서 기이 형이라는 인물의 사상이 완성되었다고 봅니다. 개인적으로 나라는 인간은 상당히 회심이라는 것에 사로잡혀 있었음에도 불구하고 결국 회심하지 않은 채로 있습니다만.

그 회심이라는 주제와 기이 형이라는 보호자는 계속해서 작품 속에 등장하게 되는데 그 후 10년도 더 지나 『공중제비 돌기(宙返り)』라는 대작에서 본격적으로 다시 다루어지게 됩니다. 일단 이 시점에서 오에 작품의 집대성이라 할 수 있는 『그리운 시절로 띄우는 편지』는 그해 독서계의 화제를 독차지했습니다. 연말에 있는 '회고' 앙케이트에서도 평가가 집중되었지요. 이렇게 커다란 존재감을 나타낸 작품은 그후로 별로 기억에 없습니다. 그렇다는 것은 그해 1987년을 경계로 순문학이 쌓아온 일본문학사라는 흐름을 명확하게 분류하는 것이 불가능해졌음을 나타내는 건 아닐까요? 그 분기점을 나타내는 작품이었다고도 생각합니다.

나로서는 그 정도로 큰 반향이 있었는지 잘 모르겠습니다. 다만 작품을 발표한 직후의 일로 기억하고 있는 것은 두 가지가 있습니다.
하나는 시바 료타로(司馬遼太郎) 씨에게 장문의 편지를 받은 일입니다. 원고용지로 10매 정도 되었는데, "최후의 장면은 일찍이 소설로 씌어진 적이 없는 장면이고, 지금까지의 자네의 문장 가운데 가장 좋지 아니한가!"라는 찬사였습니다. 그런데 나로서는 그 장면이 중요했던 것뿐이고 자신은 없었어요. 그래서 시바 씨의 편지를 몇 번이나 다시 읽으면서 화가 났습니다, 나는(웃음). 그래서 시바 씨에게 "당신의 평가 방식은 무책임하지 않느냐"라는 회신을, 역시나 원고용지 10매 정도로 써 보냈습니다. 그리고 "우리는 서로 칭찬하는 말만을 교환하려 편지를 주고받는다. 때문에 서로 책을 보내는 습관은 이제 버리는 편이 좋을 듯하다. 내가 쓴 책은 증정용으로 보내겠지만 회신을 받는 것은 거절하고 싶다"고 썼지요. 그리고 그대로 되었습니다.

그로부터 10년 정도 지나 시바 씨가 돌아가시기 조금 전이었는데 우연한 자리에서 만나게 되었습니다. 그래서 "무례한 편지를 써서 실례했습니다. 저로서는 작가로서 추궁당하는 듯한 기분이었고, 그 칭찬의 말을 믿고 나의 불안을 얼버무려서는 안 된다고 생각해서 그런 짓을 했습니다"고 했지요. 그러자 "훌륭한 편지였다"고 말해주셨습니다. 시바 료타로 기념관을 잘 찾아보면 내가 쓴 편지가 나올지도 몰라요.

이번에 다시금 『그리운 시절로 띄우는 편지』를 읽고 마지막 장면에 대해서 시바 씨가 진심으로 칭찬해주셨던 건지도 모른다는 생각이 들었습니다.

　　　시간은 순환하듯이 흘러 다시금 기이 형과 나는 초원에 누웠고 오셋

짱과 동생은 풀을 뽑고 있으며 아가씨 같은 오유와, 어리고 천진난만함 그 자체여서 장애가 오히려 티 없는 귀여움을 더할 정도인 히카리가 푸른 풀을 뽑는 사람들 속에 끼어든다. 태양은 명랑하게 엷은 초록빛 버드나무 새싹을 빛나게 하고 짙은 초록빛 큰 노송도 그 색이 한층 뚜렷한데 건너편에선 산벚꽃 하얀 꽃송이들이 쉴 새 없이 흔들리고 있다. 위엄 있는 노인은 다시 나타나 소리를 지르겠지만 모든 것은 순환하는 시간 속에 계속되는 평온하고 진지한 게임 같아서 서둘러 달려 올라갔던 우리는 다시금 큰 노송 섬의 풀 위에 놓고 있으리라……

기이 형, 이 그리운 시절 속, 언제까지나 순환하는 시간 속에 사는 우리들을 향하여 나는 몇 통이고 몇 통이고 편지를 쓸 것이다. 이 편지를 비롯한 그 편지들이 당신이 사라진 현세에서 내가 죽을 때까지 써나갈, 이제부터 할 일이 되리라.*

바로 이 마지막 장면이지요. 좀더 길게 인용하고 싶습니다만. 시바 선생께서 오에 선생님의 애독자였다는 것은 시바 선생과 친했던 기자로부터 들은 적이 있습니다.

---

* 앞의 책 참조.

시바 씨의 초기작 『귀모인(鬼謀の人)』이라는, 오무라 마스지로(大村益次郎)에 대해 쓴 단편이 실린 소설집 띠지에 추천의 글을 쓴 게 저입니다. 제임스 본드 시리즈가 딱 한 권 번역되어 있던 시절이었는데, 나는 "시바 료타로는 요시카와 에이지(吉川英次)와 이언 플레밍 Ian Fleming의 독자를 모두 얻을 수 있는 국민작가가 될 거다"라고 썼습니다. 출판사였던 신초샤는 그 띠지를 별로 오래 사용하지는 않았어요(웃음). 하지만 그 예언은 옳았다고 생각합니다.

그리고 『그리운 시절로 띄우는 편지』가 나온 직후, 오키나와였다고 생각됩니다만, 지방에 나가 있는 동안 걱정이 되어서 도쿄로 돌아와 바로 큰 서점에 가보았지요. 그랬더니 책을 쌓아 전시해놓은 진열대 전면에 깔려 있는 책은 빨강과 녹색으로 깨끗하게 장정이 된 『상실의 시대』였고, 내 책은 한구석에서 부끄러운 듯이 이쪽을 보고 있었어요(웃음). 아주 강렬한 느낌이었습니다. 소설이 읽히는 기운의 전환이라는 것은.

> 아마도 그 광경은 크리스마스 전인 듯합니다. 요시모토 바나나 씨의 『키친』이 가이엔신인문학상을 받고 『상실의 시대』와 함께 이듬해에 걸쳐 밀리언셀러가 되었습니다. 두 작가의 작품은 곧바로 영어 등으로 번역되어서 해외에서도 많은 독자를 얻었고, 그러면서 시작된 일본문학에 대한 새로

운 관심이 조금씩 커지면서 현재에 이르렀다고 봅니다.

지금 하신 말씀과 관련된 이야기로, 최근 『아사히신문』 문예시평에 가토 노리히로(加藤典洋) 씨가 일본의 독자와 해외 문학의 수입 상황에 대한 글을 실었어요. "내가 젊었을 때는 오에가 외국문학을 읽고 만든 일본문장을, 다시 말해서 그 정도로 외국문학의 영향을 받고 있는 일본의 현대문학을 읽었다. 지금 세대는 더 넓고 새로운 외국문학을 수용해 그것을 일본문학으로 만들어서 많은 독자를 얻고 있다"고 썼지요.

나의 문장이 확실히 낡은 것이 되어버리고, 새롭고 커다란 파도가 밀려온 해가 『그리운 시절로 띄우는 편지』가 출판된 해였다고 통감합니다. 나의 문장은 외국 문학을 읽는 것에서 영향을 받고 있습니다. 외국어에서 받아들인 것을 일단 메이지 이후의 일본 문장체로 전환하고 그런 후 나의 소설 문장으로 만들어가지요.

그런데 바나나 씨나 무라카미 씨는 외국문학을 자신의 육체로 온전히 받아들이고 자신의 육체로부터 문어체가 아니라 오히려 구어체, 일상 회화와 같은 문체로 자연스럽게 방출시키고 있다는 느낌을 받아요. 내 소설의 문어체, 즉 쓰기 언어적인 특질이 과거의 것이 되고 그 다음 단계로 살아 있는 구어체 문장을 두 작가가 만들기 시작했지요. 더구나 무라카미 씨는 요즘 들어 자신의 구어체를 새로운 문체로 향상시키고 있다고나 할까, 확고히 굳히고 있어서 세계 곳곳에서 작품들이 받아들여지고 있습니다. 그러한 신선한 눈부심은 나로서는 달성 불가능한 것이지요.

가토 씨는 2006년 8월 문예시평에서 개인적으로 1955년 이전과 이후를 구분하고 계시지요. "필자는 십대 중반에 오에 소설을 만나면서 일본 현대소설의 매력에 빠졌다. 1955년, 오에의 작품을 읽은 독자의 경험에서 볼 때 새로운 일본어의, 적어도 소설에 있어서의 모험은 시작되고 있었다"고 하셨습니다.

이전에 오에 선생님의 작품 『우리들의 광기를 참고 견딜 길을 가르쳐달라(われらの狂氣を生き延びる道を敎えよ)』를 이탈리아어로 번역한 스파다베키아Spadavecchia라는 번역자가, 이 작품의 서술 기법 중에 이탈로 칼비노Italo Calvino의 환상문학과 공유되는 점——쓰기 언어로서의 문어체에 공통된 특징을 평가하면서 흥미 있는 지적을 하고 있었습니다. 원어(오에 작품의 일본어) 표현 중에 이탈리아어와 완벽하게 대응하는 표현을 발견하는 것이 가능하다는 것으로 "어휘, 문장론, 스타일, 비유, 은유가 이탈리아어로 번역해도 그것들이 생생한 설득력을 유지한다." 그리고 이 작가는 "모국어로 쓰면

서도 그 외의 다른 언어 구조에도 적응할 수 있는 언어를 선택해 사용하고 있고 그것에 적잖이 신경을 쓰고 있는 게 아닐까……"(고단샤 『군조 특별편집 오에 겐자부로(群像特別編集 大江健三郎)』)

문어체이면서 창작 과정에서는 번역된 일본어를 경유했다고는 해도, 최종적으로는 역시 작가의 육체를 통해 본능적으로 분출되는 음률을 수반한 언어였다는 말이 아닐까요? 처음으로 엑조티시즘을 넘어서 보편적인 문학의 가치를 갖고 세계 곳곳의 독자를 확보했다는 의미에서 일본문학의 해외 수출은 오에 선생님에서부터 시작되었다고 봅니다.

나는 그것이 아베 고보에서부터 시작되었다고 봅니다. 오래전에 프랑스의 르 클레지오에게 일본 펜클럽 세계대회에 참석해달라는 편지를 썼는데, 바로 이 점이 미국 작가와 다른 점입니다만, 후에 정중한 긴 답장을 받았습니다. 그 편지에 내 단편을 읽고 좋았다고 쓰고 있었는데, 내용으로 봐서 아베 고보의 『벽(壁)』을 말하고 있었어요. 노벨상을 받은 후 가르시아 마르케스와 다시 만났을 때 그는 일본 작가로서 잘 알려진 사람은 아베 고보라서 그 사람이 수상할 거라고 생각했다고, 솔직한 말을 해주었습니다.

시의 인용과 번역을 둘러싼 고찰

여기서 잠시 화제를 돌려서, 오에 작품에서의 인용 문제, 주로 번역된 영국 시인의 '시'의 언어와 번역의 관계에 대해서 말씀을 듣고 싶습니다. 오에 작품에 본격적으로 시를 인용하기 시작한 것은 1969년 『우리들의 광기를 참고 견딜 길을 가르쳐달라』라는 작품에서부터였다고 봅니다.
"나는 시를 단념한 인간이다"라고 시작하는 이 작품의 첫 장, 「왜 시가 아니라 소설을 쓸까……」에서 소설 속에 시의 인용이 필요한 이유를 명확히 하고 계십니다.

나에게 시는 소설을 쓰는 인간인 내 육체=영혼에 박혀 있는 가시처럼 느껴진다. 그것은 불타는 가시이다. 일상생활에서 내 육체=영혼은 그 깊은 곳에 확고히 가라앉아 있는 시의 추에 의지해서 살고 있다면, 소설을 쓰려고 하는 내 육체=영혼은 내 소설의 말에 기대어 어떻게든 이 불타는 가시에 대항하려 한다. 이 내부에 있는 가시를 외부화시키기 위해 소설의 말도 다시 파악하려고 생각하는 것이 소설 제작에서의 조작이다.
더 상세히 말한다면, 나의 내부에서 불타고 있는 가시에는 두 종류가 있다고 분류하지 않으면 안 된다. 그 첫째는 블레이크나 특히 후카세 모토히로 박사의 안내에 따른 오든의 시이다. 이 시들은 내 육체=영혼이 임종을 앞두었을 때 가장 마음 든든한 지주가 될 것이다. 그리고 살아가고 있는 나의, 소설을 쓰는 인간으로서의 나의 내면에서 계속 불타고 있는 가시이기도 하다.

둘째는 나 자신의 내부에서 싹튼 것이지만, 이미 내가 고백한 바와 같이 시 언어의 능력이 없기 때문에 끝내 시가 되지 못했던 것, 그러나 일테면 젖은 코크스처럼 계속 불씨로 남아 있기를 고집하는 가시로서의, 시 같은 것이다. 나는 그것들을 새삼스럽게 소설의 언어를 통해서 다시 파악하기 위해 온갖 노력을 다했다.*

블레이크에 대해서는 앞서도 말씀을 들었습니다만, 『우리들의 광기를 참고 견딜 길을 가르쳐달라』나 「수렵으로 살아온 우리의 선조(狩獵で暮したわれらの先祖)」 등, 작품의 제목에 위스턴 오든**을 인용하기 시작한 데에는 특별한 이유가 있으

---

* 『우리들의 광기를 참고 견딜 길을 가르쳐 달라』, 정성호 옮김(고려원, 1996) 참조.
** Wystan Hugh Auden(1907~1973). 미국의 시인. 영국 요크셔 출신으로 제2차 세계대전 중에 미국 국적을 취득했다. 기법 면에서 고대 영시풍의 단음절 낱말을 많이 이용해 조롱 섞인 경시와 모멸을 나타내는 독특한 스타일을 구축했다. 주요 작품으로는 「새해의 편지New Year Letter」(1941), 『불안의 시대The Age of Anxiety』(1947), 『클리오의 찬가Homage to Clio』(1960) 등이 있다.

십니까?

후카세 모토히로의 오든의 시 번역은 이십대의 나에게 가장 인상 깊게 와 닿았고, 그것이 사회나 시대상과 나의 영혼의 접점을 표현하기 위한 최상의 모델로 생각되었기 때문입니다. 이 시는 오든의 단시(短詩) 전집과 같은 판에는 실려 있지 않은 불가사의한 작품으로 나는 오든이 정치적이던 시절──오든은 나중에는 여기에서 확실히 벗어납니다만──에 지은 시에 몰두했어요. 지금, 내가 젊었을 때 죽음의 시간의 버팀목으로서 오든을 생각하고 있었다는 걸 깨달으면서 의외라는 생각도 듭니다만, 분명히 나는 그 무렵 영혼의 과제로서도 오든에 깊이 몰입하고 있었습니다.

그리고 2005년의 최신작 『책이여 안녕!』에서는 T. S. 엘리엇입니다. 이 작품에서는 엘리엇의 만년의 장편시 『네 개의 사중주 Four Quartets』에서 인용한 "더 이상 노인의 지혜 따위는/듣고 싶지 않다, 차라리 노인의 어리석은 짓을 듣고 싶다./불안과 광기에 대한 노인의 공포심을"이라는, 니시와키 준자부로(西脇順三郎) 씨가 번역한 구절로 시작하는 시의 언어와 소설의 본문이 언어나 시대의 모든 장벽을 초월해서 부드럽게 녹아 있습니다. 오에 작품과 인용의 관계에 대해서도 하나의 결론이 났다고 느꼈습니다만, 어떻습니까?

엘리엇의 시 중에 『황무지』의 번역으로는 후카세 모토히로의 번역이 좋기는 합니다. 하지만 『네 개의 사중주』는 확실히 니시와키 준자부로가 표본이라고 생각합니다. 말씀하신 대로 '수상한 2인조' 3부작에서 엘리엇의 인용은 마침표를 찍을 작정이었는데, 지금 새로운 소설의 구상을 하다 보니 소설 시작 부분의 말투와 이미지가 『네 개의 사중주』의 마지막에 있는 「리틀 기딩Little Gidding」의 영향에서 벗어날 수 없더군요. 그래서 아직까지도 망설이고만 있는…… 이런 상황입니다.

정말이지 인용의 문제는 지금까지의 소설―적어도 『그리운 시절로 띄우는 편지』 이후의 내 소설―의 과제로서 나의 소설 작법에 있어 최대의 문제였습니다. 우선 인용하는 문장과 바탕 문장 사이의 자연스러움도 중요하지만 무엇보다 차이가 나지 않으면 안 되지요. 그 차이를 유지하면서 유기적으로 연결해가자, 그러한 문장을 만드는 것이 문체 만들기에서의 주목적이기도 했습니다. 어떤 시에 감명을 받으면 그 인용이 가장 적절하게 위치하도록 좋은 배경이 되는 문장을 만들어가는 겁니다.

그런 이유로 인용이 무엇보다 결정적으로 중요한 의미를 갖기 시작합니다. 『그리운 시절로 띄우는 편지』에서는 단테이고, 단편

연작집 『'레인트리'를 듣는 여인들』의 경우는 맬컴 라우리, 『새로운 사람이여 눈을 떠라』에서는 윌리엄 블레이크이지요. 『타오르는 푸른 나무(燃えあがる綠の木)』 3부작의 경우는 예이츠, 『공중제비돌기』에서는 R. S. 토마스Ronald Stuart Thomas였어요.

그리고 '수상한 2인조' 3부작 『책이여 안녕!』에서는 젊었을 때 읽은 랭보의 시도 회상하고 있었지만 그래도 중요하게 다루었던 건 엘리엇입니다. 나는 나와 엘리엇의 관계를 그의 앞에 내가 어떻게 서 있을까를 씀으로써 표현하고 싶었어요. 엘리엇이라는 커다란 전극으로부터 왜소한 이쪽으로 전달되는 자장의 힘을 전하고 싶었던 겁니다.

> 블레이크의 경우도 그렇고 거듭해서 원문으로 시를 정독하고 계시지요. 그래도 번역자의 일본어는 필요합니까?

그렇습니다. 나에게는 내 자신의 독해보다도 더 좋은 모델이 필요합니다. 나 말고 누군가 엘리엇의 시를 뛰어나게 독해하고 있는 사람이 있다면 보고 싶어요. 그러면 그 역자와 엘리엇에 대해 쓰면 좋지 않을까 하고 생각할지도 모르지요. 하지만 역시 나는 내 자신과 결부시켜서 소설을 쓰고 싶어요. 그래서 이 경우에는 니시와키 준자부로입니다만, 니시와키와 엘리엇을 대치시켜 보면 엘리엇에 대한 나의 대치 방식이 뛰어나지 않음을 잘 알게 됩니다. 엘리엇과 니시와키 준자부로 옆에 내가 서 있고 그런 내 마음속에는 음악처럼 엘리엇과 니시와키의 언어가 공명하고 있지요. 그것을 듣고 있는 나, 그리고 둘의 언어의 공명으로 인해 내 속에서 끓어오르는 새로운 음악을 쓰고자 하는 나……

> 선생님께서 시를 직접 번역하실 경우에는 그런 음악이 들려오지 않습니까?

토마스의 경우는 번역이 별로 나와 있지 않아서 지금까지의 소설에서는 직접 번역해 사용했습니다. 내 소설의 문체와는 조금 다른 예스러운 문체로 번역해서요. 맬컴 라우리나 예이츠도 직접 번역한 걸 썼지요. 단테의 경우는 이와나미문고 번역〔야마카와 헤이자로(山川丙三郞) 옮김〕이 정말로 좋았어요. 그것을 사용하면서 아울러 일본어 번역을 구할 수 있는 한 구해서 읽었습니다. 윌리엄 블레이크의 경우에는 오래된 번역을 쓰기도 했고, 엘리엇은 처음에는 후카세 모토히로의 번역을 사용하거나 내가 직접 하기도 했어요. 일단 어느 시인의 경우에도 그 시인의 앞에 서 있는 나라는 위치 관계를 늘 생각합니다. 그렇게 해서 만들어지는 내가 이런저런 인생을 경험하기 위해 활동하는 거지요. 하지만 내 세계의 최상에서 빛나고 있는 것은 역시 시인입니다. 단테, 블레이크, 예이츠 같은.

나는 역시 시인에 대한 신앙을 갖고 있어요. 진정한 시인은 그가 살고 있는 동안에 살아가는 것 자체에 대한 결론을 언어로 표현하는 사람이라고 봅니다. 그것이 없는 시인에 대해서는 냉담한 편입니다.

일본의 시인 중에도 좋아하는 사람은 많습니다. 단카도 좋아합니다. 하이쿠는 표현 스타일이 내가 필요로 하는 것과 잘 맞지 않는다고나 할까, 고전 하이쿠 외에는 그렇게까지 매력을 못 느낍니다. 그래도 상황에 따라 깊은 인상을 받아서 기억하고 있는 것은 몇 수 있습니다.

그런데 처음부터 일본어로 씌어 있는 시는 내가 그저 가장 잘 이해할 수 있을 따름이고 차이라는 것이 개재되지 않아요. 나에게는 영어나 프랑스어 시와 그것을 번역한 일본어 사이에서 발생하는 차이가 정말로 창조적인 역할을 합니다. 그 차이의 공간에 들어가면 나의 시적인 호흡이 시작된다는 기분이 들어요. 그 호흡을 느끼면서 소설을 쓰고 있습니다(웃음).

그런 이유로 내가 특별한 관심을 갖는 이들은 엘리엇을 번역하고자 하는 후카세 모토히로나 니시와키 준자부로로서, 그들의 번역 작업을 통해 원시의 시인에 대한 나의 평가도 확실해지게 됩니다. 때문에 결국 나에게 필요한 것은 일본어 번역이지요. 영어와 일본어 사이를 잇는 진정한 영혼의 길을 만들어서 그 위로 우리를 이끌어주는 사람이 있습니다. 니시와키 씨나 혹은 히나쓰 고노스케(日夏耿之助)가 그런 사람들입니다. 그들은 특별한 사람이지요.

다만, 그러한 특별한 사람들이 만든 일본어가 어학적으로 좋은 번역인가 하면, 그것은 또 그렇지 않다고 봅니다. 역자가, 예를 들어 엘리엇의 시상 속으로 깊이 집중해 들어가서 엘리엇을 일본어로 자기 안에서 공명시키기 위해서는 이 단어밖에 없었구나…… 그런 사정을 내가 알 수 있을 정도의 번역을 보면, 그것을 옆에 두는 것만으로도 내 안에서 나의 언어가 조금씩 솟아나옵니다. 내가 엘리엇을 일본어로 번역할 때도 있지만 그럴 때도 역시나 니시와키가, 후카세 모토히로가 옆에 없으면 안 되지요.

> 흥미롭네요. 상당히 복잡한 언어의 삼각관계입니다. 시도 소설도, 지금까지 번역을 하시지 않은 이유는 그러한 배경에서였습니까?

네, 그렇습니다. 정확히 듣고 계시는 것 같네요. 나는 번역자는 아니지요. 진짜 번역자는 따로 있는 겁니다. 엘리엇에 대해서라면 세상에서 본인 다음으로 훌륭할 정도인 사람이. 나의 독서는 원서로 읽는 것이 중심이고 또 그런 읽기도 필요하지만, 특히 시의 경우 정말로 그 시와 격투해서 그 시를 일본어로 만들려고 한 선인의 존재가 크지요. 그들 덕분에 나는 엘리엇을 이해하기 시작하는 셈입니다.

그런 시인과 번역이 있기에 내가 지금 여기에 있는 겁니다. 그러한 사람들에 대해서는 이미 대부분 소상히 써왔습니다. 열여덟, 아홉 때에 가장 영향을 받았으면서 지금까지 인용하지 않은 대상이 한 사람 있는데, 에드거 앨런 포입니다. 포의「까마귀The Raven」라는 시는 마지막에 never more, 이제 없다고 하면서 끝나고 있어요. 이제 시간이 없다고. 젊었을 때에는 왠지 이 부분이 불쾌했지요. 막판에 몰린 기분도 들고 해서.

그런데 나이가 들어서 홀로 멀거니 공상을 하고 있자니, 까마귀가 자기 자신에 대해서도 이제 끝났다고 한다, 명백하게 무엇인가가 끝났다. 그 끝난 순간이 바로 언어 자체이구나, 최종의 상태를 표현하고 있던 거구나, 이해가 되더군요. 그렇게 해서 내 자신의 최후를 허용하고 있다는 생각도 듭니다. 고등학생 때 히나쓰 선생의『포 시집(ポォ詩集)』을 미국문화센터에서 원시를 베껴 써서 비교해가며 자주 읽었어요.「울라루메Ulalume」나「애너벨 리Annabel Lee」등, 원시가 갖고 있는 뜻밖의 부드러운 리듬과 일본어의 고풍스런 리듬이 서로 반향해서 다 읽고 잠을 자려 해도 점점 몸속에서 되살아날 정도로. 몇 번이고 되풀이해서 읽으며 감명을 받았어요. 그 시집은 지금도 갖고 있습니다. 되풀이해서 읽으면 내가 거기에 얼마나 매료

되어 있었는지 알 수 있습니다. 지금도 내 언어에 그 시가 영향을 주고 있는 듯합니다.

> 번역가 분과 만나는 일이 종종 있으신데, 번역이라는 작업이나 번역을 생업으로 하고 있는 사람 자체에 매료되는 경우가 있으신 것 같습니다. 번역가란 차이나 균열을 많이 함유하고 있는 문학적인 존재일지도 모르겠어요.

정말 그렇지요. 내 자신이 일종의 번역가라고 생각하기도 합니다. 그것도 특수한 번역가로, 좋은 번역가에게 인도되면서 많은 사색을 하고 그 사색을 시작으로 내 소설의 문체를 만들어가지요. 결국은 원문 없이 번역을 하는 번역가입니다. 와타나베 가즈오 선생님의 번역으로 가스카르를 읽고 원문과 일일이 대조함으로써 최초의 소설 문체를 발견했어요. 와타나베 가즈오 선생의 생애를 대표하는 『가르강튀아/팡타그뤼엘』이라는 대작의 번역에는 이미 움직이기 어려운 그곳에 선생님의 존재가 있지요. 선생님이 쓰고 계신 표현의 대부분에는 그분만이 구사하는 종류의 일본어가 있습니다.

 나는 다케미쓰 씨의 음악을 듣고서, 일본인이 드뷔시를 최고로 잘 번역한다면 이런 식일 거라고 느낀 적이 있어요. 그것은 다케미쓰 씨가 드뷔시를 모방하고 있다거나 그에게서 지나치게 영향을 받았다는 의미가 아닙니다. 다케미쓰 씨가 드뷔시를 경청하는 것은 그 행위 자체로 그의 정신과 육체에 자신만의 음악을 선명하게 떠올리는 일입니다. 더구나 다케미쓰 씨의 작품을 몇 번이고 듣는 사이에 내 안에서 드뷔시가 점차 후퇴하고 다케미쓰 씨 그 자체만 남게 되었지요. 그러한 번역이야말로 최상의 예술 제작이라고 할 수 있습니다.

> 가끔 오에 작품은 영어로 번역된 것이 더 알기 쉽다고 하는 사람도 있습니다. 어떻게 생각하십니까?

글쎄요. 만약에 그렇게 말하는 사람이 일본인이라면 좀 의아하게 들립니다. 어떤 소설이든지 영어나 프랑스어판으로 나온 내 작품은 거의 다 읽었는데 그래도 일본어 문장으로 된 게 읽기 쉬워요, 당연한 말이지만(웃음).

다만, 내 일본어가 이해하기 어렵다고 토로하는 사람에게는 일본어의 문장이 지닌 특성의 문제도 관련이 있다고 설명해주고 싶네요. 프랑스어는 물론이거니와 영어에서도 글의 문체를 만든 후에 그 골격 위에 점점 살을 붙여가면서 원래의 문체를 유지하기란 불가능합니다. 그런데 일본어 문장은 수없이 가미를 해도 하나의 문체를 구성하게 됩니다. 아무리 형용사나 삽입구를 첨가한다 하더라도 말이지요. 그렇게 자유자재로 덧붙여갈 수 있다는 점이 실제로는 문제가 되는데, 꽤나 오랫동안 나는 오해하고 있었습니다. 소설은 철학책이 아니므로 첨가하는 것은 어느 정도 선에서 짧게 해야 한다, 그리하여 정확하게 표현하는 걸 목표로 삼았어야 했다고 지금은 생각합니다…… 이미 늦었지만요(웃음).

뉴욕이나 보스턴에서 보내온 편지 중에 일본의 대학을 졸업하고 미국 대학원에 진학한 사람에게서 온 게 있었습니다. 내 소설을 영어로 읽고 감동했다고 하더군요. 그럴 때 솔직히 그 사람의 영어 실력, 혹은 일본어 능력에 의문이 갑니다. 아무리 훌륭한 번역이라도 원작보다 좋은 번역이라는 것은 있을 수 없기 때문이지요. 이 점에 대해서만큼은 확신하는 바입니다.

> 돌아가신 요네하라 마리(米原万里) 씨가 『우울한 얼굴의 아이』를 격찬하신 잡지 서평에 한마디 쓰고 계시지요, 오에 선생님의 소설을 원어로 읽을 수 있는 같은 일본인이라는 게 행복하다고. 요네하라 씨는 러시아어에 능통하신 통역가이면서 번역가이고 소설가이십니다. 외국어로 번역함으로써 원문의 가치가 손상되는 것을 실제로 잘 아시는 분이기에 더 설득력이 있었던 말이었습니다. 아무래도 특별한 언어의 공명 관계가 그분에게는 있었다고 보입니다.

나는 요네하라 씨와 대화하면서—예를 들어, 사하로프Andrei Dmitrievich Sakharov 박사와의 대담을 통역해주신 후에—즐거운 경험을 했습니다. 이노우에 히사시의 연극에 대한 이야기를 시작으로 우리는 완전히 의견이 일치했어요. 그런데 나보코프에 대한 평가만은 서로 달랐지요. 요네하라 씨는 『롤리타』뿐만 아니라 윤리적으로 절대로 나보코프를 용서할 수 없다고 하셨는데 그 완강함에 감동할 정도였습니다. 다시 말해서 요네하라 씨는 아무리 노력해도 나보코프의 여성관에는 이해할 수 없는 부분이 있다고 하시더군요. 여기에 관해서는 다른 곳에서도 언급한 적이 있으니 더는 말하지 않겠습니다.

내가 결국 확신하는 바는 전 세계에 존재하는 언어를 생각할 때, 이 언어보다 저 언어가 뛰어나다는 식의 인식은 있을 수 없다는 겁니다. 이 점이 세계 곳곳에 편재하는 국어의 다양함이 나타내는 재미이기도 하지요. 일본어 작품은 일본어라는 점에서 다른 어떤 언어로 번역되어도 일본어 원작보다 훌륭한 작품이 될 수 없습니다. 마찬가지로 이탈리아어로 씌어진 작품이라면 이탈리아어라는 점에서 다른 여러 언어의 번역판보다 뛰어나지요. 일본어의 아름다움에 육박하는 이탈리아어의 번역 표현이 있을 수 있다고 생각하는 번역자가 있을 테지요. 그리고 그런 사람은 이탈리아어를 일본어로 번역할 때 이탈리아어의 아름다움을 대치할 수 있는 최적의 일본어를 선택할 겁니다. 그것은 대단한 일이지요. 이탈리아어와 일본어 사이에 아주 미묘한 피의 유통을 성립시킬 수 있는 번역자는 있을 수 있어요. 하지만 그렇다고 해서, 예를 들어 스가 아쓰코(須賀敦子) 씨가 안토니오 타부치Antonio Tabucchi를 훌륭하게 번역해냈어요. 그러나 이를 두고 타부치의 이탈리아어보다 훌륭한 일본어로 번역했다고 한다면, 우선 스가 씨 자신부터가 거부할 거라고 봅니다. 이것이 바로 언어라는 것이 지닌 재미지요.

　니시와키 준자부로가 번역한 엘리엇은 정말 좋습니다. 일본어로서 기억하기도 쉽고요. 집을 떠나서, 예를 들어 호텔에서 밤을 지낼 때, 한마디로 곧바로 엘리엇의 원서를 꺼내 볼 수 없는 상황에서 니시와키 준자부로의 엘리엇, 그러니까 기억하고 있는 일본어 번역에 원래의 영어를 대입해보곤 하는데, 그때 아무리 해도 영문 텍스트를 기억해낼 수 없을 때가 있어요. 그러면 밤새 잠을 청할 수 없을 정도로 괜히 더 확인하고 싶어집니다. 집에 돌아와서 바로 원문을 확인하면 "아, 이거다. 이 단어밖에 없다", 어째서 수십 년이나 읽고 있으면서도 생각이 나지 않았을까 싶지요. 그런 일이 지금도 일어납니다. 그러면 외국문학을 전공하기를 정말 잘했다고 생각하게 됩니다. 두 개의 언어 사이에 존재하는 불가사의한 반향이라는 것을 느낄 수 있는 그런 힘을 조금은 내 것으로 만들었다는 것이 인생의 수확이지요. 그리고 외국어로부터의 인용이라는 것은 역시 내가 나만의 일본어로 구사하는 세계보다도 높은 차원의 것을 내 문장 속에 도입하는 일이라고 봅니다.

성서를 예로 들면 바로 알 수 있어요. 성서의 언어는 어떤 경우에라도 그것을 인용하고 있는 지문보다 울림이 강합니다. 그것은 성서에 일본어를 위한 영혼의 길을 낸 번역자가 있기 때문이겠지요. 그러나 성서에 가까운 언어를 세속적으로…… 이 세속적으로라는 뜻이 아주 중요한데, 세속적으로 창조하는 사람이 있어요. 엘리엇이 그렇습니다.

> 그와 관련해 성서와 작품의 관계에 대해서도 말씀을 듣고 싶습니다. 오에 선생님은 상당히 젊으셨을 때부터 성서를 정독해오셨습니다. 또 단테, 블레이크, 예이츠 등 모두 오묘한 구상을 가진 시인에게 매력을 느끼셨고요. 그리스도교를 시작으로 하는 기성 종교에 대한 신앙은 갖고 계시지 않지요. 그렇지만 1980년대 이후, 네오플라토니즘에 깊은 관심을 두셨던 것 같아요. 작품을 보면 추측할 수 있습니다.

『성서』는 패전 직후에 중국에서 돌아온 귀향자이신 어머니의 친구분한테서 선물로 받아서 읽기 시작했습니다. 지금도 자주 읽습니다. 훨씬 이전에 나온 낡은 판본도 읽고 또 이른바 신공동역……

아주 좋은 문체인데, 그것도 읽었지요. 동시에 최근에 이와나미쇼텐에서 나온, 학자들이 신약·구약 성서 모두를 새롭게 번역한 판본이 있는데, 주석이 아주 이해하기 쉽고 또 번역에 능숙한 학자가 명료하게 번역하려고 한 기술상의 간결한 맛도 있고 해서 애독하고 있습니다.

나의 성서 독법에는 두 가지 경향이 있어요. 외국에서 강연을 할 때에 자주 질문을 받았기 때문에 알게 되었습니다. "오에 작품에서 그리스도교를 이해하는 시각이 우리에게는 독특하게 보인다"고 하더군요. 지금까지 독일, 이탈리아, 프랑스에서 몇 번이나 그런 이야기를 들었습니다. 그 두 가지 중의 하나는, 지금 말한 네오플라토니즘적인 경향이에요. 다른 하나는 좀더 폭넓은 신비주의적인 경향입니다. 이 두 가지에 대해서 설명을 요청하는 질문이었죠.

그래서 신비주의란 mysticism의 일본어 번역입니다만, 나는 이 말을 이렇게 이해하고 있다고 대답합니다. 나를 넘어선, 인간을 넘어선 존재가 우리의 머리 위에 있다고 상정하고 그 머리 위에 있는 존재와 직접 관계를 맺으려는 태도…… 교회를 다닌다거나 동지들과의 공동 행위를 매개로 해서가 아니라, 인간을 넘어서 있는 존재와 개인인 자신이 직접 관계를 맺으려 하는 태도. 그것을 나는 신비주의라 생각한다고. 단지 한 가지에만 초점을 맞춰왔다, 예를 들어 중세 독일에서 여성이 쓴 신비주의적인 책이나, 혹은 멕시코의 그리스도교도가 쓴 수기와 같은 책에 늘 매료되어왔다. 그러한 영향이 있다고 말하지요.

다른 하나, 네오플라토니즘에 대해서는 시대마다, 또 민족마다 보는 측면이 서로 다르지만, 나는 그것으로의 입구를 하나로 한정하고 있다고 설명합니다. 그것은 내가 살던 마을에 전해지고 있는 전설로 인간이 죽으면 그 영혼은 빙글빙글 돌아서 산속 숲으로 들어가 자기에게 정해져 있는 나무의 뿌리 아래에 머문다. 그로부터 몇 년이 지나면 그곳에서 영혼이 다시 내려와 갓난아기의 품으로 들어간다…… 그 전설이 내 사고의 밑바탕에 존재한다. 이렇게 죽음과 재생의 자연스러운 관계를 설명하고 또 수용하는 사고를 나는 나의 네오플라토니즘의 기점이라고 생각한다. 그리고 이 두 가지가 나의 문학에 살아 있고, 책을 읽는 입장으로서 말하면, 예를 들어 윌리엄 블레이크를 읽을 때처럼, 나의 마음 깊숙이에서 작용하고 있다고 대답합니다.

> 『새로운 사람이여 눈을 떠라』는 캐슬린 레인의 블레이크 연구에 영향을 받은 부분도 있다고 하셨지요?

맞습니다. 캐슬린 레인Kathleen Raine은 얼마 전까지 살아 있던 유명한 시인인데, 내용이 긴 『블레이크와 전통*Blake and Tradition*』이나 이것을 짧게 만든 『블레이크와 고대 Blake and Antiquity』 같은 연구서를 쓰기도 했습니다. 블레이크의 신비주의, 혹은 생과 사 사이에 존재하는 커다란 순환적 사고를 전통적인 사고, 고대로 이어지는 감각을 통해 구체적으로 밝힌 사람입니다. 내가 존경하는 친구이기도 하고 또 영문학자인 그로부터 큰 가르침을 받기도 한 다카하시 야스나리 씨가 예전에 캐슬린 레인을 방문했을 때 "내 친구가 이런 소설을 썼다"면서 『새로운 사람이여 눈을 떠라』에 대한 이야기를 했대요. 캐슬린 씨가 내가 블레이크의 어떤 시를 인용하고 있는지 묻더랍니다. 다카하시 씨가 몇 가지 예를 들어주니, 기쁜 듯이 생글생글 웃었다더군요.

블레이크를 예이츠에 결부시킨 것도 캐슬린 레인의 사상적 구상의 하나입니다. 캐슬린 레인을 통해서 나는 예이츠를 읽기 시작했고 그것이 다음의 장편소설로 이어졌습니다.

> 1993년의 에세이집 『신년 인사(新年の挨拶)』에 수록된 「『이노센스』, 빛의 음악」은 그러한 신비주의, 네오플라토니즘에의 관심이 응축된, 대단히 아름다운 글이었습니다. 히카리 씨의 음악에 가득 차 있는 순수함, 그것은 신비적이기도 합니다만, 역시 성서의 언어와 부합되는 점이 있다는 말씀이시지요?

그렇지요. 그 무렵에 특히 그리스도교의 은총, 영어로 말하면 grace라는 언어와 히카리가 거둔 성과를 하나의 맥락으로 이해하고 있었습니다. 히카리라고 하는 장애가 있는 아이가 있다, 그와 아주 간단한 언어로 대화한다, 매일 대부분의 시간을 그와 함께 방에서 지내고 있지만 거의 말은 없다, 아내가 중심이 되어 히카리를 교육하고, 그가 음악을 좋아한다는 것을 알게 되면서 늘 우리가 생활하는 방은 CD나 FM의 음악으로 채워져왔다, 또 아내는 음악을 음표를 사용해 악보에 그릴 수 있다는 것을 가르쳤고 그것을 진지하게 받아들이면서 히카리는 음악에 깊이 심취해가고 스스로 작곡을 시작했다, 히카리가 만든 곡을 친구 피아니스트가 연주해주니 진정 아름다웠다.

나는 인간이 본래 본질적으로 선량하다, 착하다는 생각을 예전부터 해왔습니다. 하지만 살아가면서 그렇지 않다는 생각이 드는 경우가 많이 있었지요. 그런데 지적 장애가 있는 아이가 자연스럽게 생활해가면서 아름다운 음악을 듣고 즐거워하고 그러면서 스스로도 아름다운 음악을 만듭니다. 듣는 사람으로 하여금 '정말로 마음이 편안해진다'고 느끼게 하는 음악을 만드는 겁니다. 바로 이러한 현실에서 일어난 사건이 나에게 가장 신비한 것, 우리를 위한 grace의 재현이었던 겁니다.

다케미쓰 도오루 씨가 1996년 2월에 돌아가셨을 때, 나는 심한 충격을 받고 도쿄에서 사는 것이 괴로웠어요. 그래서 1년간 미국 프린스턴으로 떠나 있었습니다. 다케미쓰 씨가 작곡한 복잡한 음악과 히카리의 단순한 음악을 매일 반복해서 들으며 생활했지요. 대학에서 가르치고 있었습니다만, 그 외의 시간에는 아파트에서 하루 종일 둘의 음악을 듣고 있었습니다. 성서에 나오는 바울의 「로마인에게 보내는 편지」에 대해서 문학이론가이자 성직자이기도 했던 노스럽 프라이Herman Northrop Frye가 한 말이 있습니다. "우리는 신을 향해 기도한다. 나의 바람을 말하며 기도한다. 그런데 진짜 기도는 인간의 목소리를 통해 직접 신에게 이른다." 우리가 열심히 기도하면 그 언어는 이미 자기 자신도 이해할 수 없는 신음 소리와 같은 것으로 변해서 밖으로 표출된답니다. 그 신음 소리와도 같은 기도의 언어를 혼령, sprit이 알아듣고서 신에게 통하는 말로 바꿔서 전달해준다고 해설하고 있었습니다.

후에 『말하기 어려운 탄식으로(言い難き嘆きもて)』라는 에세이집 제목으로도 썼습니다만, '말하기 어려운 탄식'이라는 것은 바로 의미가 분명하지 않은, 신음 소리와 같은 언어입니다. 나도 히카리와 함께 살면서 나로서는 잘 알 수 없는 공포나 슬픔을 느낀다, 그것에 지지 않으려고 혼잣말을 하거나 한다, 그것이 어쩐지 나의 '말하기 어려운 탄식'인 것 같다, 히카리 자신도 마음속에서 생각하고 있는 것, 슬프거나 노엽거나 한 것을 말로 하지 않는다, 그 점에서 히카

리는 더 철저하게 '말하기 어려운 탄식'을 하는 인간이지만, 음악이라는 수단, 화음, 리듬, 멜로디 같은 것을 사용해서 자신의 '말하기 어려운 탄식'을 표현한다. 음악이라는 형식이 그것을 분명히 알 수 있는 언어로 바꾸어서 우리에게 전해준다. 그러한 일이 일어나고 있다. 그렇게 생각하자 내가 신과 인간의 탄식, 기도라는 것과 언어의 관계에 대해 생각하고 있는 것, 히카리가 자기 안에서 언어로 할 수 없는 것을 음으로 표현해가는 것이 하나로 묶이더군요. 다케미쓰 씨의 음악을 들으면서도 똑같은 감정을 느껴왔다는 걸 알았어요. 나는 그리스도교도는 아닙니다만, 성서가 준 사고방식이나 느낌이 그러한 방향으로 나를 이끌어주었다는 것은 확실합니다.

기 원 과 문 학

오에 선생님의 1990년대는 기원(祈願)과 문학, 이들과 현실에 존재하는 현대 일본사회와의 알력, 그야말로 '말하기 어려운 탄식'을 생각나게 하는 활동들이 이어졌습니다. 구(舊)소비에트가 붕괴될 무렵, 고르바초프가 주최한 세계의 지식인 회의에도 참석하고 계신데, 그 전후로 베를린 장벽의 붕괴와 소련 붕괴로 인한 동서냉전의 종결이라는 일련의 역사적 흐름도 당연히 배후에 의식되고 있었다고 봅니다.

그것은 소위 내가 전후 이래 이것은 무너질 리가 없다고 믿어왔던 사회주의권의 붕괴, 그리고 냉전의 종결이라는 사건으로 인해 내 자신이 근본에서부터 동요하던 날들이었으니까요.

> 1993년에서 95년에 걸쳐 발표하신 『타오르는 푸른 나무』의 제1부 『'구세주'의 수난』에서는 죽은 '기이 형'의 이름을 계승한 새로운 기이 형이라 불리는 청년이 다양한 기적을 실현해서 '구세주'로 불리게 되지요. 그리고 양성구유자로서 사회생활을 할 때는 남성에서 여성으로 성전환을 하여 살기로 결의한 삿짱과 함께 자신들만의 '교회'를 만들기로 결의합니다. 이 3부작은 오에 작품 중에서 가장 긴 작품인데, 이런 대장편의 구상은 어떻게 해서 시작하신 겁니까?

우선 당시 나의 속사정부터 말하자면, 소설을 쓰는 인간으로서 너무나도 절박한 상황에 놓여 있었습니다. 사회의 커다란 전환 속에서 꼼짝 못하던 때였어요. 1980년대 후반은 그러한 의식이 팽배했던 시기입니다. 읽고 있던 책은 블레이크에서 단테, 또 현대물로는 노스럽 프라이 등의 저작으로 기원에 대해서 많은 생각을 할 때였지요. 그러는 사이 점차 주제가 확고해졌어요. 『그리운 시절로 띄우는 편지』를 쓴 후에도 소설은 계속 쓰고 있던 상황이었으니까요. 그리고 기원의 언어라는 것은…… 신이 어디에 있는지 알 수 없지만, 그것은 자신의 마음으로부터, 몸으로부터 솟아오르는 법이다. 이런 기도와도 같은 언어와 나의 문학이 어떻게 결합될 수 있을까? 이에 대해서 끊임없이 생각하고 있었어요. 그래서 종교적인 집단으로부터 멀리 떨어진 곳에서 자기들만의 언어로 기도하는 집단, 그리고 그 성과를 사회적인 집단 행동을 통해서도 드러내는 젊은 사람들의 이야기가 탄생했습니다.

> 제1부 『'구세주'의 수난』에는 잊기 힘든 장면이 있습니다. 소아암으로 죽기 직전에 있는 쇠약한 열네 살의 소녀 '가지'가 기이 형=구세주에게 죽음의 공포를 호소하는 장면입니다. "그저 내가 무서운 것은 내가 죽은 후에도 이 세상에서 시간이 지속되고 있다는 것입니다"라고 하지요.
> 이 말을 듣고 기이 형이 대답한 내용이 깊이 마음에 남습니다. 캘리포니아에 있는 고등학교에 있었을 때 기이 형이 생각해낸 "'영원에 가까운 시간까지 살아온 인간'이라는 모델"에 대한 이야기였습니다. 그런 노인이 죽기 직전에 무엇을 떠올릴까? 그것은 신호가 빨강에서 파랑이 되는 순간, 사탕

단풍나무의 단풍잎을 보고 있는 그런 **"한순간보다는 조금 길게 지속되는 순간"**의 광경이 아닐까라고 말하지요.

"그렇다면 가지야, 네가 설령 14년밖에 살지 못한다고 해도 그러한 인생과 영원 마이너스 n년의 인생과는 본질적인 면에 있어서는 차이가 없지 않을까?"

이런 태도는 대체로 종교적이지 않은 지극히 이성적인 것이고, 육체나 현실 생활이라는 푸른 나무에 해당하는 부분일 터인데, 그런 기이 형이 점점 변해갑니다.

"한순간보다는 조금 길게 지속되는 순간", 그런 깊이 있는 시간을 경험한 것은 지금까지 살아오는 동안에 아주 가끔뿐이었습니다. 그렇지만 내가 **슬쩍 엿본** 영원이라고도 할 수 있는 시간으로서 새겨져 있습니다. 그것을 사후의 무(無)로서 **존재하는** 영원──형체가 없지만, 그럼에도 불구하고 **존재한다**고 느끼는 게 모순이라는 것은 역시 어렸을 때부터 생각하고 있었는데──과 비교하는 생각도 항상 합니다. 그것을 기이 형이 소년에게 해주는 말로서 썼습니다. 그런데 지금 그 소설에 대해서 질문을 받으니 문득 에드워드 사이드가 죽기 1년쯤 전에 팩스로 보낸 편지 중에 '노년의 곤경은 극복하는 건 불가능하지만 심화시키는 건 가능하다'고 내가 번역한, 짧은 문구가 있었던 게 기억나네요. '깊은 시간' '일순/영원이라는 것에 대한 생각을 심화시킨다'는 두 마디의 접점이라고 할까요. 그다지 멀지 않은 장래에 내 안의 소년이 내 안의 기이 형과 똑같은 문답을 반복하게 될 순간이 올지도 모르겠습니다.

> 제2부 『흔들림(배설레이션vacillation)』은 영성(靈性)과 정념 사이를 오가는, 고대로부터 변하지 않는 살아 있는 육체를 가진 인간들의 부조리한 군상을 묘사하고 있습니다. 교회의 신자들은 도스토옙스키에서 미르체아 엘리아데, 맬컴 라우리…… 다양한 문학의 언어를 콜라주하듯이 집성시켜 자신들만의 성전(聖典)을 만들려고 하지요. "이윽고 우리들은 점차 소리를 가다듬어 기원의 언어를 창화하는 방향으로 나아가게 되었다. 그것은 곧 그곳을 향해 나아갈 장소에서, 모두로부터 그날을 위한 하나의 언어가 선택되어간다는 의미이기도 했다. 대부분은 기이 형 자신이, 또는 교회에서 집중적으로 참가하고 있는 자들 가운데 누군가가 그날까지 차츰 사고의 핵심을 이루어온 언어를—성서나 원시 불경의 번역에서 심지어 티벳의 '사자의 서'에서 가져온 것이거나 또는 당사자의 자유로운 착상이었던 것도 있다—소개하고, 그것을 모두가 외치고 총괄적인 기원문으로 삼은 것이 교회의 관례가 된 것이다"라고 하듯이 말이지요.

인용한 소설의 언어는 시의 언어와는 또 다른 힘으로, 현대의 새로운 오에 소설 속에서 신비한 힘을 발휘하고 있습니다. 그러나 난제도 있었습니다. 등장인물 모두가 하나의 목적을 위해 격렬하게 논쟁하지요. 특정의 종교에 입신한다는 것은 이런 걸까? 계속해서 반문해오던 것은 '신이 없는 현대에 신앙은 가능할까?' '문학은 기원의 언어가 될 수 있을까?' 하는 질문이었습니다.

확실히 다양한 형태로 인간의 바람을 나타내고 있는 언어, 인간이 기원하고 있는 행위 그 자체를 느낄 수 있는 언어를 찾고 있었습니다. 그리고 그 소설 전편에 걸쳐 인용한 예이츠의 시에는 시적 이미지로서 일거에 자신들을 초월해 있는 무엇인가를 보여주는 힘이 담겨 있었어요. 그러나 소설을 다 쓴 시점에서 내가 겨우 얻은 결론은 '문학의 언어는 기원의 언어는 될 수 없다'는 것이었습니다. 기원은 궁극적으로 역시 언어로는 할 수 없는 것이 아닐까. 이 결론에 도달하기 위해 수없이 노력을 거듭하고 기원의 언어를 만들려고 노력했지만 아무것도 할 수 없었던 자들에 대해 이야기했다는 생각이 듭니다.

나 역시 어떤 나만의 기원의 언어를 만들어보려고 했습니다. 하지만 아무리 해도 기원의 언어는 될 수 없었지요. 결국 기원이라는 것은…… 종교를 갖지 않은 인간에게는 특히나 그렇습니다만, 궁극적으로 언어로는 할 수 없는 게 아닌가 하고 생각하기 시작했어요. 그리고 앞서 말했듯이, 바울의 편지 중에서도 잘 알려져 있는 오래된 번역으로 "이와 같이 영령께서도 우리의 약함을 돌보아주신다"고 하는 부분에서 "우리의 약함을 돌보아주신다"는 표현이 마음에 들었어요. 또 "우리는 어떻게 기도해야 하는지 모른다고 하더라도 영령께서 말하기 어려운 탄식을 통해 수습해주신다"고 하는 말 중에 "수습해주신다"는 표현도 좋았습니다. 언어로 할 수 없는 기원을 갖고 있는 인간이 아무리 언어로 할 수 없다고 해도 기도하고 싶어지는 심정이라는 것을 결국 소설로 써나가기로 했지요. 약한 인간을 도와서 어떤 형태로든 수습해줄 수 있는 존재를 찾듯이.

소설을 쓰면서는 내가 육체적, 현세적인 것과 정신적인 것, **영적인 것** 사이에서 흔들리고 있다는 생각이 계속 들었습니다. 예이츠의 시 중에 '배설레이션Vacillation'이라는 시가 있는데, 인간의 존재를 한 그루의 나무로 비유하고 있는 시입니다. 한쪽은 푸른 잎이 무성하고——이것은 육체나 현실 생활을 뜻합니다. 다른 한쪽은 불타오르고 있어요. 하늘을 향해 뻗어 있지요. 그 하늘을 향해 있는 다른 쪽은 인간의 기원, 정신적인 희구를 나타냅니다. 그 양쪽이 하나가 되어 인간을 이루고 있다고 하는 시입니다. 배설레이션이란 A와 B의 두 극 사이에서 흔들리는 것을 뜻합니다. 진자처럼 왔다 갔다 하는 게 아니고, 잠시 A극에 머물고 있다가 어느 순간 B로 이동하지요. 그리고 잠시 머물다가 또 A로 갑니다. 이러한 움직임 같은 겁니다. 예이츠 시 전집에 관한 해설서를 읽고 그런 의미라는 것을 알고는 그 움직임이 내 마음 상태를 그대로 나타내고 있다고 느꼈습니다.

> 소설의 화자로 육체와 정신이 분열된 듯이 살고 있는 양성구유자 삿짱. "한없이 내가 성적인 **수렁**에 빠져들어 간다", "용기백배해서 **수렁** 속을 걸어가는 의기양양함도 갖고 있었다. 산장에 오고서 바로 생각이 난 나카노 시게하루의 문장처럼"이라는 말처럼 자아가 강한 독신이었던 삿짱은 『'레인트리'를 듣는 여인들』 『인생의 친척』에 등장하는 여성들로부터 진화한 여성상처럼 생각되었습니다. 삿짱과 관련된 성묘사는 직설적이고 또 애절한 느낌이 들기도 하는데, 여기서 양성구유라는 신화적이면서 현대에 대한 암시를 띠고 있는 화자를 등장시키신 의도에 대해 말씀해주시겠습니까?

나는 어릴 때부터 확실히 성적인 것을 양성구유의 형태로 꿈꾼다고 할까, 상상하곤 했습니다. 신화나 민속 전승 속에서 그 이미지를 발견하면 고양되었지요. 이 소설에는 그것을 현대에 살고 있는 한 처녀 안에서 실체화하고. 그런데도 양성구유인 채로 청년과 사랑한다는 장면을 썼습니다. 왜 양성구유인가라고 묻습니다. 하지만 그것은 명료하게 대답할 수 없는 상태라서…… 나는 초고 단계에서는 '왜 이렇게?'라고 물어도 대답할 수 없는 것들을 수도 없이 써요. 고쳐 쓰는 과정에서 그것들 하나하나에 답을 달기 시작하지요. 답할 수 없는 채로 남아 있는 부분은 지웁니다. 그렇지만 몇 가지인가는 왠지 남겨두고 싶어지지요. 나의 소설 창작 방법에는 이따금 이렇게 근거를 논리적으로 설명할 수 없는 부분이 있습니다. 다만 나는 양성구유라는 것을—엘리아데가 소년 시절에 본 아름다운 도마뱀을 자전적인 인터뷰에서 회상하는 부분을 읽고서 나도 같은 느낌을 받은 적이 있다고 생각했는데—남자도 여자도 **아니다**라는 부정적인 발상에서가 아니라, 남자이기도 여자이기도 **하다**는 적극적인 이미지로 상상했습니다.

제1부를 발표하실 즈음이었던가요? 1993년에 제가 취재했을 때, 구세주가 된 기이 형은 "아무래도 1970년대 초기에 더는 돌파구가 없던 시기의 학생운동을 가장 젊은 세대로서 계승한 인간일 필요가 있었다"는 뉘앙스로 하셨던 말씀이 인상적이었습니다.

나는 실제 당파에 들어가서 학생운동을 한 적은 없습니다. 그렇지만 당파와 관련된 여러 입장의 청년들과 늘 접촉은 해왔습니다. 그럴 때마다 항상 느낀 것은 강력한 힘을 가진 종교…… 정말로 우리 전체를 구제해줄 것 같은 한 시대를 풍미한 그리스도교와 같은, 불교라도 좋습니다만, 그러한 힘 있는 종교가 있는 곳과 그것이 없는 곳은 완전히 다르구나! 하는 탄식과도 같은 것이었습니다. 일본에도 전 인구의 1퍼센트 정도의 그리스도교도는 있지요. 또 문화적으로 항상 대단한 사업을 하고 있다고는 해도 불교를 포함해서 일본에는 지금 막강한 종교라고 할 만한 것은 없다고 생각합니다. 그러한 가운데 1970년대에 진지한 학생들이 자신들이 벌인 운동 때문에 궁지에 몰리는 사태가 벌어진 거지요.

나는 젊은 사람들이 기본적으로 신앙에 의지하지 말고 자신을 만들어가자, 자신을 수양해가자고 하는 신념을 지니고 있다고 생각했어요. 에드워드 사이드는 자신을 곧잘 세속적secular인 인간이라고 말했습니다. 즉, 종교에는 속해 있지 않은 일반 사회의 인간이어서 신앙이나 성스러운 것에 인도되고 있지 않지만 자기 자신이 스스로를 완성해간다,—영어로 말하면 셀프 메이킹을 한다. 그렇게 해서 자기를 완성한 것의 총체가 인간의 역사라고 사이드는 생각하고 있었지요. 사이드의 이러한 사고는 17세기에서 18세기에 걸쳐 살았던 이탈리아 철학자 비코Giambattista Vico가 말한 "나는 신이 있는 곳으로 가지 않는다. 세속적인 것을 통해 역사, 인간을 생각한다"는 태도에 입각한 것으로, 사이드는 그런 태도를 자신이 취해야 할 지침으로 생각했지요.

그리고 나는 이 셀프 메이크, 내 힘으로 어떻게든 내 자신을 만들어보려고 하는 사고, 내 힘으로 역사를 만든다는 사고는 현대 일본의 많은 젊은이들에게서도 보이는 태도이고, 그런 태도가 가장 과격한 형태로 표출된 것이 학생운동가로서의 삶의 방식이 아닐까 생각했어요. 그 안에서 상처 입고 더는 갈 곳이 없는 사람들이 구원을 구할 때, 일본에 힘이 되는 기성 종교가 없다면, 예를 들어 옴진리교 같은 새로운 집단이 강한 흡인력을 가질 수밖에 없지 않을까. 그러한 청년들이 하나의 그룹을 만들고 비극이 일어나 뿔뿔이 흩어진다는 것이 이 3부작 소설이 갖고 있는 주제의 흐름입니다.

> 역시 1973년의 장편소설 『홍수는 나의 영혼에 이르러』에 나오는 '자유항해단'이라는 아나키한 젊은이들 집단이 생각납니다. 그들을 향해 주인공인 오키 이사나는 "청년이여, 우리의 바람을 잊어서는 안 된다"고 『카라마조프의 형제들』에 나오는 말을 인용하지요. '기원'이 오에 소설 속에 처음으로 등장한 작품이었습니다. 그런데 한창 써나가시는 도중에 그 연합적군 린치사건*이라는 대사건이 터지는 바람에 사건을

예견한 듯이 보이는 부분의 내용을 수정해야 했다고 당시 기사에 씌어 있습니다. 그 사건을 둘러싼 진상은 어땠습니까?

나는 이 '자유항해단'이 절박한 상황에 이르러서 총으로 무장을 하고 국가 경찰과 싸운다는 방향으로 큰 흐름을 계획하고 있었습니다. 그런데 막바지 작업을 할 즈음에 아침에 2층 서고 겸 침실에서 내려와보니 아내가 텔레비전 앞에 앉아 있었어요. 화면에는 아사마 산장 총격사건이 보도되고 있고…… 그런 상황이었습니다. 그래서 실제 일어난 일과는 중복되지 않도록 방향을 수정해서 3개월 정도 다시 고쳐 써서 완성하게 되었습니다.

발표하신 작품의 마지막 부분은 핵 피난소에 틀어박혀서 기동대와 총격전을 하는 장면이었습니다. 최후의 순간을 각오한 이사나는 수목과 고래의 영혼을 향해 "만사 OK!"라고

---

* 1972년에 발생한 집단살인 및 농성사건. 산악베이스 사건과 아사마 산장 사건을 가리킨다. 당시 총기를 휴대하고 도주 중이던 연합적군의 멤버 다섯 명이 경찰의 포위망에 포착되자 아사마 산장을 점거하고 인질을 잡아 농성을 시작했다. 열흘 간에 걸친 농성이 TV로 생중계되며 초유의 관심을 모았던 이 사건은 사상자 3명, 중경상자 27명을 남기고 전원이 검거되면서 막을 내렸는데, 범인들의 심문과정에서 연합적군에 의한 집단학살사건이 새롭게 밝혀지며 새로운 국면을 맞게 되었다.

합니다.

덮개 문이 열린다. 황혼이 진 지상의 빛 속에 고래의 피부처럼 검푸른 것을 순간 보았을 뿐, 가스탄에 눈을 감고 이사나는 방아쇠를 당긴다. 다섯 발. 총알을 아껴야 한다. 방아쇠는 빨리 풀어서 연사를 짧게 해야 한다. 가스탄이 집중된다. 그는 호흡을 멈춘다. 두 번 다시 호흡할 일은 없으리라. 그는 세 발을 쏜다. 방수된 세찬 물이 지하호의 안벽에 튕겨서 엄습한다. 이미 깊어진 물속에 또다시 잠기면서 그는 네 발을 쏜다. 모든 것은 어중간하고, 그 너머에 무(無)가 드러나 있다. 나무의 혼과 고래의 혼을 향하여 그는 마지막 인사를 한다. **만사 OK!** 모든 인간에게 결국 찾아올 것이, 그를 찾아왔다.[*]

이 구도는 『타오르는 푸른 나무』 제3부인 『위대한 세월』에서도 이미 한 번 변주되어 반복되고 있지요. 구세주로 여겼던 기이 형을 잃은 집단 멤버가 데모 행진을 하면서 해산해 가는데, 최후에 화자인 삿짱의 귀에는 'Rejoice!'라는 말이 울려 퍼집니다. 이 'Rejoice!'가 반복되고 있는 듯 했습니다.

---

[*] 『홍수는 나의 영혼에 이르러』, 박원숙 옮김(일선출판사, 1994) 참조.

"갑옷을 걸쳐라, 창을 손에 들고. 과감하게 세계를 행진하라. 비겁자는 우리에게 필요 없으니, 선량하고 용감한 사내들만."

우리들의 행진이, 이 노래들처럼 패기에 차고 용감무쌍한 것이었는지 어땠는지는, 그것을 목격한 증인에 따라 평가가 몇 갈래로 나뉘질 것이다. 하지만 나는, K백부에게서 배운 방식으로, 그 노래대로였다고 **주장하고 싶다.** 그러한 자신을 뒷받침하는 원리로서 나는 숲을 포함하여, 이 지역을 어떻게 분석해야 할지를 배우고 있다. 거기에 표현되어 있는 '세계 모델'에 관한 분석에 있어, 골짜기에서 바깥으로 나가는 흐름은, 생의 경사를 따르고 있을 것이다. 아직도 내 귀에는 우리들 모두가 미래를 향하여 합창한 말이 울리고 있다.

'Rejoice!' *

 '만사 OK'에서 'Rejoice'로, 두 말이 갖는 어떠한 연결고리는 있습니까?

"Rejoice!"라는 말은 기뻐하라, 즐거움을 가져라는 정도의 의미로, 예이츠도 앞서 예를 들었던 "배설레이션Vacillation"이라는 시의 키워드로 사용하고 있는 단어입니다. 신비적인 것과는 또 다른, 현실

---

* 『위대한 세월』, 김난주 옮김(고려원, 1995) 참조.

에 살고 있는 인간에 대한 호소의 단어라고 할 수 있지요. 나는 이 단어 자체가 너무 좋았어요. 내 자신에 대한 격려로서 효과적이었던 말은 젊었을 때부터 "힘내라!"가 아니라 "Rejoice!"였습니다. 당시 이 소설을 완성시키면 초월적인 것에 대해 **선망의 눈길**을 보내며 그것을 암중모색한다는 짓은 이제 그만두고, 나라는 인간만으로 **영혼이 하는 일**을 하고 싶다. 그러기 위해서는 말로 표현하지도 말고, 결국에는 소설 쓰는 것을 그만두고 조용히 몰두하고 사색하고 싶다⋯⋯ 그런 생각을 하면서 스피노자를 집중해서 읽기도 했습니다.

"만사 OK!"는 도스토옙스키를 늘 읽어오면서 내 속에 쌓아두었던 말이었다고 생각합니다. 위기 속에서 수많은 고생을 하던 인간이 죽음을 눈앞에 두고 자신이 향해 갈 바를 모두 긍정하는, 그런 태도를 갖고 자신이 관계하는 모든 일을 역전시켜버린다. 그러한 **자유**를 행사한다는 뜻이었어요. 지금 돌이켜보면 예이츠와 도스토옙스키는 서로 다른 듯하면서도 통하는 부분이 있는 것 같네요.

● 주 제 가   사 건 을   예 지 하 다

『홍수는 나의 영혼에 이르러』는 연합적군 사건, 『타오르는 푸른 나무』 3부작은 옴진리교 사건을 마치 예견하고 있는 듯한 소설이었습니다. 어떻게 해서 그런 예지적인 주제가 오에 선생님 안에서 솟아 나오는 걸까요?

너한테는 예지능력이 있는 게 아니냐, 그리고 좋지 않은 일은 실제 일어나버리지 않느냐, 친한 친구들이 놀리기도 합니다. 하지만 그런 능력이 없다는 것은 스스로도 잘 압니다(웃음). 나뿐만이 아니라 다른 사람도 그러한 힘을 갖고 있다고 믿지 않아요.

하나의 문제를 지속적으로 생각하지요. 나 자신의 개인적인 단서를 통해서. 이것이야말로 10년간 매일 해온 습관입니다. 그러다 보니 무심코 내가 골똘히 생각해오던 그 사고의 흐름이 현실을 조금 앞서 예측하는 경우가 있어요. 그것이 나의 상상력의 핵심을 이룬다는 생각은 듭니다. 소설가는 자기 자신이 이내 사고에 몰입해서 현시점까지 오고 그 시점에서 어느 순간 앞서 올 일에 대해 쓰게 된다고 생각합니다. 그렇게 해서 지금까지 소설을 써왔습니다. 그것이 가까운 미래에 벌어지는 사건과 들어맞는 경우가 가끔 있을 수 있지요.

일본에서는 요즘 영적인 세계에 대한 관심이 높아져서 '스피리추얼'이라는 말이 유행하고 있습니다. 이 풍조를 어떻게 보고 계십니까?

나는 부정적인 관점을 갖고 있습니다. 결론부터 말하자면 텔레비전이나 출판물을 통해서 이른바 스피리추얼한 세계의 것이라면서 즉흥적인 생각을 감각적으로 말하는 인간들을 나는 믿지 않아요. 그런 식으로 말하는 인물을 믿는 것은 건전한 젊은이들의 심적 작용이 아니라고 봅니다.

스피리추얼한 것과 중개 역할을 한다고 칭하는 사람들이 요즘 자주 나오는 텔레비전 프로그램을 보면, 내가 지금껏 생각해오던 스피리추얼한 것과는 완전히 별종이라는 생각이 듭니다. 나는 스피리추얼한 것은 일반적으로는 인간으로부터 멀리 떨어진 곳에 있어서 인간의 냄새가 나지 않는 것이라고 생각해왔습니다. 그리스도교나 불교의 스피리추얼한 사람들을 떠올리면서요. 그런데 지금 텔레비전 같은 데 나오고 있는 사람들은 너무나도 인간 냄새가 납니다. 그래서 생각나는, 어렸을 때 할머니한테 들었던 이야기가 있어요. 어느 때인가 우리 마을에 남자인지 여자인지 모르겠는 인물이 와서 마을에서 떨어진 곳에 오두막집을 짓고 살기 시작했대요. 그 사람은 실제로는 상냥한 사람으로 오두막에 가면 좋은 이야기를 들을 수 있어서 모두 찾아가게 되었대요. 어느 날, 어린애 하나가⋯⋯ 할머니는 바로 자기였다고 했는데, 그곳에 가면 갈수록 점점 더 근사한 이야기를 해주어서 열심히 듣고 있다 보니 자기 얼굴 바로 옆에 그 사람의 얼굴이 다가와 있더래요. 그리고 정신을 차리니 큰 입을 벌리고서 할머니를 덥석 삼키려 했다고. 저항할 수 없어서 그대로 얼굴의 반이 그 사람 입속으로 들어갔는데, 그때 그 입에서 나는 냄새가 무서울 정도로 오싹했던 탓에 제정신을 차리고 도망쳐 왔답니다. 그런 사람이 옛날에 있었다고 할머니는 이야기해주셨지요. 나는 텔레비전에 나와서 상냥하게 웃으면서 말을 하는 스피리추얼한 인기인들의 표정을 보고 있으면 늘 그 이야기가 떠오릅니다(웃음).

> 우스갯소리로는 들리지 않는 말씀입니다. 그래도 수많은 위선에 싸인 컬트 집단에 대한 이야기를 1999년의 대장편 『공중제비돌기』에서 또 한 번 다루십니다. 그리고 그 마지막을 "교회라는 말은 우리의 정의로는 **영혼의 일**을 하는 장소인 것입니다"라고 맺고 계시지요. 그것은 신이 없이도 신앙은 존재할 수 있다는 작자의 태도 표명이었습니까? 당시 오에 선생님은 두 편의 장편을 끝내시고 "신의 문제로부터 해방되었다"는 말을 하기도 하셨는데요.

그것은 완전히 개인적인 발언입니다. 신비적 세계에 가까워지려는 시도를 해왔고 결국 단념했다, 이제 더는 그러한 짓과는 관계없이 살다 죽으려 한다는 결의를 담은 말이었습니다. 결국 나는 나를 넘어선 세계와 직접적으로 내가 맺어져 있다는 그런 신비적인 상상, 그것으로부터 네오플라토니즘적인 것으로 이행해가는 것이 불가능한 인간이라고, 사십대, 오십대에 걸쳐 확신이 들었습니다. 그 후로는 늘 신은 멀리에서 인간과 무관하게 존재한다고 하는 시몬 베유에게 공감하고 있습니다.

『타오르는 푸른 나무』를 완성시킬 전망이 서고, 이제 이것으로 내 소설은 끝이구나 싶은 생각이 들었어요. 순수하게 문학적인 문제로서 말이지요. 그런데 마침 그때, 1994년에 노벨상을 받았습니다. 그러자 정말로 운신을 할 수가 없어지더군요. 수상자는 수상 이후로 내내 노벨상 작가로 살아가게 되지요. 사뮈엘 베케트밖에 없어요, 누구하고도 관계를 맺지 않고 조용히 혼자서 산다고 선언하고 그것을 성공시킨 사람은.

나도 꽤나 내 자신의 곤란한 사태를 지켜보는 데에 민감한 인간입니다. 앞으로 소설을 쓰지 않고 살아간다는 것은 불가능할 거라고 납득했습니다. 그래도 미국 프린스턴 대학에서 1년간 주 2회씩만 가르치는 생활을 하면서 기분이 상당히 나아졌어요. 그러던 중에 『타오르는 푸른 나무』에서 내가 능숙하게 처리하지 못했던 부분을 고쳐 쓰고 다시 한 번 기원이라는 것이 어떠한 것일까, 고민해보자는 생각이 들었습니다. 그래서 『공중제비돌기』를 쓰기 시작했어요. 노벨상을 받은 이후, 5년 사이에 이타미 주조와 다케미쓰 도오루 씨가 유명을 달리하고 이와나미쇼텐의 사장이었던 친구 야스에 료스케(安江良介)도 세상을 떴지요. 그러한 실생활상의 궁지에서 드는 생각을 극복하기 위해서는, 단적으로 말해서 우울증에서 탈출하기 위해서는 매일 소설을 써나가는 수밖에 없다는 생각이 들기도 했습니다.

> 그리고 다음 소설을 쓸 결의를 1996년 2월에 다케미쓰 씨의 장례식에서 조사를 하시던 중에 발표하셨습니다. "장편소설을 써서 당신께 바치고자 합니다. 당신의 영전 앞에 서기 위해서는 소설가로서가 아니면……"

무엇인가에 매듭을 지으려고 그야말로 필사의 각오로 그렇게 말했던 것 같아요. 나는 언제나 인생의 난관에 봉착할 때마다 다케미쓰 도오루라는 사람이 있다는 생각만으로도 기본적인 격려가 되었어요. 그야말로 후원자였습니다. 훨씬 전에 임종하신 와타나베 가즈오 선생님과 다케미쓰 도오루 씨가 내 인생의 후원자였지요. 그때까지 무엇인가를 쓰겠다는 계획은 없었어요. 다만 줄기차게 눈이 내리는 고별식에서 문득 생각이 들어서, 그다지 크지 않은 소리로 그렇게 말했던 겁니다.

그 직후였던가요? 미국 동부로 홀로 여행을 떠나시고 프린스턴 대학에서 1년간, 독일의 베를린자유대학에서 반년간, 교편을 잡으셨지요. 일본에서도 한때 적극적으로 강연 활동을 하시기도 하고 아주 바쁘셨던 날들이었지요?

수상 이후 그야말로 세속적인 것이 나쁜 의미만은 아니지만 차츰 쇄도해 와서 일본에 있으면 가만히 집중하고 있을 수가 없었습니다. 노벨상을 받았을 때, 이것으로 어떻게든 죽을 때까지 글쟁이로 먹고 살 수 있겠구나, 안도하는 마음도 솔직히 있었습니다. 그런데 그런 생각을 넘어서 이미 글 같은 건 문제가 되지 않을 정도로 몰아붙여졌습니다. 그런 압박을 완전히 물리친 사람은 앞서도 말했지만 베케트 한 사람밖에 없다는 생각이 드네요. 정말로 베케트는 단연코 다른 수상자와는 격이 다른 '언어의 장인'입니다.

외국의 두 대학에서 가르쳤던 것은 그때의 나에게 감사했던 일이었어요. 그렇게 해서 원기를 회복할 수 있었지요.

작품 『공중제비돌기』는 명성을 얻은 숙련된 화가인 기즈와 청년 이쿠오의 기묘하고 아름다운 동성 간의 연애를 기본 골격으로 두 사람이 '후원자'와 '안내인'이 이끄는 신앙 집단으로 끌려 들어가는 대장편입니다. 등장인물의 다채로움이

나 대화에서의 요설(饒舌)은 일찍이 오에 작품에서 보지 못했을 정도입니다. '신이 부재하는 현대에 영혼의 구제는 가능한가'라는 주제가 전작에서부터 계속 이어지고 또 심화됩니다. 1995년에 옴진리교가 일으킨 '지하철 사린 사건'이 발생하고 신이 없는 일본은 더욱 신의 문제로부터 멀어져버렸는가 싶은 시기이기도 했습니다. 그런 현실에서 "이쿠오, 역시 신의 목소리가 들리지 않으면 안 되는가?…… 나는 신이 존재하지 않아도 rejoice라고 말할 거야"라는 기즈의 최후의 말은 매우 무거운 여운을 남겼습니다. 이 사건과 작품 간에 어떤 관련이 있다면 말씀해주세요.

옴진리교의 테러에 가담한 지식인 청년들의 문제는 지금도 계속되고 있습니다. 노인으로서 그러한 청년들에게 하고 싶은 말을 쓴 것 중 하나가 지금 인용하신 부분이라고 봅니다. 특별히 신이 없어도 인간은 rejoice라고 할 수 있다는 점을……

다시 한 번 다케미쓰 씨의 이야기입니다만, 저희들은 오에 선생님에게 다케미쓰 씨가 얼마나 존재감이 컸는지, 지금에 와서야 알게 된 게 많습니다. 1990년대에 이와나미신서로 나온 『오페라를 만들다(オペラをつくる)』라는 두 분의 대담집에

서 다케미쓰 씨는 예술가의 "역할 자체가 전보다도 더 중요해지고 있다", "한 시기의 정치적인 문학이나 반체제적인 자세라든가 그러한 관점에서가 아니라 좀더 인간에게 깊이 다가가는 자세가 필요하지 않을까"라고 말씀하고 계십니다.
게다가 다케미쓰 씨는 "가장 순수한 형태로 인간의 상상력이나 사상의 씨앗을 어떤 식으로 다음 세대의 인간사회에 심어갈 수 있을까? 그러한 역할을 예술가가 자각해야 하지 않을까?"라고도 하셨지요. 이 유연한 독려의 말, 아니 다케미쓰 도오루라는 동시대 예술가의 존재 자체가 그후 오에 선생님의 작업에 커다란 영향을 주었음에 틀림없다고 생각했습니다.

지금도 그 말을 인용하는 것을 듣고서, 어딘지 깊은 곳에서 내가 동요하는 것을 느꼈습니다. 보통 다케미쓰 씨는 정면에서 의욕적으로 사상에 대한 발언을 하는 사람이 아니었으니까요. 다케미쓰 씨는 대체로 구체적이고 유쾌한 이야기를 하는 사람이었어요. 하지만 다케미쓰 씨가 만든 음악을 통해서 또는 문장을 통해서 그 사람이 정말로 사려 깊었다는 것을 이해하게 되었고 영향을 받았던 겁니다. 다케미쓰라는 사람은 사상적인 것, 미적인 것, 그리고 인생을 어떻게 살아갈까 하는 점에 대해서도 어떤 근본적인 사실을 정확히 파악한 상태에서 자신이 문제시하던 것들을 고민하면서 살아온 인간이라는 건 잘 알고 있었어요. 진정한 예술가에게는 스스로도 잘 알지 못하고서 씨앗을 뿌리는 사람이 있지요. 나카하라 주야의 시 중에 '이봐, 이봐, 이것이 내 뼈야'라는 시행이 있습니다. 그것과 마찬가지로 '이봐, 이봐, 이것이 상상력의 씨앗이야'라고 생각나게 만드는 사람이 있지요. 다케미쓰 씨는 스스로도 아직 언어로 하지 못한 상상력의 씨앗, 사상의 씨앗을 많이 간직하고 있던 사람이었어요. 반대로 그런 씨앗이 전혀 없는 예술가도 수없이 많지만요.

정말로 그런 소중한 상상력이나 사상의 씨앗을 다음 세대에게 전하지 않으면 안 된다. 그렇게 다케미쓰 씨가 생각하고 있었다면, 실제로 나는 다케미쓰 씨의 생전의 그 말뜻을 잘 이해하고서 다음 세대로 전달하는 노력을 함께하지는 못했다고 봅니다. 지금 절실하게 그렇게 느껴지네요. 이렇게 있어서는 안 되겠다는 생각이 듭니다.

사실 사상적인 언어는 그 언어가 발설되자마자 제3자가 그것을 이해하고 바로 효과를 보이는 것은 아닙니다. 모두가 각자의 일을 이루어가는 사이에 몇 가지 자신의 씨앗, 미래를 향해 남길 씨앗으로서의 언어가 확실해지지요. 노력의 결정이 맺히듯이 내 안에서 그 씨앗이 만들어집니다. 그것을 다음 세대의 손에 넘기고 싶다는 생각은 누구나 갖고 있는 게 아닐까요? 장래에 언젠가 결실을 맺고 싶어 하지요. 작지만 깊은 곳에서 키운 씨앗을 예술가는 후대에게 넘기고 싶어 합니다. 하지만 그것이 정말로 결실을 맺는 데에는 시간이 걸립니다. 그러한 느긋한 사상의 연계, 시간을 들인 전달이 필요합니다. 그리고 그것은 역시 독서라는 것으로 수렴됩니다. 그런데 젊은 사람들이 지금 즉시 유용한 핸드북 같은 책을 읽는 습관이 생겨서 그것이 스피리추얼한 측면에까지 영향을 미치고 있는 상황이지요. 해답을 쉽게 알려주는 사람들이 텔레비전에 나오거나 책을 써주기도 합니다. 게다가 젊은이들이 점점 그런 상황에 빠져들어 버리면 다케미쓰 씨의 타이름은 헛될 뿐이지요.

말씀하신 대로입니다. 여기에 또 하나, 다케미쓰 씨와의 신기한 영혼의 교감에 관한 에피소드를 발견했습니다. 모차르트 탄생 250주년을 맞이해서 요미우리일본교향악단이 오스트리아의 만프레드 호네크Manfred Honeck 씨의 지휘와 연출로 '레퀴엠' 콘서트를 열게 되면서 오에 선생님에게 시를 써주십사 요청했었습니다. 그러자 뜻밖에도 승낙해주셨고, 배우 에모리 도오루(江守徹) 씨가 콘서트에서 그 시를 낭독해서 큰 갈채를 받았습니다. 그것이 '나는 다시 살 수가 없다. 그러나 우리는 다시 살 수 있다' 입니다.

이 "나는 다시 살 수가 없다. 그러나 우리는 다시 살 수 있다"는 말은 오에 선생님이 1990년에 쓰신 에세이에 있는 말

이지요. 이것을 다케미쓰 씨가 만년에 자신의 에세이집 『시간의 정원사(時間の園丁)』에 인용한, "인생은 다시 살 수는 없다. 그러나 소설가는 다시 쓸 수가 있고 그것이 다시 사는 것이라고는 말할 수 없을지라도 모호하게 살아온 삶에 형태를 부여하는 것이다"라는 문장이 발전한 형태이기도 했습니다. 무심코 오에 선생님 안에 존재하던 씨앗을 다케미쓰 씨가 자신의 문장 속에서 싹을 틔우고, 오에 선생님이 다시 그 싹에 착목하고 이식하여 '다시 쓰기'를 반복하며 소중히 키워오신 것은 아닐까, 상상해봅니다.

정말로 그러하네요. 처음으로 드는 생각입니다. 다케미쓰 씨는 정말 나에게는 커다란 후원자였습니다. 이미 나는 다케미쓰 씨가 돌아가셨을 때의 연령을 넘겨서 살고 있습니다. 지금도 가끔은 그 사람에게 전화를 걸까 하는 생각이 들고, 이제 그 사람은 없구나 하고 깨닫는 경우가 있습니다. 실은 모차르트 콘서트의 시와 함께 또 하나의 시를 썼는데, 그 시에는 저세상으로 출발하는 다케미쓰 씨에 대한 긴 구절이 있습니다.

정기검진에서(방광내막에)
암세포가 검출된 친구는

항암 치료의 가혹함을

대략 믿기 어려운 것으로서 말한 후

다시 쓰고 있는 생애의

작곡 계획을 보여주었다.

새해가 밝아 해질 무렵에 병문안을 가니

친구는 혼자 창을 향해 앉아 있다.

방안을 새까맣게 만들고서

눈이 내리기 시작한다……

너의 '레인트리'에서

우주를 순환하는 물

의 메타포를 빌린 적이 있었다.

이제 비유는 필요 없다.

지금은

음악 그 자체가

눈앞에 있다.

시간의 유예만이 문제다.

묵묵한 거울 속의

작은 체구의 친구는,

울상을 짓고 있는 나의 옆에서

앨리스의 고양이의 웃음을 짓고 있었다.

사흘 후, 그는 이행했다.

(「『그리운 시절』로부터 답장은 오지 않는다」)

소설가로서 일단은 "시를 단념한 인간이다"라고 작품 속에 쓰셨던 오에 선생님이 만반의 준비를 하고서 '시'를 쓰기 시작했다. 이는 독자 측에서는 예상 외의 비약이기도 합니다. 이전의 창작 활동과는 어떻게 관련되는 것입니까?

'나는 다시 살 수가 없다. 그러나 우리는 다시 살 수 있다.' 이것은 어쩌면 내 생애에서 단 한 번의, 정면에서 시를 쓴 시기의 출발점일지도 모릅니다. 그것이 계속되면 『추억의 노래(形見の歌)』라고 해서 한 권의 자비출판 시집을 만들까도 생각하고 있습니다. 지금까지 소설 세계에서 내가 만들어온 어떤 강건함 같은 것이나 가벼운 면도 함께 표현할 수 있는 문체로 시를 계속 쓰고 싶은 바람이 있습니다.

그리고 그런 시들을 쓰는 것이 계기가 되어서 지금까지의 소설보다 가벼운, 길이로 말하면 4백 페이지 정도의 작품을 두세 편, 지금부터 새로운 스타일로 써나갈 수 있을지도 모른다고 생각해요. 나의 작가로서의 인생, 인간으로서의 인생을 명쾌한 형태로 두세 개 절취해본다는 느낌으로 말이지요. 작고 산뜻한 느낌이 나는 책으로 만들고 싶어요. 그래서 우선은 첫번째 작품을 이것저것 구상하고 있습니다. 두세 권 모이면 이것이 내 인생의 만년의 양식이라고나 할까, 최후의 양식이라고나 할까, 그것을 담아낸 책이 될 겁니다. 나는 이러한 문체에 다다랐다, 세계는 나에게 지금 이러한 풍경으로 비춰지고 있다는 것을 써서 그것으로 끝내고 싶어요.

때때로 나는 '최후의 소설'이라고 말해왔기 때문에 양치기 소년 같은 불리한 상황이기도 하니까요. 지금까지의 오에는 절대로 쓰지 않았던, 새로운 오에가 전력을 다해서 겨우 완성한 그런 소설이 아니면 안 된다고 생각합니다.

제6장

'수상한 2인조', 3부작 『2백 년의 아이들』

노벨문학상 수상의 밤

노벨문학상 수상이 결정되던 날 밤의 기억은 지금도 생생합니다. 1994년 10월 13일, 저녁 9시가 조금 넘어서였지요. 전세 승용차에서 전화를 받은 교도통신 기자가 '아앗!' 하고 다소 만화적으로 외치는 바람에 도쿄의 세이조 자택 앞에 모여 있던 저희들은 순간적으로 수상이 결정되었음을 알았습니다. 삼사십 명이 있었던가요? 이윽고 오에 선생님이 문을 열고서 모습을 드러내고 카메라 플래시와 텔레비전 카메라의 조명을 한 몸에 받으면서 신속하게 기자회견이 시작되었습니다. "일본문학의 수준은 높다. 아베 고보, 오오카 쇼헤이, 이부세 마스지가 살아 있었더라면 그 사람들이 받아 마땅했다. 일본의 현대 작가들이 쌓아올린 업적 덕분에 살아 있는 내가 수상한 것이다……" 그 모습은 한 시간도 안 되어서 세계 곳곳으로 전파되어 퍼져 나갔지요. 메모를 적으면서 다리가 후들거렸습니다. 그 정도로 큰 뉴스는 이후 다시 볼 수 없을 것 같은 순간이었습니다.
그래도 오에 선생님은 하얀 스탠드칼라 셔츠를 입으시고 시종 엄숙한 표정으로 차분한 모습이셨습니다.

그때는 아무도 들어올 수는 없었지만, 집 주변에 기자들이 모여 있어서 커튼을 치고 식사를 했습니다. 그리고 히카리가 틀어놓은 CD를 들으면서 나는 책을 읽고 가족도 각자의 일을 하면서 아무 생각 없이 모두 거실에 있었지요. 2, 3년 동안, 특히나 그 전해에 있던 발표 날 밤에도 집 앞에 보도진이 모였고(다른 작가의 거처도 마찬가지), 그리고 실망해서는 돌아갔지요. 집안 분위기도 침침하고 어쩐지 무의미하게 포위되어 있는 느낌이었어요. 아내와 히카리는 물론이고 딸이랑 둘째 아들도 결혼 전이어서 집에 있던 시기였습니다.
그러고 있는데 전화가 왔고, 우리 집에서는 히카리가 먼저 전화를 받아서 가족에게 넘겨주는 게 습관이었기에 히카리가 전화기를 들고 뭐라고 말을 하더군요. 히카리는 텔레비전의 외국어 방송을 늘 보고 있고 또 귀가 좋기 때문에 인사 정도는 독일어를 비롯해 한글, 중국어로도 할 수 있어요. 원어민들을 감탄시킬 정도지요. 하지만 계속되는 대화는 잇질 못합니다. 그리고 수화기를 가져오면서 내 앞에서 "노"라고 말하더군요. 나중에 생각해보니 "오에 겐자부로 씨인가요?"라고 물어서 그렇게 대답한 게 아닌가 싶어요. 내가 전화를 바꾸니, 수년 전에 스웨덴의 예테보리Goteborg라는 곳에 있는 '책의 도시'에서 강연을 했을 때 알게 된 대학교수가 유쾌한 어조로 "'노'라니요?"라고 하면서 웃고 있었지요. 그리고 진지한 목소리로 스웨덴 아카데미에서는 당신에게 노벨상을……, 이라고 상투적인 문구를 전해주었습니다. 스투레 알렌Sture Allen이라는 사람으로 아카데미에서 종신 비서로 일하기도 했던 것을 나는 몰랐어요. 감사의 말을 전하고서 수화기를 내려놓았지요. 가족 모두가 나를 쳐다보고 있기에 "받게 되었습니다"라고 했어요. 그랬더니 왠지 모두가 묵묵히 고개만 끄덕이더니 자기들 방으로 가버리더군요. 혼자 남아서 별로 반향이 없구나 하고 생각했는데(웃음), 30분 정도 지나니 그야말로 세계 곳곳에서 전화가 오기 시작하고 야단법석이 났지요.

> 조금 예상 외의 타이밍에 이루어진 수상이기도 했습니다. 당시 약 한 달 전쯤, 『아사히신문』 9월 17일 자 사회면에 '이제, 소설은 쓰지 않겠다'는 선언과도 같은 기사가 대서특필되었고——그것이 오에 선생님의 진심이 아니라고 판단했기에 저희들은 보도하지 않았습니다. 또 그 시기에 히카리 씨의 두번째 CD가 클래식 부문의 작품으로서는 이례적으로 크게 히트하여 그해 골든디스크상 수상이 결정되었지요. 또

같은 해 9월에 NHK에서 방영된 「공명하는 아버지와 아들, 오에 겐자부로와 아들 히카리의 30년」도 사회적으로 큰 이슈가 되었던 시기였습니다.

그해, 나는 쉰아홉이었습니다. 예순이 되면 무엇인가 나를 근본적으로 검토하는 일을 하고 싶었어요. 이제까지처럼 비약적인 도약도 하지 않고 천천히 조금씩 소설을 써서 연명해가는 인생은 아무래도 나태한 건 아닐까 생각이 들었지요. 아내와 의논했더니 3년 정도는 수입이 없어도 가족이 생활할 수 있다고 했고, 북유럽이나 다른 여러 곳에서 대학 강연이 연이어 잡혀 있기도 해서 외국에 나가 가르치면서 내 작품, 그리고 살아온 인생 전체를 되짚어보려고 계획하고 있었어요. 마침 히카리의 첫 CD를 취재하러 왔던 사회부 기자가 두번째 CD 건으로 사무적인 전화를 했을 때 현재의 심경이라는 식으로 그렇게 말했더니 그대로 기사화가 되었지요. '좀 다른 문제의 이야기다'라고 정정 내용을 발표하고, 바로 학예부서에서 문의 전화가 있었지만 그 기자의 경력에 흠집을 내는 건 내키지 않기에 부정은 하지 않았습니다. 그렇게 되니 오히려 그 일이 등을 밀어준 셈이 되어서 자연스럽게 소설에서 거리를 두고 더 근본적으로 고민해가는 방향으로 몸도 마음도 움직이기 시작했어요. 다케미쓰 씨도 "확실히 자네는 그런 고비에 서 있는 것 같네"라고 하더군요. 친구들은 조용히 받아들여주었습니다.

그런 시점에서 상을 받았어요. 우선 수상을 했으니 이제 소설 쓰기를 그만두고 어딘가에서 조용히 산다는 건 아무래도 불가능할 것 같았어요. 그러는 동시에 아이러니한 이야기입니다만, 요전에도 말했듯이 이걸 계기로 죽을 때까지 글을 계속 쓰면서 살 수 있겠구나 하고 생각했습니다. 노벨상이라는 것에 힘입어 베스트셀러는 아니더라도 내가 쓰고 싶은 것을 쓰면서 죽을 때까지 가족과 함께 생활할 수 있다…… 그런 보증을 해주었다는 느낌이 들었습니다.

그 무렵부터 오에 선생님이 손수 쓰신 원고를 볼 수 있는 기회를 얻었습니다. 원본 내용 외의 것을 추가하고 삭제하고 붙여 넣기 등을 반복하시는 어마어마한 재고의 흔적에 늘 감탄합니다. 사이드 씨가 말하는 '일래버레이트elaborate하다', 퇴고한다는 뜻입니까? 그런 방식으로 작품 『공중제비돌기』도 처음에는 7,200매였던 것을 최종적으로 상·하권 3,600매로 다듬어가셨습니다. 편집자의 의견에도 적극적으로 귀를 기울여주셨지요. 어쩐지 노벨상에 의해 해방되었다는 듯이 새로운 문장 스타일을 만들기 위해서 공격적인 글쓰기를 해오셨다는 인상이 강합니다.

그렇지요. 소설을 그만둔다고 말했던 게 노벨상 수상과 시기가 겹쳐서 국내외에서 많은 비판이 있었습니다. 실제로 그 당시를 전후로 3년 정도 아무것도 쓰지 않고 프린스턴 대학에서 교편을 잡거나 했던 시기가 유효했다고 봅니다.

　내 경우에는 소설가로서 오래 생활해오면서 결국 소설을 쓴다는 일이 일종의 단순 작업이 되어버렸습니다. 주제를 결정하고 어느 날 쓰기 시작하지요. 그렇게 하면 매일 조금씩이라도 진도가 나가고 소설이 끝날 때까지 계속 쓰게 됩니다. 중간에 중단하거나 하는 경우는 없습니다. 하지만 이런 습관이 그렇게 좋은 건 아니라는 생각이 『공중제비돌기』라는 소설을 다시 쓰기 시작하면서 들더군요. 그래서 마찬가지로 매일 써나가기는 해도 일단 완성된 것을 가능한 한 단기간 안에 정리해서 고쳐 쓰자, 고쳐 쓰며 세세하게 다시 검토하자──그것이 일래버레이션, 고쳐 쓰기이지요── 는 공정을 두었습니다. 이것은 현재까지도 계속되고 있습니다. 소설가의 자기 검토라는 것은 역시나 고쳐 쓰기를 통해 성립하지요. 만년에 이르러서도 역시 그렇지 않을까요?

　　최종적으로는 "**그것**이 온다"고 부르고 계신, 본인이 제어할 수 있는 선을 넘어선 어떤 힘이 작용해서 소설이 완성된다는 말씀이시지요.

그렇습니다. 지금 말한, 매일 조금씩 나아가는 연속적인 작업 과정에서 어느 단계에 이르면 비연속적인 것이 개입합니다. 대개 소설을 창작해가는 도중에 어떤 소설이라도 자체적으로 궤도를 그리게 되고 그 궤도를 타고 계속 정진해나가지요. 그런데 그 궤도에 올라 달리는 가운데 소설 자체가 탄력을 받아 지금까지 달리던 평면에서 이륙하는 순간이 있어요. 이륙하면 그 추세를 타고 날아가면 되지요. 이렇게 이륙하는 순간이 반드시 옵니다. 그런 순간을 가리켜 나는 "**그것**이 온다"고 불러왔습니다.

그 순간은 불쑥 찾아옵니다. 예를 들어 『개인적 체험』의 경우에는 우선 내 첫 아이가 장애를 갖고 태어났다는 일이 일어났고 그런 현실을 견디어내자는 의도에서 바로 소설을 쓰기 시작했어요. 버드라는 청년이 후두부에 기형을 갖고 태어난 아이로부터 어떻게든 벗어나보려고 발버둥치지요. 그런 청년이 회심하기에 이릅니다. 하나의 결과를 향해 가는 것은 처음부터 정해져 있지만 그것을 어떻게 짧고 확실하게 표현할까? 회심의 과정이 어느 날 순간적으로 결정되지요. 지금의 『개인적 체험』에서 말을 빌려보자면, 버드는 어린 아이를 정체를 알 수 없는 병원에 방치하고서—실제로 그런 곳은 없겠지만—, 싸구려 술집에 앉아 술을 마십니다. 그리고 위스키를 토하지요. "나는 갓난아기 괴물에게 파렴치한 일을 무수히 반복하며 도망치면서 도대체 무엇을 지키려고 했던 걸까? 도대체 어떤 내 자신을 지켜내기 위한 시도였던가? 버드는 생각했다. 그리고 갑자기 아연실색했다. 대답은 제로였다."

  이 장면이 '**그것**'이 온 순간으로 정신없이 빠져들어 글을 쓰고서, 다 쓴 후에 오히려 작자인 내가 다른 존재가 되어 있는 듯한 경험을 했습니다.

  이렇게 '**그것**'이 와서 소설이 완성되는 궤도가 지금까지는 거의 일상적이었는데, 이번 3부작의 경우는 처음에 뜻하지 않은 큰 사건이 있었고 그 일에서부터 조금씩 조금씩 소설이 완성되어갔어요. 소설을 처음 쓰기 시작했을 때에는 이제부터 소설가가 되어간다, 오르막길을 오르는 힘든 여정에 오른다고 생각하면서 새로운 인물이나 이야기를 만들어갔는데, 그것이 어느 사이인가 평지를 걷는 것처럼 되어서 몇십 년인가를 해왔습니다. 그리고 이미 확실하게 인생이 쇠퇴해가는 길에 들어서 있지요. 예순다섯 살에 『체인지링』, 2년 후에 『우울한 얼굴의 아이』를 쓰고서, 이미 나는 명백히 정신적으로나 육체적으로 죽음을 맞이하는 길로 들어섰구나. 쇠퇴하는 과정에 있는 인물을 쓰고 있는 내 자신도 마찬가지로 쇠퇴하고 끝을 향해 가고 있다는 실감이 들었습니다. 그렇게 해서 『책이여 안녕!』에 이르렀습니다.

정말로 쇠퇴인가요? 1990년대의 대장편에서 한 번 방향이 바뀌어 『체인지링』에서는 짧은 장편으로 전환됩니다. 물론 문체도 일신되고요. 얼마 안 되는 기간 동안에 이런 변화가 일어난 데에는 어떤 이유가 있는지요? 역시 이타미 씨의 죽음과 관련이 있습니까?

그렇습니다. 『체인지링』을 쓰게 된 계기가 아내에게 가장 소중한 사람의 자살이었고 그것은 나에게도 그 이상 가는 일이 없을 정도로 최악의 사건이었습니다. 『타오르는 푸른 나무』부터 『공중제비돌기』까지 쓰고 나니 이제까지의 주제는 끝났다, 왠지 깨끗이 마무리되었다 싶었어요. 나의 죽음이 아무것도 아니라는 생각이 들 정도로 철저하게 가뿐한 기분이었지요. 그 시점에서 나와 가족이 그저 사자(死者)를 앞에 두고서 적나라한 고통을 느낄 수밖에 없는 사건이 일어났지요. 그리고 그 소설을 쓰기로 했습니다.

소설을 쓰는 작업은 소설쓰기를 통해 나의 사생관을 재구성해가는, 그런 의미이기도 합니다. 특히나 중기의 작업 이후가 그러했지요. 소설을 쓰면서 늘 분명히 할 수 없었던 나의 사생관에 하나의 방향을 설정해가는 겁니다. 그것이 인생의 시기에 있어서 '만년의 작업'에 다름 아니기에 나의 각오도 달라졌습니다. 『공중제비돌기』까지는 여전히 삶을 살아가는 사람들의 사생관을 쓰고 있었다고 봅니다. 살아가는 사람들의 영혼을 그려내기 위해서 죽어가는 사람들을 묘사하기도 했지요. 객관소설, 3인칭 소설로서요. 그런데 가까운 사람의 죽음 때문에 내 자신의 사생관 문제에 입각해서 완전히 개인적인 소설을 쓰게 되었어요. 그것을 시작으로 죽어가는 사람들의 영혼을 위해서 죽어가는 사람들의 사생관을 쓰기로 했습니다. 『체인지링』은 다시 한 번 『개인적 체험』을 쓴 것이나 마찬가지입니다.

조코 고기토라는 화자

그렇게 해서 '조코 고기토'라는, 오에 선생님의 분신 같은 인물이 화자가 되었던 거군요.

조코 고기토라는 인물을 만들어서 내 자신과 오버랩시켰지요. 그리고 어렸을 때부터 줄곧 친구이자 의형제이기도 했던 이타미 주조를 모델로 삼은 인물, 하나와 고로를 만들었어요. 거기에서부터 시작했습니다.

원래 사건은 9년 전인데, 어느 날 한밤중에…… 나는 서고의 침대에서 자고 있었는데 아내가 와서 "다케짱이 자살해버렸어야"라고 하더군요. 그녀가 자고 있는 나를 깨우러 온 것은 그때까지 단한 번뿐이었는데, 케네디 대통령이 암살된 때였어요. 말투가 교토 사투리로 바뀌는 건 어렸을 때의 자신으로 돌아가 있다는 걸 뜻해요. 그녀에게 나는 이미 남인 셈이지요. 같은 집에 살고 있는 이 남자에게 오빠의 신원을 확인하러 가지 않으면 안 된다고, 일단 통보하는 태도라 할 수 있지요. 그것도 자고 있는 히카리를 놔두고 혼자서만 외출할 수 있도록 현관에 짐을 놔두고 있었어요. 장애가 있는 아들까지 아내의 의식에서 사라져버렸던 게지요. 가장 사랑하는 오빠와 함께 살았던 교토 시절의 자기 모습으로 되돌아가서……

나로서도 그렇게 놀랐던 적은 없습니다. 전혀 예상하지 못했어요. 이타미 같은, 일찍부터 성숙하고 훌륭한 작업을 계속해오던 남자가 자살 같은 걸 하다니. 어쨌든 그 사건이 일어나고서 나에게는, 물론 어느 정도 시간을 두지 않고는 일에 착수할 수 없었지만, 소설을 쓰지 않으면 안 된다는 동기가 생겨났습니다.

> 한편으로 오랜 독자들은 또다시 기묘한 슬픔을 맛보았다고 생각됩니다. 40년도 더 전에 씌어진 『일상생활의 모험』의 시작 부분을 떠올리면서 그 소설이 결국 '진짜 사실'이 되어버렸다는.

당신은 소중한 친구가 자살했다는 편지를 받았을 때의 고통을 상상해본 적이 있는가? 가끔씩 싸우기는 했지만, 그래도 오랫동안 사귀었던 친구의 죽음을 알리는 편지. 친구의 죽음은 그 장소가 화성이 아닌가 생각될 정도로 멀고도 먼 미지의 장소에서 이루어졌다. 아무런 확실한 이유도 없이 갑작스럽게 이루어진 죽음. 덩치가 작은 동물의 경우, 사나운 육식 동물에게 마치 부드러운 꿀과자처럼 자신의 딱딱한 머리를 베어 먹히는 경험이 가장 가혹한 체험일지도 모른다. 하지만 인간 세계에서는 소중한 친구의 갑작스러운 죽음이 가장 고통스러운 체험일 것이다.

내 연하의 친구, 사이키 사이키치. 얼마 전 독립한 북아프리카 어느 나라의 지방도시인 부우지에서 사이키치가 호텔 욕실의 샤워 꼭지에 허리띠로 목을 매단 채 자살했다는 짧은 편지가 파리를 경유해서 방금 나에게 도착했다.*

어렸을 때부터 준수했고 재능이 많았던 이타미는 실제로는 속 깊은 곳에 커다란 decay라고 할까, 어딘지 모르게 황폐한 구석을 지니고 있는 듯했어요. 그런 느낌이 있었습니다. 그렇다고 해도 그런 면이 어디에서 기인한 것인지 나로서는 알 수 없었지요. 물론 지금도 그렇습니다. 그런 황폐한 성격이 내면에서 우세를 점할 경우에는 이

---

* 『일상 생활의 모험』 참조.

타미가 무슨 일을 벌일지 알 수 없어요. 그러나 원래부터 좋은 환경에서 자란, 마음도 유약한 사람이지요. 단테의 『신곡』 지옥편에 '자기 자신에게 폭력을 휘두른 죄과' 때문에 나무에 매달려 있는 영혼이 등장하는데, 남을 쓰러뜨려야 할 순간에 대신 자신이 죽고 마는 인간의 영혼입니다. 이타미에게는 그런 식으로 자기 파멸적인 구석이 있었어요. 그 원인이 되는 계기를 찾아보고 싶었습니다. 이것이 무엇보다도 이타미의 일을 소설로 쓰게 된 큰 동기입니다. 나에 관한 이야기를 쓰겠다고는 생각하지 않았지요.

언젠가는 그것을 써봐야겠다고 늘 생각해오던 중에 캘리포니아 대학 버클리 분교에서 강연을 하기 위해 일주일간 체재하게 되었고, 그때까지 그 대학에서 했던 강연 자료를 건네받았습니다. 그중에 그림 작가 모리스 샌닥과 세계적으로 유명한 셰익스피어 학자와의 대담이 있었어요. 후에 베를린의 고등연구소에서 우연히 그 『체인지링』의 성립 과정을 이야기했던 상대가——혹시 그것은 작자인 나를 말하는 게 아니냐고 말한 스티븐 그린블랏Stephen Greenblatt입니다. 여하튼 그때 숙소에서 대담을 읽는 도중에 단숨에 그 소설의 구상이 이루어졌어요. 이것도 '**그것**'이 온 일례입니다. 수려한 어린아이가 어느 날 나쁜 요정 고블린의 노인과 맞바꾸어버린다는 체인지링이라는 민요의 유형. 재차 말합니다만, 이타미는 정말로 수려한 아이였어요. 그것을 질투하는, 혹은 단순하게 그 아이를 원하는 사람이 불쑥 나타나서 이타미를 데려가고, 그 대신에 얼굴은 닮았지만 어딘가 그늘진 아이를 두고 갔다고 생각하니 모든 게 납득이 가더군요. 그렇게 뒤바뀐 오빠를 때로는 수상하게 여기면서 그러나 그 가짜 오빠를 소중하게 보호하며 살아온 여동생. 혹시나 기괴한 죽음을 시도하는 건 아닐까 하는 두려움도 지녀왔던 여동생 지카시에 대한 구상을 마치고 소설을 쓰기 시작했습니다.

> 인생에 있어서 가장 불행한 사건이 하나의 작품과 만나면서 다른 의미를 갖기 시작하고 우연처럼 대작을 쓰게 된 계기가 생겨났다는 말씀이네요.

네, 불행한 우연처럼 그것은 일어났습니다. 소설의 출발점을 우발적인 사건에 단서를 두는 것은 문제가 되지 않겠느냐고 할 수도 있겠지만, 만약 작가에게 다른 인간과는 다른 재능이 있다고 한다면 그것은 하찮은 우발적인 사건으로부터 내가 당시 쓰고자 하던 소설의 가장 근본적인 것을 창출하는 거지요. 바로 그 계기를 잡아낼 수 있는 능력이라고 생각합니다. 그 계기의 유효성을 믿고서 불안감이 들더라도 그것을 향해 점점 파고들어가지요. 이렇게 해서 많은 구상을 넓혀가며 이야기를 만들어가는 능력이 작가의 재능이 아닐까 싶어요.

실례를 들어 생각해보면, 어떤 작가라 해도 방대한 작품을 논리적인 힘으로 선명하게 구상하고 그것을 그대로 완성시켜가려고 노력해서 성공한 예는 문학사상 흔하지 않다고 봅니다. 토마스 만의 『파우스트 박사』가 좋은 예인데, 아무래도 소설이라는 것은 무엇보다도 우발적인 사건에 부추겨져서 씌어지는 경우가 일반적이지 않을까요. 그렇기 때문에 인간이 산다는 것의 우연성이 갖는 재미, 무의미함, 그런데도 불구하고 깊은 무게감이랄까, 그런 것이 소설의 형태로 묘사되어온 게 아닐까, 그렇게 생각합니다.

그럼, 다음 작품 『우울한 얼굴의 아이』의 탄생에도 우연성이 크게 작용했던 건가요? 제1부 『체인지링』에서 열일곱의 고기토와 하나와 고로가 시코쿠에서 고등학교를 다닐 때, 패전 후의 혼란 중에 국수주의적인 집단과 연루되어 깊은 상처를 받은 '그 일'이라고 씌어 있는 사건이—핵심 부분은 독자의 상상력에 맡긴다는 형태로 지카시의 시점으로 진행되고, 커다란 논점이 되기도 했습니다. 그리고 『우울한 얼굴의 아이』에 나오는 다음과 같은 '비평가의 단정'도 실제로 있었을 테지요.

"나는 이 소설에서 사건이 기록된 방식으로 보아, 작가는 아는 독자들만 알 수 있는 방식으로 그것이 무엇이었는지를 고하고 있다고 생각합니다."

고기토는 스탠드 불빛에 갖다 대고 잡지를 읽어가며 그것은 '소의 생가죽 씌우기'라는 것이겠지만, 그것은 단순한 '사실'일 뿐이라고 생각했다.

하지만 마키히코도 줄을 그어둔 비평가의 단정은 고기토가 흠칫하고 소름이 끼칠 정도의 것이었다.

"그 사실이란, 강간과 밀고입니다. 말하자면 제 생각에, 열일곱 살 때 고기토와 고로는 어떤 사정으로 다이오 씨의 궐기 계획에 말려들었고 거기서 빠지는 과정에서 다이오 씨 밑에 있던 젊은이들로부터 앙갚음이라도 당하듯이 호모 섹슈얼한 형태의 강간을 당해서 몸과 마음이 '기진맥진해'집니다. 그리고 그들은, 어떤 마음의 움직임에서인지 그들에 대한 반격이랄까…… 저항으로서 다이오 일행과 궐기 계획을 밀고했고 그 결과, 다이오 씨의 궐기 계획은 좌절되었죠 (이 때문에 두 사람은 훗날, 남몰래 쫓기게 됩니다). 두 사람이 이후, 4월 28일 밤은 유일한 예외로 하고 그 후 몇 년간 절교 상태에 들어간다는 작중의 경과(=작중 사실 A)는 작중의 원 사실(B)로서, 두 사람이 강간으로 몸을 더럽히고 그 치욕으로부터 회복하기 위하여 스스로의 몸을 더럽히는(=밀고한다) 행위에 나선다는 사실을 계산에 넣음으로써 비로소 의미를 갖도록 되어 있다. 고기토와 고로는 마치 일본의 전후의 출발에 맞추듯이 자신들의 손을 더럽힘으로써 새로운 세계를 향해 출발했다. 바로 이 때문에 언젠가 이 일을 각각의 작품으로 밝히고자 생각했다는 줄거리가 이렇게 읽으면 부각되는 겁니다." 고기토는 불현듯 일어서 별장 안쪽에 조그맣게 달려 있는 전기 플레이트 위에 잡지를 올려놓았다. 그것이 연기를 내기 시작하자 천장의 센서가 감응하지 않도록 환풍기를 작동시키기도 했다. 마침내 불꽃이 일었고 완전히 탈 때까지 고기토는 그 앞에 서 있었다. 남은 재를 개수대에 버리고 물을 끼얹자 연기 냄새가 방 안에 가득 찼다. 그 냄새를 맡으면서 물소리가 나지 않도록 물을 작게 틀어 암연한 기분으로 샤워를——차가운 물은 언제까지나 따뜻해지지 않았다——하기도 했다. **이렇게 읽으면 부각되는 겁니다.** 개자식들, 하고 고기토가 내뱉었다.——*

현실 세계에서 씌어진 '비평'에 대해서 작중의 고기토는 분서(焚書)에 이를 만큼 분노합니다.

그것은 『체인지링』을 쓰던 중에 나를 모델로 한 고기토와 이타미 군을 모델로 한 고로, 그 둘의 관계의 근저에 패전 직후에 일어난 어

---

* 『우울한 얼굴의 아이』, 서은혜 옮김(청어람미디어, 2007) 참조.

떤 사건 때문에 생긴 상처, 점령기의 지방 도시에서 살던 나날의 사건에 뿌리를 둔 상흔이 존재하는 게 아닐까? 그런 생각이 들어서 시작했습니다. 이것은 앞서 말했던, 소설 창작 과정에서 우발적으로 가해진 플러스적인 힘과는 다릅니다. 소설 중에서도 '**그 일**'이라고 부르고 있는 사건이 말 그대로 현실에서 일어난 건 아닙니다. 픽션이지요. 내가 소설을 쓰면서 나와 이타미 군의 마쓰야마에서의 고교 생활을 떠올리고서 그러한 일이 가능했다면 하고 가정을 하고 그런 상상이 점차로 확장된 겁니다. 그렇지만 일단 소설로 쓰면 그것이 현실적으로 나의 과거 속에서 움직이기 힘든, 어떤 분기점 같은 것이 되어버립니다. 그 자체로는 아니지만 결국 살짝 뒤바꾸거나 완전히 반전시키거나 해서 소설로 전개해보지 않으면 안 되겠다는 기분이 들지요. 별로 좋아하는 말은 아니어서 이 말을 나에게 적용시켜서 사용한 적은 한 번도 없지만, '소설가의 업보'라고 하는 것은 역시 있는 듯해요. 그러한 것이 쌓이고 쌓여서 그 소설이 완성되었습니다.

때마침 새로 번역된 『돈키호테』를 읽고서 쓰는 입장, 씌어진 입장을 자유자재로 전환시키면서 소설을 써나가는 기법의 재미를 새삼 느끼고 있었습니다. '수상한 2인조'라는 기본 골격을 이루는 틀은 그때 완성된 것이고, 돈키호테와 산초 판사의 정형에 이타미 군과 나를 적용시킬 구상도 했습니다.

오에 선생님의 작품을 초기에서 현재까지 관통하고 있는 '수상한 2인조'라는 구조를 〔이 삼부작에서〕 자기 발견했다기보다 재확인했다고 한 것은, 영어판 『공중제비돌기』를 비평한 미국의 프레드릭 제임슨의 지적이었던 것 같습니다. 그 후로 자기 비평을 하신 것은 『체인지링』『우울한 얼굴의 아이』『책이여 안녕!』을 '수상한 2인조' 3부작으로 묶은 특별판이 만들어졌을 때 나온 부록 「조코 고기토와 작가의 대화」에서였지요. 이색적인 자기 비평이 전개되고 있고, 복잡하게 얽힌 '2인조'의 관계에 대해서도 알게 되었습니다. **어긋남**과 반복이라는 오에 소설의 특징도 이 2인조가 있어서 생겨난 것이지요.

그렇지요. 본디 2인조를 설정하지 않으면 내 소설은 움직이지 않아요. 2인조라는 것이 소설의 모든 원형임을 깨닫게 되었습니다. 내 소설은 많은 **어긋남**을 매개로 해서 전개됩니다. 같아 보이는 인물이 서로 **어긋나며** 관계를 맺음으로써 새로운 이야기가 탄생합니다. 이 3부작에서, 제1부에서 죽은 고로가 남긴 카세트테이프를 '물장군' 통신이라는 제목으로 활자화해서 죽은 인간인 고로와 고기토가 열심히 소통을 하지요. 제3부 끝에는 살아 있는 인간으로서의 고기토와 건축가인 쓰바키 시게의 모험이 이미 끝나버려서 둘이 아직 살아 있는 건지, 저세상으로 가버린 건지 분명하지 않은 상태이지만, 어느 사이인가 **어긋남** 속에서 조용히 조용히 2인조는 움직이기 시작합니다.

생각해보면 작품 『짓밟히는 싹들』의 형제가 '수상한 2인조'였고 기이 형과 나라는 인물도 '수상한 2인조', 시게의 제자 다케시와 다케짱이라는 젊은 두 사람도 '수상한 2인조'입니다. 소설을 떠나 실생활로 돌아와서도 이타미 군과 나, 와타나베 가즈오 선생과 나, 히카리와 나, 항상 나는 '수상한 2인조'의 한 사람으로 살아온 듯합니다. 훨씬 수상한 쪽은 늘 나였습니다(웃음). 다케미쓰 씨와 나도 그야말로 수상한 커플이지요. 어릴 때부터 나는 어떤 사람이 나에게 소중한 사람인지 친구인지 또 선생인지를 발견하는 능력만큼은 보통의 아이보다 발달되어 있었던 것 같아요. 일단 그러한 사람을 선택하면 죽기 살기로 집요하게 그 사람의 학생이길, 친구이길 고집했지요. 게다가 나는 남과 쉽게 절교하는 성격이기도 합니다. 그렇다고 해도 늘 내 쪽에서 절교를 선언하는 편으로 절교를 받아본 적은 없었어요, 행복하게도.

셀린Louis Ferdinand Céline의 자전적 장편소설 『밤 끝으로의 여행 *Voyage au bout de la nuit*』에 등장하는 2인조, 바르다뮤와

로빈슨의 이야기처럼, 시계가 "시계와 고기의 만년의 파란만장한 모험소설을 합작하자"고 고기토에게 제안을 하기도 하지요. 셀린의 2인조 구성을 생각하면 오에 선생님은 살아남는 바르다뮤에 해당하는 것 같습니다. 아니, 오에 선생님의 재능이 결국은 문학의 힘으로 어떤 상대에게도 지지 않고 살아남았다는 뜻인지도 모르겠네요.

2인조의 파트너를 적으로 삼아서 경쟁한다는 의식은 없습니다만, 확실히 나는 소중한 친구들보다 오래 살아남았습니다. 그것은 재능이라기보다 앞서 말한 '소설가의 업보'이지요. 그 대신에 마침내 내가 죽을 때, 어쩐지 그것은 더 괴로운 일이 되지 않을까요(웃음). 작가 셀린이 다름 아닌 바르다뮤 역이었듯이, 작가는 작품을 만들 때 아무래도 자기중심적이 됩니다. 결국 작가라는 것은 소설을 계속 쓰는 동안에는 그 소설 속에서 어떤 형태로라도 살아남는 타입이지요. 그렇지만 예술가나 학자가 같이 그룹이 되면 그 그룹 안에서 제일가는 재능은 작가의 몫이 아닙니다. 우리 동료들을 생각해보면 다케미쓰 도오루가 제1급. 이타미 군도 매우 재능 있는 영화감독. 건축가인 하라 히로시나 이소자키 아라타에게도 저는 발끝에도 못 미치지요. 작가의 재능은 그 사람이 매우 뛰어난 사람이라는 것을 관찰하는 힘이 아닐까 해요. 다른 사람은 깨닫지 못해도 혼자서 발견하는 힘. 바로 그것이 살아남아서 작가가 되는 인간의 조건이라고 봅니다.

 작가라도 자기에게 정말 재능이 있다는 것을 알고서, 그래서 하찮은 것은 절대로 쓰지 않으며 살아가는 사람이 있어요. 그들은 그러나 살아남는 타입이 아니라 빨리 죽어버리는 타입이지요. 프란츠 카프카가 그렇습니다. 그 사람에게 필적할 소설가의 재능은 20세기에는 달리 없지 않을까 생각합니다. 독창성에 있어서도 다른 여러 면에 있어서도. 그런데 그의 친구는 이류 작가이지만 살아남아서 카프카의 위대함을 세계에 알렸지요. 또 다른 대단한 2인조를 말한다면 철학자 벤야민과 유대인 신비사상사가인 게르숌 숄렘Gershom Gerhard Scholem. 이 둘의 관계에서는 숄렘이 바르다뮤의 역할이었지요.

『2백 년의 아이들』의 판타지

 그럼 '수상한 2인조'의 제2부와 3부 사이에 쓰여진 『2백 년의 아이들』은 3인조였다는 점에서 오에 작품으로서는 이례적인 소설이었네요.

 '나의 유일한 판타지'로서 2003년 1월부터 『요미우리신문』

에 매주 토요일, 1면 전부를 할애하여 게재했던 첫번째 연재소설이었지요. 설정은 1980년대 전반. 우울증 치료도 겸해서 소설가인 아버지는 어머니와 함께 미국에 체류합니다. 그해 여름, 장남 마키와 장녀 아카리, 차남 사쿠짱, 이렇게 삼남매는 아버지의 고향 시코쿠의 작은 마을에서 지냅니다. 그곳에서 천 년이나 된 구실잣밤나무 속에 나 있는 빈 구멍이 과거와 미래, 2백 년을 여행하는 타임머신임을 발견하지요. 여행지는 『짓밟히는 싹들』이나 『동시대 게임』 등으로 과거의 작품 세계로의 꿈의 여행이었습니다.

그렇습니다. 이 작업은요, 오자키 씨한테 전적으로 의지해서 계속 쓰게 되었는데, 나의 문체를 고심해서 완성시킬 수 있었다는 점에서, 지금까지 『책이여 안녕!』이 어른용 소설로서, 『2백 년의 아이들』이 아이들을 위한 소설로서 가장 완성도가 높다고 생각합니다.

『2백 년의 아이들』의 담당자로서 독자와 작자인 오에 선생님에게 대단히 죄송스러웠다고 생각되는 점이 있습니다. '수상한 2인조' 3부작에 등장하는 장남 아카리가 이 작품에서는 마키라는 이름으로, 장녀 마키가 아카리라는 이름으로 되어 있습니다. 연재 직전에 남녀의 역할이 바뀐 인상을 주는 이름이라는 지적을 받아서 소설을 읽는 데 익숙하지 못한 독자를 위해 재고를 부탁했습니다. 그러자 아카리와 마키의 이름을 서로 바꾸셨습니다.

그랬습니다. 나에게는 소설 인물의 이름에 집착하는 묘한 취미가 있습니다. 내 소설에 나오는 다양한 인물의 이름은 나의 인간에 대한 선호와 혐오에 조응한다고 해도 좋을 정도로 기호가 확실한 편입니다. 특히 좋아하는 인물에 대해서는 이 이름이 아니면 안 된다고 생각하지요. 그래서 같은 이름이 몇 번이나 반복해서 등장하는 경우가 자연스럽게 발생합니다.

예를 들어 소설 『그리운 시절로 띄우는 편지』에서 살해되는 여성과 『책이여 안녕!』에 등장하는 건축가는 모두 '시게(繁)'라는 이름인데, 특별하게 내가 그 둘을 연관지어서 이미지화하고 있던 것은 아닙니다. 다만 어렸을 때부터 좋아하는 이름의 타입이 있어서 그것을 하나의 소설에 쓰면 발음을 조금 변형시키거나 글자를 변형시켜서 다음 소설에, 혹은 좀더 이후의 소설에 다시 등장시켜왔습니다. 그저 이름뿐이지만요. 그렇기 때문에 내 소설에 나오는 이름을 발췌해서 컴퓨터나 다른 것을 통해 그 경향을 분석해보면 종류가 그렇게 많지 않을 거예요. 몇 가지 원형이 되는 이름이나 이름을 발음할 때 느껴지는 음의 반향과 같은 것이 분명해질 거라 봅니다.

나는 소설을 쓰는데도 불구하고, 왠지 어떤 이름이 아니면 인물상이 잘 그려지지 않는 습성이 있습니다. 그것은 내가 소설가로서 갖고 있는 가장 큰 고정관념일지도 몰라요. 간단하게 다른 이름을 붙이는 게 불가능하지요. 『만엔 원년의 풋볼』에서는 처음부터 '다카시(鷹四)'라는 이름을 처음부터 정해놓고 있었어요. 반대로 나에게는 친숙하지 않은 이름이었던 '미쓰사부로(蜜三朗)'라는 이름을 그 형의 이름으로 생각했습니다. 그것은 다케다 다이준 씨의 소설 『풍매화(風媒花)』에서 미쓰기(蜜技)라는 여성이 등장하는 걸 보고, 일본인은 '미쓰(蜜)'와 같은 글자를 이름으로는 쓰지 않는데, 그런데 이상하게도 존재감이 있는 이름이구나 하고 생각했어요. 그것을 남자 이름으로 사용했습니다. 조금은 불길하면서 에로틱한 느낌도 있는 기괴한 이름. 그런 이름을 짓는 데에 특별한 재능을 갖고 있는 사람이지요, 다케다 다이준은.

> 이번에 조코 고기토라는 주인공의 작명은 그것 자체로도 화제가 되었습니다. 고풍스럽고 고지식한 느낌의 이름이지요.

글쎄요. 조연 같이, 내 자신과 비슷한 인물의 이름이 조코 고기토였습니다. 우선 조코(長江)라는 건 양쯔 강이라는 의미로 다이코〔大江, 오에 겐자부로의 성〕, 저의 가짜 이름으로도 가능하겠지요. 고기토라는 이름은 소설 속에서는 존 만지로에게 미국의 풍속을 배운 할아버지가 주위들은 데카르트의 코기토와, 우리 지방에서는 지주나 상인들이 공부하던 유학자는 보통 이토 진사이의 학풍을 따랐는데, 진사이의 예스러운 정도의 길, 유학자적인 고의〔古義, 옛날의 바른 도리〕라는 단어를 함께 조합해서 서양식과 일본식을 절충한 이상한 이름으로 부르게 되었다고 그 유래를 써놓았습니다. 하지만 이러한 설명은 나중에 소설을 쓰면서 쓸데없이 이유를 단 것이고, 처음에는 고기토라는 발음 자체가 좋아서였습니다. 지카시라는 여성의 이름도 이유 없이 지카시라는 이름이 좋았습니다. 그 한자도 마음에 들고요.

다만, 데카르트의 '코기토 에르고 숨'은 젊었을 때부터 나에게 중요한 말이었습니다. '나는 생각한다. 고로 존재한다.' 상당히 좋은 번역이기는 하나, 원래는 인간은 사고하기 때문에 독특하다는 의미가 아니지요. 결국 내가 존재하기 때문에 나는 사고하고 있다는 것이 아니라, 바로 내가 존재하고 있는지 어떤지, 그것을 말해도 소용없다. 사고하고 있다는 사실이 존재하는 이상, 그것은 남이 사고하고 있는 게 아니다. 사고하고 있는 것은 나이기에 고로 나는 존재한다…… 그런 기본적인 정의를 프랑스인 선생님이 설명하는 걸 듣고 감탄했던 적이 있습니다.

하나와 고로의 경우는, 무념무상의 죽음에 이른 인간의 숭고함, 이른바 어령신앙*을 연상시키는 이름입니다.

내가 태어난 마을에서 강 하류를 따라가다 보면 그렇게 멀지 않은 곳에 '고로(五郎)'라는 지명이 있습니다. 나는 그것을 어령이라고 받아들이고 있습니다. 고로(吾良)라는 이름을 이타미 군을 모델로 한 인물에게 부여해서 『체인지링』이라는 소설이 완성되었어요. 일본 전국 곳곳에 소가 고로 전설(曾我五郎傳說)이 전해지고 있지요. 우리 마을에도 소가 고로의 수총〔적군의 머리나 죄인의 머리 등을 베어 매장한 무덤〕이라는 게 있어요. 인간에게 위해를 가하는, 복수하는 자로서의 고로. 잘 알다시피 에히메 현에는 와레이(和靈) 신사가 있지요. 그것은 오이에소동〔에도시대에 일어난 다이묘 집안의 내분〕이 일어났을 때 살해당한 충신을 애도하고, 사람에게 해를 끼치는 영혼을 진정시키기 위해 만든 것입니다. 일본의 신들 중에서 가장 역사가 짧은 것이 와레이 신사의 신체(神體)라고들 합니다. 결국 내가 자란 곳은 어령신앙적인 전통이 있는 지방인 셈이지요. 그곳에서 자라면서 언젠가 고로라는 이름을 중요한 인물의 이름으로 쓰고 싶다는 생각을

---

* 御靈信仰: 천재지변이나 역병이 발생하는 이유를 억울하게 비명횡사한 사람이나 원한을 갖고 죽은 사람의 혼령 때문이라고 보고 그러한 사람들의 넋을 달램으로써 사고를 막고 평온함을 기원하는 일본인들의 신앙.

했어요. 그리고 흔히 있는 고로(五郎)의 '랑(郎)'이 아니라 고로(吾良)의 '량(良)'이라는 글자를 쓴 것도 의도했던 바입니다. 중국이나 오키나와의 민화를 보면 현명하고 강한 셋째 아들에게는 보통 '良' 자를 붙입니다. 특별한 남자라는 뜻에서요. 경극을 보면 산랑(三良)이라는 인물이 활약하지요.

> 고기토는 고로나 시게에게 '고기이'라는 애칭으로 불립니다. 그러면 자연스럽게 기이 형의 계보를 떠올리게 되지요. 『그리운 시절로 띄우는 편지』의 기이 형에서 「핵시대의 숲의 은둔자」의 은둔자 기이, 『타오르는 푸른 나무』의 새로운 기이 형, 『공중제비돌기』에서 차세대를 상징하는 소년 기이……

그런 식으로 연관 지어 읽어주시니 기쁩니다. 어째서 '기이'라는 이름이 좋은지, 나로서도 이유는 알 수 없지만, 발음이 좋아서 이름으로 쓰고 싶어요. 그래서 내 소설에 등장하는 가장 형님답다고나 할까, 중심적인 인물로서 '기이'가 출현한 겁니다. 제일 처음에 『만엔 원년의 풋볼』에 등장한 것은 숲 속에 살면서 숲의 정령처럼 고목을 전신에 두르고 있는 모습이기 때문에, 축제 때 모닥불이 옮겨 붙어서 불에 타 죽는 인물이었습니다. 홋타 요시에(堀田善衛) 씨한테 "나는 기이가 좋았는데 무참하게 죽이는 건 고약하다"고 진지하게 혼이 난 적도 있었습니다.

　소설 속에 고기토가 형한테서 '너는 어렸을 때 혼자서 신화의 세계를 만들어서 자신의 분신인 고기이라는 아이와 함께 살고 싶어 했어. 그런데 고기이가 혼자서 숲으로 올라가버렸지' 하고 놀림당하는 장면을 썼습니다. 실제 이것이 내 자신의 불가사의한 믿음이었습니다. 이 장면을 쓰고서 나 자신도 처음으로 기이와 고기이의 관계에 눈치를 챘어요. 우선 기이가 있어 큰 역할을 담당하고, 그리고 고기이가 활약하지요.

어디부터가 픽션인가

과연 그렇군요. 이 3부작이 기이 형이 중심적인 역할을 담당하는 『그리운 시절로 띄우는 편지』와 직접 관련된 작품이라는 증거이기도 하네요. '기이 형'에게서 가르침을 받은 한 인간이 노년에 이르러 겨우 '고기이'라고 자칭하는 것을 허락받았다는 듯한. 또 한 가지, 이 3부작을 통해 간신히 이해했다고나 할까, 체념해버린 것이 있습니다. 더 이상은 오에 소설을 읽을 때 어디까지가 실제 있었던 일이고 어디까지가 허구인가 하는 관점은 소용없음을 알아야 한다는, 글쎄요, 어쩌면 당연한 일일지 모르겠네요.

『그리운 시절로 띄우는 편지』로의 전개 이후 내 소설의 방법에 중요한 자산이 된 것은, 내가 만든 픽션이 현실 세계에서 실제로 과거에 존재했다고 주장하기 시작하고, 그것이 새로운 기반을 이루어서 다음으로 이어지는 픽션이 만들어지는 복합적인 구조가 내 소설의 형태로 되었다는 점이다. 이 점에 있어서 나는 일본의 근대, 현대의 사소설을 해체한 인간이라고 불리고 있는지도 모른다.

얼마 전에 프랑스의 『텔레라마 Télérama』라는, 발행부수가 많은 주간지의 인터뷰를 이틀 동안 했습니다. 외국인들은 전혀 예상하지 못한 것을 묻는 수가 있어서 내 자신을 고찰하는 데 도움이 되는데, 이번에 인터뷰에 응하면서 새롭게 생각한 게 있습니다. 나는 젊었을 때부터 소설을 쓰기 시작했지요. 그것도 나의 인생에서 일어난 일을 사소설이 아닌 픽션의 형태로 치환해가면서 소설에 써왔습니다. 그런데 어느 사이엔가 역으로 내가 픽션으로 만들어낸 일이 현실의 인생에 침투해온다는 인상을 갖게 되었다는 생각이 들었습니다. 나의 실제 생활을 소설에서 과장하거나 왜곡하거나 반전시켜서 검토해보던 중에 왠지 현실 생활과 소설 사이의 경계가 무너졌어요.

그리고 갑자기 친구가 자살을 하듯이 흔히 일어나기 어려운 일이 실제 생활에서 발생했지요. 그런 일이 실제로 종종 일어났다는 생각이 든다고 인터뷰에서 대답했습니다.

이렇게 소설을 씀으로써 내 인생의 여러 측면을 노출시킨다⋯⋯ 이렇게 '표현한다'는 점에서 현실과의 관계에 문제가 있다는 생각이 듭니다. 자신의 표현을 좀더 절제해서 소설 작업에 과묵하게 집중할 수도 있고 또 많은 훌륭한 작가들이 그렇게 해왔습니다. 그런데 내 경우는 오히려 나의 현실 생활을 픽션의 형태로 확대하고 강조해왔어요. 실제로 요즘 한밤중에 잠이 깨서 나의 과거에 대해 생각하다 보면 소설과 현실이 구별되지 않는 경우가 있을 정도로(웃음). 그런 식으로 소설가의 인생이라는 것을 극단적인 형태로 살아왔습니다. 나는.

> 언제였지요? 소설을 실제로 써가는 "수법"에 대한 이야기가 진행되면서 '실제로 있었던 일은 간단하게' '픽션으로 만든 부분에 대한 묘사는 구체적으로' 풀어가는 게 중요하다고 말씀하셨던 게 기억납니다. 그래서 픽션으로서 세심하게 묘사하신 걸 보면 『체인지링』에서의 '**그 일**'처럼 이미 너무 리얼해져서⋯⋯ 실제 있었던 일임에 틀림없다, 그것은 정말로 대단한 사건이었다고, 독자나 비평가도 왕성한 상상력을 발

휘하지요. 저도 오독투성이라고 생각합니다. 예를 들어『우울한 얼굴의 아이』에 나오는 고기토 모친의 말. 그녀는「럭비시합 1860」이나「정치소년의 죽음」「그리운 시절로의 통신」등을 쓴 작가인 아들의 삶을 연구자와는 다른 독특한 시각으로 감싸는데, 정말이지 강렬한 인상이 들었습니다.

──……당신이 조사한 우리 집안의 내력이라는 것도 사실과 다르죠? 그럴 수밖에 없지 않나요? 고기토는 지금 소설을 쓰고 있으니까. 거짓말을 만들어내고 있는 거죠? 그렇다면 왜 정말로 있는 것, 있었던 일을 거짓과 혼란스럽게 '섞어'놓은 걸까요? 그거야 거짓에 힘을 실어주기 위해서였을 겁니다.
──소설가도 그 나이가 되면 이대로 죽어도 되는 건가 하고 생각할 수밖에 없는 것 아닌가요? 거짓의 산에 있는 개미지옥의 구멍으로부터 이건 사실이야 하며 종이 한 장을 내밀어 보이는 것과 무엇이 다를까요? 죽을 나이가 된 소설가라는 것도 참 곤란하군요.*

진정으로 고기토에게 동정을 느꼈습니다. 어둡고 우울하고 자학적인 유머는 특히 3부작『우울한 얼굴의 아이』곳곳에

---

* 앞의 책 참조.

서 등장하고 있어 그냥 웃지만은 못할 정도였습니다.

나 같은 인물이 어떤 소설에 등장한다고 해서 그게 그때 그 소설을 쓰고 있는 내가 아닙니다. 현실에 살아 있는 나와는 다르지요. 하지만 내 생활 가까운 곳에 나다운 인물을 두고서 그것을 선명한 형태로 파악할 수 있을 때까지 정성을 다한 후에 하나의 모델로 만들어갑니다. 그것이 '수상한 2인조' 3부작에서는 고기토로, 그는 소설가다운 면모를 갖춘 인물로서 나의 모델입니다. 그 모델에는 현실의 내 생활과 당연히 가까운 점이 있지요.

그렇게 해서 내가 조형한 모델로서의 나와 그것을 쓰고 있는 나와의 **어긋남**, 내 주변에서 모델이 된 인물들과 그들에 대응하는 다양한 작중인물과의 **어긋남**, 나는 그것을 써나갑니다. 그 **어긋남**이야말로 종종 리얼한 순간을 창출하기도 한다고 생각하기 때문이지요. 이런 경우 우선 **어긋남**을 있는 그대로 씁니다. 고쳐 써나가는 중에 그 **어긋남**도 포용하게 된 그가 새로운 모델이 되어 독자적으로 활약하기 시작합니다. 내 생활 속의 인물을 그대로 써서 소설의 리얼리티를 만드는 게 아니라, 실제 생활에서 하나의 모델을 만들어내고 그의 픽션적인 행동을 쓰는 것이지요. 이것이 내 소설의 주된 창작 수법입니다. 때문에 고기토라는 인물은 결국 나와는 다른 인간이 됩니다. 다케미쓰 같은 인물인 다카무라도 다케미쓰 씨와는 다르고, 와타나베 가즈오 씨였던 무스미 선생도 또한 다른 인물이지요. 물론 고로와 이타미 주조였던 겐미쓰는 별도의 인물입니다.

> 그것은 충분히 이해하겠는데, '사소설'일 리가 없다는 것을 머릿속으로 알고 있어도 여전히 작자와 고기토의 그림자가 가까워지고 구분이 없어지고 일치하는 듯한, 으스스할 정도의 리얼함이 진짜로 존재합니다. 예를 들어 『책이여 안녕!』에서 아내인 지카시가 고기토에게 "당신이 어느 사이에 '사소설'을 쓰는 작가라고 비평을 받게 되었지요? 거기에 대해서 저는 제 자신을 포함한 경험에 비추어 반론할 수 있을 것 같아요. 그런데 그런 차원과는 다르게 당신은, 자신이 만나 왔던 사람에 대해서만 써온 건지도 몰라요"라고 말합니다. 이것도 독자로서는 크게 현혹되는 장면입니다.

현재 최신작 '수상한 2인조' 3부작 세 편의 소설에서도 나는 아내나 아이들의 사생활을 그대로 쓰고 있지는 않습니다. 닮아 있는 듯한 부분을 쓸 때에도 현실에 살고 있는 그들과는 다른 인물로서 모델을 재창조하고 있으니까요. 지카시도 그 딸 마키도. 게다가 실제 모델에서 훨씬 더 동떨어진 인물로서 내가 성형하고 있는 사람은 누구인가 하면 소설 속의 아카리로, 후두부에 장애를 갖고 태어난 장남입니다. 히카리가 태어난 직후부터 계속 그 아카리에 해당하는 인물을 다양한 이름하에 묘사해왔습니다. 그렇지만 새로운 작품을 쓸 때마다 어떤 시기의 아카리를 다른 작품에서 독립된 허구의 인물로 조형하고 그것을 선명하게 묘사해 현실 생활 속으로 불러들이는, 이런 방식으로 써왔어요. 그렇기 때문에 작중의 아카리는 시기에 따라 조금씩 변해갑니다. 어떤 작품의 모델로서의 아카리나 작품의 인물로서의 아카리가 있어서 그들은 서로 다르게 존재하지요. 이어지는 작품마다 각각의 모델과 인물로서의 아카리들은 제각기 달라지게 됩니다.

특히 『책이여 안녕!』의 쓰바키 시게라는 인물처럼, 모델같이 보이는 인물이 배후에 있다고 해도 결국은 내가 창조한 완전한 허구의 인물입니다. 그런데도 역시나 실제로 그 허구의 인물의 배후에 확실하게 파악할 수 있는, 현실 생활에서 대응이 되는 모델이 없으면, 왠지 리얼리티가 떨어지는 듯한 느낌이 드는 것도 사실입니다.

> 사소설로 읽힌다는 평가가 일본에서는 결코 비판적인 것은 아니지 않을까요?

그건 말이지요, 일본의 사소설적인 전통이라는 표현이 하나의 확립된 장르로서 존재하지 않습니까? 특히 젊었을 때 나는 그게 정말일까 하고 생각했어요. 소설은 씌어진 순간 모두 객관적인 소설이 되기 때문에 사소설로서의 혈맥을 유지한다는 것은 일본의 소설가만이 갖고 있는 환영에 지나지 않을까…… 그런 생각을 오랫동안 가지고 있었습니다. 그런데 최근 들어 점점 꼭 그렇지만은 않다는 생각이 들었어요. 그것은 일본의 사소설가가 '나'를 쓸 경우 모델을 픽션화하지 않기 때문이지요.

예를 들어 다자이 오사무(太宰治)라고 해도, 다자이가 조형해낸 주인공은 어느 누구도 현실에 그런 인간이 있었을 리가 없어요. 다자이 오사무가 '다자이 오사무'라는 허구의 인물을 만들어서 그것을 소설에 쓰고 있는 겁니다. 다자이의 아무 소설이나 예를 들어도 좋습니다만, 최후의 작품인 『인간 실격』을 볼까요? 이 작품에서 다자이는 정말로 다자이 오사무적인 인물을 픽션으로서 완성시키고 있습니다. 하지만 그런데도 불구하고 어딘가에서 고지식하게 현실의 자기와 앞뒤가 맞는 듯한 느낌이 듭니다. 단편 「사쿠라모모(櫻桃)」도 자신과 주인공 사이에 직접적인 연결고리를 만들어보겠다, 그것을 써두지 않으면 안 된다고 하는, 그야말로 사소설적인 고지식함을 갖고 있지요. 그렇게 해서 소설을 계속 써나가면 현실의 나와 씌어진 다자이가 최종적으로 앞뒤가 맞기 위해서 결국 작가는 자살할 수밖에 없어요! 그리고 아니나 다를까 자살해버렸지요. 이렇게 해서는 자살밖에 없다는 걸 알면서도 그런 소설을 계속 써나갈 수밖에 없는 상태는 정신적으로 건강하지 않습니다. 누군가가 다자이 오사무에게 "당신이 쓰고 있는 작품과 당신의 실생활은 다르다"고 확실하게 납득시키고 문단에서 3년간 격리시켜 놓았다면 죽을 필요는 없었다고 봅니다. 그런 후에 자신이 주변의 모델에서 픽션으로 만든 인물을 새로 의식하고 채용하는 소설을 썼다면 중년 이후에는 독특한 작품이 완성되지 않았을까 생각합니다. 그랬다면 상당한 작품이 되었을 거예요.

다키이 고사쿠라든가 시가 나오야(志賀直哉), 오자키 가즈오(尾崎一雄)도 좋습니다만, 이러한 사람들은 현실의 자신과 본인이 쓰는 인물을 단단히 결속시키지 않으면 안 된다는 고지식함에 빠져 있었다고 봅니다. 그러한 사소설가는 물론이고 사소설가가 아니어서 주목받는 작가의 작품에서도 역시나 그 자신과 닮은 인물이 등장하면, 씌어진 자기인 '나'로부터 **벗어나지** 못하고 있는 경우를 많이 봐요. 이런 점이 일본인 작가 일반의 사소설성을 외국인 문학연구자가 확신하는 이유라고 보고 있습니다.

그런 데다가 대체로 사소설가는 어딘가 나르시스트적인 면이 있어요. 그것에 상응하는 매력적인 인물로서 씌어진 주인공에게 작가 자신이 도취되어 있는 듯한 면이 있지요. 다자이는 늘 그래왔습니다. 그런데 내가 쓰고 있는 고기토라는 인물에게는 매력이 없습니다. 그래서 그에게 도취하는 것은 작자로서도 불가능하지요.

오에 선생님은 자작에도 절대 '도취'하는 내색이 없으십니다. 가장 냉철한 독자이자 비평가이시지요. 그래도 이 3부작을 완성시킨 만족감은 각별하지 않으셨을까 생각해봅니다.

이 3부작을 완성함으로써 나는 사이드가 말하는 '만년의 작업', late work에 확실히 진입했다는 실감을 한 건 분명합니다. 그리고 지금 왠지 모르게 조용한 기분으로 지냅니다. 무엇인가 지금까지와는 다른 새로운 곳을 향해 가고 있다는 걸 느낍니다. 무엇이 다를까 생각해보면요, 이러한 기분이 듭니다. 지금까지 소설가인 나와 중첩되는 면을 가진 주인공의 '소설을 써왔고, 다 쓰고 나면 소설의 시간과 현실의 내 시간은 대개 현시점에서 동조했습니다. 그런데 이번에는 나의 생활시간과 싱크로나이즈해서 진행해왔던 소설의 시간이 나의 실제 인생보다 1년인가 2년 앞선 시점까지 나아가버렸습니다.

『책이여 안녕!』을 '수상한 2인조'로 묶어서 넣은 형태로 천천히 다시 읽어보고 깨달은 건데, 기묘한 2인조인 고기토와 쓰바키 시게, 그 두 노인은 이미 죽어 있는 게 아닐까 싶어요. 소설 속의 두 사람은 살아남아서 불가사의한 상태로 존재합니다만, 실제로는 이미 그들의 생애는 끝났지요. 그 사생관의 종착지를 마지막 장에 썼습니다. 내 스스로 말하는 것도 이상할지 모르지만, 내가 갖고 있는 모든 실력을 동원해 가능한 한 알기 쉽고 명료한 문체로 승화시켜서 그렇게 전개했어요. 작품의 주제와 나의 문제, 그리고 내가 속해 있는 시대의 어느 순간이 상당히 잘 씌어져 있는 게 아닐까, 그리고 작중의 그들이 말하는 대로 이 세계나 저 세계라는 것은 문제가 되지 않는다. 죽은 인간인 우리들은 "조용히 조용히 움직이기 시작하지 않으면 안 된다." 탈고를 하고는 정말로 그런 기분으로 지내고 있습니다.

오에 선생님의 사생관의 변화라는 의미에서도 그렇습니까?

소설을 쓰면서 내 자신에게 일어난 효과는 확실하게 사생관이 바뀌었다는 겁니다. 특히 제3부를 쓰면서 변해갔다고 생각해요. 생과 사에 대한 집착 같은 것이 지금은 희박해졌어요. 죽는 것에 대한 공포가 전에 없이 사그라졌지요. 나는 젊었을 때부터 죽음을 너무나도 무서워했습니다. 그랬던 것이 어쩐지 지금은 파악하기 쉬운 대상으로서 죽음에 대한 개념을 갖게 되었어요. 아울러 죽음이 가벼운 것처럼, 생도 가벼운 느낌이 듭니다. 나이라는 것이 크게 작용하고 있습니다만, 얼마 안 있어 죽어갈 인간으로서 죽음과 삶의 과정을 그렇게 저항감 없이 받아들일 수 있을 것도 같습니다. 어쨌든 이 3부작을 씀으로써 모든 일이 가능했다고 느낍니다.

성스러움과 고요함

제1부 『체인지링』이 2000년에 출간된 직후, 오에 선생님께서도 참여하신 잡지 『스바루』 좌담회에서 이노우에 히사시 씨가 "오에 씨는 '새로운 신앙'을 일으킨 게 아닐까요?"라는 발언을 하셨는데, 저도 동감입니다. 고기토도 그의 아내 지카시도, 아들 아카리도 또 자살한 고로도 어쩐지 성스러움을 띤 사람들처럼 느껴졌기 때문입니다.

글쎄요, 어떨까요. 저도 작품을 다 쓰고 나서 지금 말씀하신 점을 느끼기도 한 건 사실인데, 역시 나는 쓰고 있는 사이에는 여전하기 때문에, 만년에 이르러서도 많은 문제로 괴로워하는 인간에 대해 썼던 겁니다. 이렇게 말하면서도 노년을 맞이한 평범한 인간으로서 어떤 고요함과도 같은 것, 엘리엇의 말에 따르면 quiet가 아니라 still입니다만, 조용히 존재하고 있는 그런 또 하나의 삶의 방식이라는 것이 보입니다. 적어도 이러한 상황 속에 작중의 고기토들이 존재합니다. 앞으로도 나는 살아갈 테니까요. 무언가 더 써볼까 하는 생각도 듭니다만, 지금 이 소설을 완성함으로써 얻은 달성감은, 살아 있는지 죽어 있는지 알 수 없는 듯한 상태에서 조용히 움직이는, 그러한 노년을 구상할 수 있게 되었다는 점입니다. 나 정도 연령의 독자가 마찬가지로 잔잔한 독후감을 가져준다면 무엇보다도 고마울 따름입니다.

그렇다고는 해도 그 두 사람은 일본 도쿄의 카타스트로프를 진지하게 기획했던, 젊은이 이상으로 과격하고 의욕 왕성한 위험한 2인조가 아닙니까? 『책이여 안녕!』에는 지금까지의 작품을 뛰어넘은 깊이를 지닌 '악'이 상정되어 있다는 생각도 듭니다. 제2부 『우울한 얼굴의 아이』의 결말이지요? '늙은 일본의 모임'의 데모 행진에서 후두부에 중상을 입은 고기토가 어렸을 때부터 '벅찬' 친구였던 쓰바키 시게와 기타카루이자와 별장에 머물던 중에 건축가인 시게가 도쿄 도심의 빌딩 파괴 계획――폭탄테러인데요, 이 이야기를 꺼내게 되면서 일에 휘말리게 됩니다.

조코 고기토에게 테러 대망론을 기대한다는 게 아니야. 고로가 이쪽으로 돌아와 그 의자에 앉아 있다고 가정한다면, 무스미 선생 역시 그 언저리에 계신다고 자네는 느낄 수 있을 테지. 자네가 무스미 선생의 휴머니즘을 배반할 수 있을 리가 없지!
하지만 부상 뒤에 자네가 느끼기로는 늙은 작가인 자신에게 통제되지 않지만 역시 자기임에 틀림없는 젊은이가 들러붙어 있다는 거잖아? 그 **이상한 구석**이 있는 녀석에게 내 생각에 대해 평가해보라고 하지 않겠나?

블라디미르가 비디오카메라를 든든히 어깨에 메고 자리를 잡았고 신신은 곧장 고기토에게 마이크를 들이밀었다. 고기토는 이야기했다.

─시게의 말대로, 이 나라에 전에 없던 선동가가 나타나고 그 휘하에 역시 일찍이 없었던 타입의 젊은이들이 집결하게 된다면, 하고 나는 생각하지 않을 수가 없어…… 특히 **이상한 구석**이 있는 젊은 녀석이 내 자신의 내부에서 **보챈다면** 말야. 그 녀석이 흔들어대는 통에 잠에서 깨어 잠자리에서 술을 마셔가며 생각할 수밖에 없겠지.

─고기이, 자네는 그렇게 받아들인 건가? 9·11이 뉴욕에서 일어난 후에 도쿄에서 그에 버금갈 큰 승부가 기도될 리는 없다, 그런 일은 벌어질 수 없다고 **마음 놓고** 있는 지식인으로서 자네는 내 이야기를 듣고 있었단 말이지?

그런 큰 승부를 생각하고 있는, 그리고 그러기 위해 준비를 하고 있는 놈들이 실제로 있다네. 이런 녀석들에 관해 전혀 생각도 해보지 않는 그 정도 차원까지, 고기이, 자네의 상상력은 쪼그라든 건가?*

이렇게 몇 번이고 느슨한 모습을 보이는 가운데, 시게라는

---

* 『책이여, 안녕!』, 서은혜 옮김(청어람미디어, 2008) 참조.

인물은 상당한 악인이 아닌가요? 국제적인 문학상을 수상한 고기토의 명성과 미국의 대학에서 가르쳤던 젊은이들을 끌어들이는 데에 큰 자책감도 없습니다. 9·11로 자극을 받은 시계의 폭력적인 일에 대한 가담의 의지라는 것은 오히려 국적불명의 뿌리 없는 풀 같은 인텔리의 개인적 욕망처럼도 보이고, 그런 점이 상당히 무서웠습니다. 경제적인 손익은 그 나름대로 감안하면서 우파로도 좌파로도, 동으로도 서로도, 선으로도 악으로도, 이미 자유자재로 움직이는 것 같은 죄악감의 부재. 이러한 인물이 인간의 상상력의 가장 야만적인 부분을 자극하는 빌딩 파괴 계획을 세워서 거대한 폭력을 향한 대항이라는 깃발 아래 젊은 사람들을 끌어들입니다. 자신의 학식을 이용해서……

우리가 느끼는 죄악감이 어디에서 기인하는가 하는 문제입니다만, 그것은 일반적으로는 종교적인 감정에 뿌리를 두고 있지요. 종교적인 감정 위에 그 인간의 기본적인 윤리관이 있고, 거기에 죄악감도 포함되어 있어요. 특히 지식인이 지금의 사회에서 어떠한 마음과 지능과 육체의 움직임을 취할 수 있을까에 잣대를 들이대고 죄악감에 대해 생각해보는 것은 중요하다고 생각합니다.

더없이 우수한 지식인이 그런 마음이 들면, 한 도시의 일부분을 날려버리는 방책을 실현할 수도 있다는 게 오늘날의 현실입니다. 그런데 그러한 것을 실현할 수 있는 사람들이 어떤 윤리관에 의해서도 제어되고 있지 못한 게 아닐까 하고 의문시되는 것도 이 시대의 현실입니다. 예를 들어 우리가 북조선에 대해 불안한 감정을 가지고 있는 것은 김정일에게는 종교가 없기 때문에 윤리관도 없는 게 아니냐, 핵병기도 사용하는 게 아니냐는 방향으로 생각이 미치기 쉽기 때문이지요. 그런데 그리스도교에 열중하고 있는 부시에게도 같은 것을 느낍니다. 자신들의 종교적인 신조에 따라 세계의 권력자에게 핵 보유에 대한 죄악감의 잣대를 들이댈 수 있는 사람이 있는가 하면, 그런 사람은 없습니다. 로마 교황을 포함해서 현재 종교계의 사람들이 핵병기의 확산, 거대 폭력의 비대화에 반대하는 적극적인 행동에 나서는 일은 없어요. 그렇다면 시게와 같은 인물을 제어할 수 있는 인간은 권력을 가진 자들 가운데는 실제로 없는 셈이지요.

> 시게는 "거대 폭력에 대항하기 위한 작은 폭력에 의한 궐기"를 끊임없이 젊은이들에게 불어넣습니다. 이는 개인적이라고도 할 수 있는 차원에서의 소집단에 의한 테러가 빈발할 것이라는, 그런 예감 때문에 그런 것일까요?

물론 나는 예를 들어 히로시마, 나가사키 피폭자의, 소위 밑으로부터의 집요한 핵체제에 대한 저항에 적극 가담하고 싶다는 생각에서 가장 무력한 자로서의 노력은 해왔습니다. 그러나 오늘날 현실 세계의 최대 문제는 핵병기라는 피할 수 없는 커다란 폭력 구조가 생겨났고 그것을 미국이 독점하는 형태라는 점입니다. 김정일의 게릴라적인 행동도 그 상관관계 속에 있습니다. 이는 이미 부시 대통령이라는 개인의 성격에 따라 더욱 위험한 방향으로 향하거나 아니면 퇴행한다고 하는 차원의 일이 아니라고 봅니다. 부시가 없어도 핵 구조라는 거대한 폭력 구조 그 자체의 논리, 힘에 의해서 미국의 세계 제패가 진행되어갈 겁니다. 그런 이상, 이후에는 그 막강한 폭력 구조에 대항한 개인 규모 단위의 폭력적인 저항이 확실한 전망도 없이 세계 각지에서 벌어질 거다…… 그런 일이 지속될 수밖에 없다고 생각해요.

9·11이 일어나버린 이상, 이제는 원래대로 돌아가지 못하지요. 나는 그 다음 날부터 똑같이 크고 작은 테러가 각지에서 연이어 발생할 거라는 생각마저 하고 있었습니다. 그러나 그것이 억제되고 있는 까닭은 미국이 알카에다하고는 비교할 수 없는 폭력을 갖추고 있기 때문이지요. 그렇지만 이라크에서는 여전히 그 화염이 진정될 기색이 없어요. 여러 측면에서 세계 전체가 와해되고 있다는 느낌을 받습니다. 금방이라도 일본의 경제력, 정치력은 세계사 속에서 혹은

아시아의 동태 속에서 어떠한 결정적인 요인도 아니게 될 거라고도 예상합니다. 그럼에도 불구하고 나쁜 방향으로의 붕괴를 경험하는 데는 일본이 전조가 되는 역할을 하지 않을까 생각해요. 내가 지금 고요한 기분으로 있다고 한 말에는 모순됩니다만……

> 작품 중에 나오는 고층 빌딩의 방 몇 개를 점거하고 그곳에 폭발물을 설치하여 최소의 힘으로 빌딩 전체를 붕괴시키려는 극적인 폭탄테러 계획, 이 아이디어는 오에 선생님의 것입니까?

그렇습니다. 우수하고 큰 전망을 가진 건축가 친구들은——하라히로 쓰가사 씨나 이소자키 아라타 씨는 제가 질문을 해도 아무 대답도 해주지 않는데——그게 가능할 것이라고 나는 상상합니다. 『공중제비돌기』에서 쓴, 시민이 핵병기를 간단히 제작하는 조립 세트도 종종 생각합니다. 내가 지금 가장 공포스럽게 상상하는 것은 세계 각지의 원자력발전소가 점차로 기능이 나빠져서 사고가 연발하기 시작하는 것. 그리고 소규모의 핵병기를 실제로 작동시키는 무리가 등장하는 것입니다. 그렇게 되면 이제 그 시점에서 세계가 파멸을 향해 가는 속도는 한층 빨라진다고 봅니다. 폭력의 대국 미국도 막을 길이 없지 않을까요?

자폭테러에 대해서

『홍수는 나의 영혼에 이르러』의 '자유항해단'이 그러한 계획을 이미 갖고 있었지요. 이 작품에서 삼십 대의 오키 이사나는 스스로 응전해서 네 명의 젊은이를 구하려 하지요. 그렇지만 이번에는 결국 고기토와 시게가 유유하게 살아남고 청년들 가운데 희생자가 나오게 됩니다. 1955년에 쓰신 희곡「화산」을 시작으로 일관되게 안티클라이맥스〔수사법의 하나로 점강법. 격조 높은 담화로부터 저속한 담화로 떨어짐〕를 중의적으로 사용해 온 오에 작품에 있어서 『책이여 안녕!』은 새로운 형태를 보이고 있는 건 아닙니까? 3부작 전체를 통해 자살, 자멸적인 데모 행진, 자폭테러…… 스스로를 파괴하는 행동의 베리에이션이 격렬하게 전개되고 있습니다.

내 소설에 항상 나오는 안티클라이맥스. 주인공들이 격렬한 죽음을 맞지 않는 종결 방식 때문에, 이 소설을 읽는 젊은 사람들은 또 이런 식이냐는 불만이 있지 않을까 생각합니다. 고기토는 자신의 별장을 테러 계획의 실습용으로 제공하고 더는 건실한 사회로부터 신뢰받지 못할 위치로 자신을 격하했지만 어쨌든 여전히 살아 있고, 마찬가지로 격하된 건축가 쓰바키 시게와 쑥덕공론을 하는 그런 종결 방식에 대한 불만. 이 결말은 내 소설 작법상 납득할 수 있는 방식을 모색한 결과이고, 기술적인 준비도 나름대로 하면서 쓴 겁니다. 지금의 질문에는 오늘날 팔레스타인이나 바그다드에서 자폭테러를 계속하는 사람들에 대해 어떻게 생각하느냐는 문제도 포함되어 있으리라 봅니다. 나는 자폭테러를 부정합니다만, 그것이 지금 여전히 저렇게 계속되고 있다는 것은 항상 염두에 두고 있습니다.

> 작고한 사이드 씨와 자폭테러에 대한 논의를 거듭하지 않으셨던가요?

사이드 씨와 마지막으로 자폭테러를 이야기한 것은 뉴욕에서였는데, 친한 친구들이 모인 소규모의 파티에서였습니다. 이따금 사이드가 신문에 실었던 글이 문제시되고 있던 때였지요. 이스라엘에서 아직 열여덟, 열아홉밖에 안 된 팔레스타인 여대생이 이스라엘인이 경영하는 레스토랑을 자폭 공격해서 수십 명이 죽거나 부상당한 사건이 있었습니다. 사이드는 이 사건에 대해서 "나는 젊은이들의 자폭 공격을 인정하지 않는다. 그러나 이 사건이 없었다면 지금 뉴욕에서, 파리에서, 도쿄에서 이렇게 팔레스타인의 비극이 이어지고 있는 것을 사람들이 강하게 의식하지 못했을 거다"라고 써서 비판받았지요.

나는 "당신은 젊은이들의 자폭 공격은 절대로 허용할 수 없다고 말하는데, 소설에서 노인이 그러는 건 어떻게 생각합니까?" 하고 물었지요. 사이드 씨는 아주 온화하지만 그러나 진지하고 강한 눈빛으로 나를 가만히 쳐다보면서 아무 말도 하지 않았어요. 그런 후 힘차게 악수를 청하고 자리를 떠났습니다. 그것이 최후의 만남이었습니다.

나는 노인인 내가 테러리즘에 이끌리고 있는 것을 소설 세계를 통해서 이야기한다…… 지식인으로서 현실에서 테러를 허용하는 듯한 발언을 한 적이 없고, 개인적으로도 그것을 지향하지 않습니다. 자폭이라고 해도 테러는 테러로서, 자기만 죽는 게 아니라 다른 사람들을 죽이기 때문이지요. 하지만 소설가로서 생각하는 것은 다른 문제입니다. 소설가답게 온갖 기괴한 방식을 통해 사고하자, 그러한 상상력에 있어서의 전면적인 자유를 스스로에게 부여하고 있습니다.

그런 점에서 지금의 문제──아주 단순화하면 세계를 제패하고 있는 강대국이, 강력한 권력이 핵병기를 포함해서 막강한 폭력을 독점하고 있지요. 이런 때에 홀로 절망한 노인이 어떤 결심을 하게 될까를 다루는 것도 문학의 주제가 될 수 있다고 봅니다. 그래서 조용한 경지에 이르러 있다고 말하면서도 나는 지금까지 쓰지 않았던 가공의 설정을 통해 마치 나와 같은 노인을 자유롭게 행동시키면 어떨까 하고 생각한 적이 있습니다.

그 최후의 대화에서 오에 선생님의 발상에 사이드 씨가 악수를 청했다는 것은 자폭테러에는 절대 공감할 수 없지만 오에 선생님의 만용—— 이렇게 말하면 실례인데, '이 사람은 진심으로 문학을 갖고 싸울 작정이구나'라는, 선생님의 자세에 대한 경의와 공감의 표시였던 거네요.

그렇게 악수했을 때 나는 마침 서로 다 아는 친구였던 진 스타인Jean Marie Stine—— 뉴욕의 저명한 저널리스트이자 사회적 명망가인데—— 의 주최로, 처음 사이드가 백혈병 치료를 하고서 퇴원한 것을 축하하기 위해 모인 방에서 사이드가 걱정스러울 정도로 힘없이 악수를 하면서 "I fight"라고 말한 것을 떠올렸어요…… 그 후, 사이드 씨와 만날 수 없었던 마지막 몇 년 동안, 일본에서는 정월이지만 미국에서는 연말일 때 진을 비롯한 친구들과 식사를 하고 있는 사이드한테서 전화가 왔지요…… 일본의 영화인이 만든 「에드워드 사이드 OUT OF PLACE」라는 다큐멘터리에서는 병세가 나빠지는 것과 반비례하듯이 사이드는 '의지적인 낙관주의'를 갖게 되었다는 몇 사람의 증언이 있었고 소설가의 망상과는 무연했던 것인데도…… 소설가의 상상력이라는 것은 어떤 부분에서는 늘 비합리적이고 기괴한 것이지요. 일흔을 넘은 작가라고 해서 언제 자신의 과거에 대해서 남이 놀랄 만한 고백을 할까, 자타에 대한 폭력적인 짓을 할까, 완전히 다 알고 있는 건 아니지요. 게다가 시대가 지금 어떻게 수상하게 흘러가고 있는지. 어떠한 반인간적인 인물이 세계와 일본을 지배하게 될지…… 그러나 그것을 문학에서 가장 날카롭게 표현할 수 있는 것은 나같이 민주주의자의 간판을 내리지 않고 죽겠다고 생각하는 인간은 아닙니다. 그것을 할 수 있는 사람은 독기에 가득 찬 인간관, 정치론을 내세우고 있는 작가, 역시 조르주 바타유나 모리스 블랑쇼 같은 쉬르레알리슴[초현실주의]이 해방시킨 지적인 완전 부정, 전면 파괴의 힘을 가진 사람들이라고 생각해요.

독일에서는 1999년에 노벨상을 수상한 귄터 그라스 씨가 자서전 『양파 껍질을 벗기면서*Beim Häuten der Zwiebel*』에서 처음으로 공표한 경력 때문에 비난의 목소리가 일어났습니다. 자서전과 보도에 의하면 제2차 세계대전 때 열일곱 살 그라스 씨가 입대한 것은 지금까지 알고 있던 '대공포화 예비대'가 아니라 '나치의 무장친위대'였다……고. 밀란 쿤데라 씨도 프랑스로 망명하기 전에 체코에서 전쟁에 가담했다는 보도가 일부에서 있었습니다. 조금 윗세대로 전쟁을 직접 경험한 세대, 또는 전쟁에서 깊은 상처를 받았다는 의미에서는 동세대인, 그러나 친구이기도 한 그분들에 대해서 어떠한 생각을 갖고 계십니까?

두 사람 모두 존경하고 아끼는 친구입니다. 특히 그라스 씨와는 오래전부터 교제하고 있지요. 쿤데라 씨에 대해서는 그가 체코 시절 스탈린주의 아래에서의 남녀 학생들이 갖고 있던 참으로 절실한, 그러면서도 이야기의 심지가 되고 있는 것이 '농담'이었다는, 훌륭한 소설이 번역된 때부터 주목하고 있었어요. 그래서 1년 전에 오랜만에 파리에 갔을 때 무심코 만나게 되었는데, 이야기를 시작하자마자 시간이 부족하달까, 점점 지나가버리는 시간을 서로 애석해 하면서 대화를 했습니다.

지금이야 늙은 귄터 그라스, 늙은 밀란 쿤데라의 생생한 유머와 비통한 듯한 사색의 표정, 이러한 모습을 종종 떠올립니다. 커다란 시대의 상처를 안고 있는 위대한 두 사람. 세계 곳곳에서 우리는 같은 세대를 살고 있지요. 각기 다른 장소에서 소년기를 보내고 청년, 중년, 장년, 노년을 지내며 작업을 해왔어요. 이렇게 살아가는 사이에 자신의 마음에 입은 상처를 육체적으로도 선명하게 새기고 있는 것이 소설가가 아닐까. 저 사람들이 얼마나 괴로운 상처를 속에 간직하고 있을까 하고 나는 상상합니다.

밀란 쿤데라는 젊은 시절, 정갈하고 핸섬한 덩치 좋은 사람이었고 지금도 몸집이 크고 건강한 노인이라는 느낌이 드는데, 현재 체코 체제가 바뀌었음에도 불구하고 돌아가지 않고 파리에 있지요. 망명한 채로 지내겠다고 결의하고 있다, 복잡하고도 신념이 있는 큰 상처를 안고 살아간다는 것을 그 모습에서 절실하게 깨닫게 하는 사람이었습니다.

그리고 스톡홀름에서 만난 귄터나 밀란은 나를, 어린아이였을 때 일본의 전체주의를 경험하고 성장해서는 장애가 있는 자식과 살기 시작해 그것을 문학의 주제로 삼을 수밖에 없는 삶을 살아온 사람이라고 보는 듯해요. 역시 나도 상처를 짊어지고 그 상처와 함께 살아온, 그것을 신체적으로도 각인시키며 살아온 인간으로 그들의 눈에 비치고 있다는 생각이 듭니다.

다른 친한 작가들도, 예를 들어 나이지리아의 월레 소잉카나 콜롬비아의 가브리엘 가르시아 마르케스도 그렇습니다. 모두 제2차 세계대전 후 60년 동안—유럽에서 말하는 스탈린주의와 그 붕괴, 라틴아메리카라면 커다란 쿠데타 등과 같은 일이 있었던 시대를 줄곧 살아왔지요. 그리고 나는 비슷한 시기에 노벨상을 받은 동료 작가들을, 뛰어난 소설을 쓰면서 계속해서 그들 자신이 안고 있는 상처를 완전히 표면화하는 느낌으로 살아가는 인간으로 바라보고 있습니다.

살아 있는 동시대의 작가들과 오에 선생님은 같은 관점에서 시선을 교환하고 대화해온 거네요.

내가 늘 무섭다고 생각하는 것은 예를 들어 눈앞에 있는 귄터 그라스가 우울증에 걸리는 건 아닐까 걱정되는 사람이라는 점입니다. 쿤데라도 내가 방문했을 때 부인이 병환 중이었는데, 그 아틀리에 같이 넓은 작업장에 그만 홀로 남겨지게 된다면 더는 어찌할 방도가 없겠구나 싶었어요. 나 자신도 노인성 우울증에 걸리면 우울증에서 재기한다는 것도 대단한 일일 테고, 재기해도 더는 소설을 쓸 수 없을 겁니다. 이런 식으로 기괴한 체험을 하거나 생각에 잠겨 과장된 듯한 사고나 삶의 방식을 취하면서, 그러나 소설가란 그렇다고 해도 어찌어찌하여 살아남았고, 또 살아갈 사람이지 않을까 싶지만요.

그라스가 이번 자서전 발표로 여러 방면에서 비판을 받고 있는, 나치와 관련된 소년 병사로서 살았던 과거 같은 것도 모두 그 사람이 몸과 정신에 짊어지고 살아온 상처이지요. 그리고 그것들의 총체가 소설가로서의 그라스 자신이었고, 그런 모든 것을 포함하고서 그라스의 소설이 존재한다고 봅니다. 그러한 점을 나는 전면적으로 평가합니다. 내 자신도 전쟁 중에는 군국주의 시대의 절대천황을 숭배하던 소년이었지요. 전쟁에 나가서 죽는 것을 꿈꿨어요. 그러던 것이 전후가 되어서는 민주주의 사회에 전적으로 편입되었지요.

이것이야말로 우로도 좌로도 변한 것입니다. 그렇게 극적으로 흔들리면서 살아온 나라는 존재가 있고, 그것 모두가 소설가로서의 나를 구성하고 있는 겁니다. 그러한 모순에 찬 인간으로 살며 노년이 되어 있는 것이 우리들의 현주소입니다. 우리 소설을 천천히 읽어주는 독자가 있다면 그것을 이해해주지 않을까 싶습니다. "Ecce homo〔이 사람을 보라〕"라고 하는 장대한 차원은 아니지만 "여기에 바로 이러한 사람이 있었다"는 것을 알아주리라 믿습니다.

> 하지만 사회는 소설가에게 학자들과 마찬가지로 지식인으로서 현실적이고 실제적인 발언이나 행동을 요구하기 십상이지요.

소설가로서 살고 있는 이상에는, 어떤 모순을 속속들이 드러내며 살아도 별로 상관없습니다. 그런데 글쎄요, 지식인으로서, 예를 들어 신문에서 사회를 향해 의견을 개진하거나 하게 되면, 그때그때 나의 태도를 정합시키지 않으면 안 되지요. "나는 이렇게 생각하고 이렇게 살고 있다"고. 그리고 지금까지의 인생을 통합해서 보여주지 않으면 상대해주지 않아요.

그라스 씨가 지금 독일에서 받고 있는 비판은 자신이 나치에 관련되어 있었던 것을 숨기고 군대에서 이탈한 소년병들의 명예회복을 위한 서명운동 등을—나도 참가했지만—적극적으로 진행해온 행동이 위선적일 정도의 선행이 아니었냐는 비판이지요. 하지만 나는 그라스 씨가 사회적인 발언을 하는 지식인으로서도 지극히 복잡하게 얽혀 있는 과거를 묵묵히 떠안으면서 살아온 것을 수치스러워할 필요는 없다고 봅니다. 다시 한 번 그 친구와 만나서 시간을 갖고 이 생각을 전하고 싶어요. 특히 20세기 후반은 그렇게 다양하고 커다란 상처를 작가에게 주었다. 게다가 그 상처와 함께 작가는 살아남아서 문학을 하는 시대였다고. 나도 그런 사람의 하나로서 절실히 자각하고 있기 때문입니다.

> 이전에 사르트르가 발신했던 "굶주린 아이들 앞에 문학은 가능할까?"라는 질문에 지금의 오에 선생님이라면 어떤 대답을 하시겠습니까?

물론 사르트르처럼 문학을 하는 것과 세계, 사회에서 건설적인 역할을 적극적으로 하려는 의지는 현대의 문학자에게도 다양한 형태로 살아 있습니다. 나는 젊었을 때 "굶주린 아이들 앞에 문학은 가능할까?"라는 사르트르의 질문을 일본의 문학계에, 또는 내 자신에게 던지는 한 편의 글을 썼습니다. 그 질문은 지금도 내 안에 살아 있습니다. 예를 들어 히카리와 늘 함께 살고 그 공생 자체를 나의 문학으로 삼으려고 한 것도 그것과 관련이 있어요. 동시에 "굶주린 아이들"을 향해 아무것도 할 수 없는 상황이라는 세계 인식은 점차 커져갔습니다. 그 인식 자체도 우리가 짊어질 상처인데, 그것을 잊지 말고 살자고 늘 생각합니다.

> 이제부터 세월이 지날수록 오에 선생님의 작가로서의 창작과 작품, 사회에 대한 발언, 이 두 가지의 역사적 의의는 분명해지겠네요.

내가 쓴 소설이 인쇄되고 있는 이상, 남아 있는 몇 권의 책이 미래에 소수의 사람들에게 재미를 주어 사람들이 열중할 수 있을지도 모르지요. 그때 나는 유령이 되어 나타나서 "그렇습니다. 나는 재미있는 것을 썼습니다!"라고 말해야겠다고 생각하는 때가 있습니다. 조코 고기토와 같은 일상적이지 않은 인물을 주인공으로 세 권의 연작을 쓰는 그러한 작가는 이 나라에 나밖에 없을 터. 그런 인물을 소설에 만들기 위해서 악전고투해온 나라는 사람은…… 글쎄요, 재미있는 인생이었습니다.

　그러나 나는 지금 세계적으로 독자가 많지도 않고 이 나라에서도 마찬가지지요. 동시대의 순문학으로 봤을 때 계속해서 읽힐 거라고 생각하는 작가는 따로 있습니다. 아베 고보가 그렇지요. 사망 이후 그렇게 커다란 붐은 아직 일어나고 있지 않지만, 훌륭한 전집이 나왔고 앞으로 20년 안에 세계 최고의 작가 중 한 사람으로서 재평가될 거라고 봅니다. 카프카나 윌리엄 포크너처럼요. 아베 씨는 그러한 스케일의 작가입니다. 나는 역시 책을 읽고 머리로 생각하는 소설가입니다. 무엇이든 내 머릿속에서 생각해서 창작하는 소설가. 기적처럼 불쑥 대단한 작품을 만들어내는 작가가 아니지요. 내 책이 계속 대대적으로 읽히리라고는 생각하지 않습니다.

젊은 소설가들에게

그렇지만 지금 일단은 물질적으로 풍요롭고 평화가 계속되는 일본에서 훌륭한 재능이 성장하기 어렵다는 견해도 있습니다. 또한 젊은 소설가들이 20세기 작가들이 활동하던 시대, 역사를 어디까지 계승하고 있는가, 오에 선생님은 이에 관한 걱정을 2006년 10월 프랑크푸르트 도서전에서 하신 강연에서 상당히 강하게 표현하셨지요? "젊은 세대의 소설가 중에서 나이가 들어가면서 성숙함을 보이는 사람들이 당장 나올 것 같지도 않습니다." 문학 저널리즘이 힘을 쏟고 있는 것은 '나이 어린, 구어체 스타일을 지닌 사람을 발굴하는 쪽'이라고 비판적이십니다. 이러한 상황에서, 2007년 5월에는 제1회 '오에 겐자부로 문학상'이 결정됩니다. 혼자서 선고하시고 수상자와 공개 토론도 진행하고, 수상작은 해외 출판사에 번역 출판을 맡긴다는 독특한 상입니다만, 선고는 순조롭습니까?

요 1년간 젊은 작가들의 소설을 무척 많이 읽고서 처음으로 일본어 문체가 급격하게 변하고 있다는 점, 이는 메이지 시대의 언문일치체가 출현한 이래 큰 변화가 아닐까 싶은데, 그리고 소설에 표현되는 인물상도 완전히 변해버린 것을 알게 되었습니다. 내가 읽고 고른 작품은 여러분을 포함해서 모두가 이미 올해에 읽으신 소설입니다. 나는 아무도 몰랐던 대발견이 가능하리라고는 생각지 않습니다. 다만 언뜻 보기에 수수하게 보이는 작품이라도 문체나 인물상, 그리고 넉넉하게 드러나는 사회관 등, 외국어로 번역해서 이것이 일본인의 현재의 '문학적 언어'라고 설득하는…… 그런 것을 바라고 있습니다.

어느 수준까지 유약해질지 모를 블로그 시대의 '구어체 문학'에 대해서는 저도 걱정입니다. 이미 신문 문장조차도 '읽기 어렵다'라고 할 정도로 문장의 경박단소화에 이어 연화

(軟化)가 빨라지고 있습니다.

젊은 사람이 자유로운 문체를 만들어가는, 그것도 구어체로 쓴 소설은 더욱더 경박해져서 인터넷의 블로그와 같은 문장이 한층 퍼지게 되겠지요. 하지만 그것이 지극히 세련되어지면 초기의 엘리엇과 같은 재미있는 문체가 생성될지도 모릅니다. 저는 어느 서점 한켠에서 열렸던 '오에 겐자부로 서점' 코너의 광고판에 이렇게 썼습니다. '지적 훈련/문학 훈련 어느 쪽이라도 블로그 문장을 다듬자.' 블로그에 자기가 쓴 것을 프린트해서 몇 번이고 수정을 반복해가는 것이 스스로를 단련시키는 데 유효하다고 생각합니다. 저와 관련된 독자의 블로그를 읽고서 재미있는 발견도 했습니다만, 블로그라는 형식의 결점은 아직 설익은 상태로 인터넷에 게재된다는 것이 아닐까요?

생각해보면, 지금으로부터 60년 전 전후문학의 시작은 언문일치체 계통이었지만 문어풍이었습니다. 노마 히로시나 다케다 다이준, 홋타 요시에, 오오카 쇼헤이 모두들 훌륭한 작가들입니다만 역시 문장어, 문어풍이라고 할 만한 글쓰기를 했습니다. 근대 중국문학의 경우 아문조(雅文調)라고 하는 예스러운 문체가 1920년대 루쉰(魯迅) 등의 시대에 와서는, 때로는 장난하는 것 같은 쉬운 문체가 등장하는 바람에 완전히 교체되어버렸지요. 일본은 1970년대 끝

무렵에 무라카미 하루키, 1980년대에 요시모토 바나나라는 작가가 나오자마자 전 세계로 이 작가들의 작품이 번역되어 퍼져 나갔어요. 이 두 작가의 힘은 대단해서 그들의 구어풍 문체는 더욱 더 세계적인 추세로 확대되어가고 있지요…… 그런 의미에서 일본문학은 앞으로 세계로 뻗어갈 가능성을 지니고 있습니다.

> 그렇지만 무라카미 하루키나 요시모토 바나나, 그리고 오가와 요코(小川洋子)나 다와다 요코(多和田葉子) 씨, 그분들은 이미 '일본문학'이라고 하기보다는 뭔가 여러 언어로 번역되더라도 심지는 그대로 전해지는 듯한…… 말하자면 글로벌한 작품을 만들어내고 있는 듯이 여겨집니다.

그거야말로 바람직한 일이라고 생각합니다. 무라카미 하루키 씨의 소설은 잘 쓰여진 문장이라 번역하기 쉽기 때문일지 모르겠습니다만, 영어나 프랑스어 번역가들이 상당한 주의를 기울여서 좋은 번역을 해내고 있답니다. 번역상을 선고하는 일을 했었기에 10년 정도 몇 종류인가를 읽어보았는데, 확실히 그것들은 프랑스어 문학, 영어 문학으로서 받아들여지고 있습니다. 이것은 아베 고보도 미시마 유키오도 그리고 저도 할 수 없었던 일입니다. 일본문학이 시작된 이래 처음 있는 일이지요, 무라카미 씨의 작업을 받아들이는 방식은. 이 나라에서 아무리 평가받더라도 지나치지 않습니다. 노벨상 수상도 충분히 가능할 것입니다. 그럴 때 일본적인지 아닌지 하는 것은 우리들이 걱정할 것이 아니라(웃음), 전 세계의 독자들이 생각할 몫이겠지요.

그래서 생각하는 것입니다만, 일본어로 쓴다는 것, 일본어로 씌어졌다는 것은 근본적으로 일본어가 가지는 독자적인 힘을 포함하고 있는 것이지요. '조국이란 자기 나라의 언어다'라는 말이 있어요. 제게는 그런 의식이 엷어서 문단에서 쓰이는 일본어로부터 망명한다고 해야 할까, 어떻게든 탈출해서 나만의 새로운 말로 문학을 만들고 싶다는 마음도 있었습니다. 그리고 국제적으로 읽히는 소설을 쓰면서도 무라카미 씨 역시 스스로는 일본어로 쓰고 있다는 의식이 근본에 있다고 생각합니다. 지금의 내가 그러하듯이. 그럴 경우 그것들은 역시 '일본문학'인 셈이지요. 분명히.

내 자신은 정말로 20세기의 작가였다고 생각합니다만, 21세기의 무라카미 씨 등의 작업을 바라보면서, 이번 세기 최초의 3분의 1은 일본문학이 세계적으로 평가받는 좋은 기회가 아닐까 하는 생각과 함께, 그런 시대가 도래했다고 많이 느끼고 있습니다. 이 나라에서 순문학으로 훗날 남겨질 만한 작품을 만들어낸다는 것은 한층 어려워질지 모르겠습니다. 하지만 순문학을 쓰고 순문학을 읽고자 하는 사람만이 참된 문학을 읽는 힘을 가질 수 있고, 지적인 창조를 위한 힘을 얻을 수 있습니다.

역시 모든 예술의 근간이 되는 것은 언어입니다. 그리고 그 언어를 궁극적으로 갈고 닦으면 도달점은 시의 언어, 그것도 옛날처럼 읊기 위한 언어가 아니라 한없이 산문에 가까운 정수와 같은 것, 나는 이것이 문학 언어의 최후의 형태로 재흥하리라고 봅니다. 그에 비해 위험한 것은 참된 문학이 아닌 문학을 만들어내겠다고 예사롭게 목표를 잡는 신진 작가들이 아주 많다는 것입니다. 그것을 쓰는 것, 읽는 것이 소설에 관여하는 것이 아니다. 또 그것은 만들어내는 사람에게도 읽는 사람에게도 참된 문학에 도달하려는 노력이 아니다. 그런 것을 깨닫게 하기 위해, 나는 팔리지 않더라도 여유 있는 듯한 얼굴을 하고서 순문학 소설을 계속해서 쓰고 있습니다.

> 이 시대에 소설을 쓴다는 것을 선택한, 과감한 젊은 소설가에게 바라는 것이나 격려의 말씀은 없으십니까?

참된 소설가가 되려고 노력하는 젊은이들이 안고 있는 고민은, 어떤 문체를 만들까 하는 것이 변함없이 첫번째입니다만, 대체로 재능 있는 사람은 먼저 이 과제를 자연스럽게 달성합니다. 그 이후의 문제는 어떤 주제를 쓸 것인가, 어떤 인물을 쓸 것인가 하는 것입니다. 젊은 작가가, 예를 들어 마흔 살까지 계속해서 글을 쓴다면 어떤 작가가 되어 있을까. 처음에 조금 재미있는 것을 써서 작가로서 인정받는 것은 좋습니다. 하지만 그 시점에서 몇 년이고 몇 년이고 자신의 평생의 일로서, 평생의 습관으로 소설을 써나가야 그 혹은 그녀는 진정한 작가가 된답니다. 그리하여 마흔 살, 쉰 살에 왕성한 활동기를 맞이합니다. 그때에 스스로 작가로서 무엇을 써왔던가, 무엇을 써갈 것인가를 생각하고, 동시에 사회적으로 주목받고 있는 사람으로서 지식인으로서 어떻게 살아갈 것인가, 자신은 어떤 사람인가를 표명할 필요도 있습니다. 그때를 위해 스스로를 만들어가는 것, 단련시켜가는 것을 처음부터 생각해두는 편이 좋습니다. 이것이 지금부터 작가가 되려는 사람들에게 거는 저의 기대입니다.

우선 구어적으로 재미있는 것을 펼쳐감과 동시에 스스로가 작가로서, 지식인으로서 어떠한 장래를 살아갈 것인지를 생각하는 사람이 몇 명인가는 있어주었으면 합니다. 그런 사람이 예를 들자면 전후파 문학자들, 오오카 쇼헤이 씨나 아베 고보 씨가 쓰신 것에 이어 저희 세대가 계속해 쓰고 있는 것처럼, 문학의 이어짐을 살려내주었으면 해요. 그럴 때에 진정한 새로운 작가로서, 게다가 오랫동안 활동할 소설가로서 활약할 길은 열릴 것이라고 생각합니다. 문학은 해마다 새롭게 바뀌고 있으며 작품도 새롭게 바뀝니다. 하지만 그런 움직임을 10년, 15년 동안 지켜보고 있으면 '여기에 참된 작가가 있다'라고 모두가 인정하는 그런 작가가 반드시 나옵니다.

그것이 동시대 문학의 정황이라는 것이지요.

이 일련의 인터뷰에서 맨 처음에 말씀드린 것처럼, 1957년의 『기묘한 작업』으로부터 50년이 흘렀습니다. 어느 시기에도 창작과 현실 생활, 각각에 있어서 어려움이 없었던 적이 없었지만, 잘 극복하시고서 모든 시기마다 절정에 달하는 작품을 남겨오셨습니다. '나는 너무나 일찍 소설가로서의 인생을 시작해버렸다'는 회한을 말씀하신 적도 있습니다. 그렇지만 단거리 주자로 끝나지 않고 장거리 주자의 주법을 익혀서 현재도 계속해서 달리고 계십니다. 때로는 날카로운 비평의 화살을 맞기도 하시면서요. 세계적으로 보더라도 이렇듯 오랫동안 최전선에서 현역 생활을 계속해가는 작가는 그다지 존재하지 않는 듯한데요. 제2차 세계대전 이후의 일본의 모든 것은 오에 겐자부로라는 작가와 그의 작품 속에 고스란히 녹아 있다, 이렇게 이야기해도 무방할 듯합니다.

소설가는, 그것도 나처럼 손으로 써가며 200자 원고용지를 채워나간다는 것은, 매일매일의 현실입니다. 게다가 작품마다 새로움을 추구하지 않으면 안 되므로 과거의 경험이 그다지 도움이 되지도 않습니다. 이것이 어떤 작품이 될까 하는 예측도 확실치 않은 상태에서 한 장 한 장 계속해서 써가는 것이 소설가의 생활이랍니다. 그것을 50년간 해왔다는 것은 정말로 잘해온 것이라고 스스로에게 말해주고 싶어요(웃음).

50년간, 초기는 별도로 하더라도 중기 이후는 많은 독자들을 얻지도 못하면서 써왔지만, 어떻게든 계속해서 쓸 수 있었다. 또 스스로 어느 수준에 도달했다고 여기는 작품을 몇 권인가 만들어낼 수 있었다. 그리고 나의 내부에서 자연발생하지 않은 요인에 좌우되어 문학적 방향전환을 하는 일 없이, 자신의 나침반에 따라 전진하는 형태로 작업을 해올 수 있었다. 문학 출판은 어려운 일이 되고 있습니다만, 그런 고마운 일이 나에게는 아직도 계속되고 있다고 느낍니다.

히카리와의 공생에는 분명히 힘든 국면이 많았습니다. 그렇지만 히카리가 만일 보통의 건강한 아이로 태어나 보통의 성인으로 사회에서 활동했다면 지금쯤은 독립해 있을 테고, 그렇다면 노년이 된 지금까지 매일 히카리의 말이나 표정을 보며 웃을 수 있는 아내와 나의 생활은 없었을 테지요. 히카리와 같이 살아온 것은 줄곧 즐거움이었고 지금도 즐거움입니다.

소설가라는 직업과는 별도로 지식인으로서의 자신을 생각합니다만, 그런 인생이 좋았던가 혹은 무의미했던가에 대한 판단은 일본의 전후 민주주의, 지금의 헌법을 축으로 한 민주주의 체제를 어떻게 평가하는가에 달려 있기에 우리들의 다음 세대가 내려주겠지요.

나로서는 지금까지 이렇게 살아온 것을, 그럭저럭 게으르지 않았던 삶이라고 해도 좋지 않을까 싶습니다. 그게 50년이 지난 지금의 자기평가입니다. 60년이 지난……은 없을 거라고 생각합니다.

지금까지의 인터뷰에 감사드립니다.

오에 겐자부로, 106개의 질문 앞에 서다

1. 가장 좋아하는 계절, 날씨는?

    초겨울, 맑음.

2. 가장 좋아하는 꽃, 나무는?

    꽃이라면 멕시코시티의 부겐빌레아, 아내가 키우는 잉글리시로즈. 나무라면 마을의 계곡에서 올려다본 전나무, 캘리포니아 대학 버클리 분교 패컬티 클럽의 떡갈나무.

3. 하루 중 가장 좋아하는 순간은?

    이른 아침의 집 밖과 심야의 실내.

4. 아침은 몇 시쯤, 무엇을 드십니까?

    흔히 말하는 내추럴 미네랄워터를 마시고 일을 시작하고, 오후가 되어 아내가 만들어주는 것은 무엇이든 허겁지겁 먹습니다.

5. 보통 하루를 어떻게 보내는지 말씀해주세요.

    아침 6시에서 7시에 일어나 물을 마시고 일을 시작해서 오후 2시경까지 합니다. 아침, 점심을 겸해서 먹고서 밀려 있는 우편물을 정리하고(외국어로 된 통신에는 답장을 보내는

데 시간이 걸립니다) 책을 읽습니다. 7, 8시경에 히카리와 저녁을 먹은 다음 다시 책을 보거나 일을 하거나 하고, 10시에서 11시쯤에 술을 한잔하고 히카리가 화장실에 가려고 일어난 다음에 침대를 정리해주고 잠자리에 듭니다. 낮 동안 손님이 올 때도 가끔 있습니다.

6. 건강 유지를 위해 하고 계시는 것이 있습니까?

줄곧 클럽의 풀장에서 수영을 했습니다만, 노인의 벌거벗은 몸이 사람들 눈에 어떨까 싶어 일흔을 넘겨서는 그만두었습니다. 히카리의 보행 연습에 맞춰 걷는 정도입니다.

7. 응원하고 계신 스포츠나 팀이 있습니까?

히카리와 아내의 열정에 이끌려서 프로야구의 '히로시마 컵스'.

8. 술은 어느 정도 하십니까?

내 생애 줄곧 술은 잠을 자기 위한 준비였습니다. 때문에 가끔 술집에 가거나 파티에 가면 잠을 자기 위한 취기가 행동적인 취기로 바뀌어 멈추지 않고 마시게 됩니다. 세 번이나 문단의 선배와 심하게 다퉈서 술집에는 가지 않게 되었고, 지금은 심야에 위스키를 담은 보통 텀블러에 좋은 아이리시 싱글몰트(일본에 온 셰이머스 히니에게 권했더니 좋아하더군요)를 체이서로 한 잔, 350ml 에비스 맥주 네 캔을 천천히 마시고서 침대에 듭니다.

9. 소설의 설정이나 줄거리는 예를 들면 어떤 때에 떠오르시나요?

심야에 한잔 마시기 시작해서 30분 정도만에 **번뜩 떠오를** 때가 있습니다. 그럴 때 카드에 적어두기도 합니다만 대개는 도움이 되지 않습니다. 역시 매일 일을 하고 그렇게 지속하면서 차곡차곡 쌓아가고 몇 번 정도 다시 고치면 대강의 줄거리가 만들어집니다. 그 줄거리를 바탕으로 이야기를 만들고 다시 고쳐 쓰면서 소설이 만들어집니다.

10. 무언가 집필을 위한 의식(주술) 같은 게 있습니까?

없습니다. 아내는 지난 반세기 동안 내가 소파에 누우면 책을 읽기 시작하고, 화판을 무릎에 놓고 의자에 앉으면 소설을 쓰기 시작한다고 합니다.

11. 창작에 꼭 필요한 소도구는?

    정정할 때 필요한 가위와 풀입니다. 고쳐 쓰는 단계에서는 독일 LYRA의 굵은 색연필.

12. 만년필로 원고를 쓰시는데, 고집하시는 브랜드 등은 없으십니까?

    몽블랑 Meisterstuck, 펠리칸 Souverän으로 통일하게 되었습니다. 대개 에세이나 평론을 쓸 때는 몽블랑을, 소설은 펠리칸을 사용합니다. 만년필의 몸통에 잉크를 넣어두는 장치가 잘 망가지는 것이 언제나 골칫거리입니다.

13. 한 글자도 쓰지 않는 날은 1년에 며칠 정도 되십니까?

    없습니다. 항상 카드나 노트는 쓰기 때문에.

14. 재미있는 책은 어떻게 찾으십니까?

    하나의 주제를 대체로 3년 단위로 찾아 읽습니다. 와타나베 가즈오 선생님께 배운 방법으로 40년 이상 계속하고 있습니다. 그렇게 쌓여가면서 재미있는 책이 나타납니다. 정해진 주제 이외에는 외국 신문의 서평을 주로 읽거나 신뢰하고 있는 동시대의 친구 연구자에게 가르침을 받습니다.

헌데 운명처럼 떡하니 더없이 소중한 책이 손에 들어오기도 한답니다.

15. 가장 좋아하는 서점은 어디입니까?
    40년 넘게 간다 진보초의 기타자와 서점을 좋아했습니다. 아쉽게도 지금은 흔적도 없어졌습니다. '아마존'의 침략 때문이었습니다.

16. 독서는 밑줄을 그으면서 하십니까? 메모를 기입하십니까?
    밑줄을 긋고 사전에서 찾은 것을 적어둡니다. 여백에다가 메모 같은 것을 적습니다.

17. 독서 카드는 계속해서 적어두십니까? 몇 장 정도나 됩니까?
    한 권 다 읽으면 B5 사이즈의 카드에 적습니다. 콜레히오 데 메히코에서 강의를 마치고 돌아오는 길에 공항에서 사르트르에 관련된 20년치 카드를 넣어둔 특제 트렁크를 도둑맞았습니다. 그 이후로 어떤 주제에 맞춰 책을 3년 정도 읽고서 뭔가 그것과 관련된 일이 끝나고 나면, 사용한 카드를 열심히 보존하지는 않습니다.

18. 일본의 고전문학 중에서 가장 영향을 받은 작품은?

문외한입니다만 장편소설로는 『겐지모노가타리』, 중편소설(프랑스어라면 레시 le réit겠군요)이라면 사이카쿠(西鶴)의 『고쇼쿠고닌온나(好色五人女)』 그리고 단편소설은──진짜냐고 생각할지 모르지만 『마쿠라노소시(枕草子)』입니다. 나는 아주 오래전에 나온 『신초 일본고전집성(新潮日本古典集成)』을 침대에서나 전철에서 즐겨 읽었습니다.

19. 소설가와 학력은 관계가 있습니까?

내가 알고 있는 소설가 중에서(독자로서 알고 있는 사람을 포함해) 가장 학문에 정통했던 사람은 토마스 만입니다만, 그 사람은 대학에 가지 않았습니다. 대학을 졸업하고서도 비서, 교사직에 대해 배우면서 소설을 준비한 사람은 사뮈엘 베케트입니다만, 그는 학력과는 무관했던 것 같습니다. 제 경우에는 대학원에 가지 않았기 때문에 학력은 도쿄 대학의 불문학과 졸업으로, 프랑스어와 영어로 된 책을 독학으로나마 읽을 수 있는 힘을 길렀다는 정도라고 생각하고 있습니다.

20. 일기를 계속 쓰신다는 것이 정말입니까? 언제부터입니까?

일기는 카드(B6)나 천으로 장정한 노트(A4)에 씁니다. 주로 소설을 준비하는 노트와 독서카드에 짧은 일기 같은 기술과 감상이 적혀 있습니다. 와타나베 가즈오 선생님이 일기를 쓰는 것은 좋지만, 어느 정도 기간이 지나면 태워버리라고 하셔서 그렇게 하고 있습니다. 지금 남아 있는 것은 1999년부터 2006년까지 쓴 것으로 딸에게서 받은 스웨덴제 A4 판형의 노트 열다섯 권입니다. 『체인지링』을 쓰면서 캘리포니아대학 버클리 분교에서 발견한 힌트나 『책이여 안녕!』을 마칠 때까지 적은 독서카드 같은 것도 다 거기에 썼습니다. 나는 이러한 카드, 노트를 소설이나 에세이, 강연에 쓰기 때문에 뒤에 남겨두어도 의미도 없을뿐더러 원칙적으로 와타나베 선생님이 이야기한 대로 태워버리길 잘했다고 생각하고 있습니다.

21. 일기를 공개하실 계획은 있으십니까?

지금 말한 것처럼 죽기 전에 남은 것도 태워버릴 겁니다. 저는 소설과 에세이만으로도 너무 많이 썼습니다. 이 이상 일기마저 인쇄될 필요는 없습니다. 대체 누구를 위해?

22. 탁월한 기억력을 가지고 계신데, 어떤 훈련법이 있습니까?

어렸을 때, 책에서 읽은 것을 누군가가 물어봤을 때 확실히 대답할 수 없다면 아무것도 체험하지 않은 것이나 아무것도 읽지 않은 것과 같다고 어머니께 야단맞고서 종이에 적어두게 되었습니다. 또 애매한 지식에 생각이 미치면 식사 중이거나 다른 사람과 이야기하다가도 바로 일어서서 사전이나 책을 찾아 확인을 합니다. 그것이 도움이 되고 있다고 생각합니다. 하지만 저는 소설가(이야기를 지어내는 사람)이기 때문에, 기억하고 있는 듯 보이지만 자꾸자꾸 스스로 꾸며서 이야기하고 있는지도 모르겠습니다. 풍부하고 정확한 기억력은 아닙니다.

23. 이타미 주조 씨와 고등학교 세계사 시간에 두 행씩 번갈아가며 시를 합작하셨다고 하던데, 기억하고 계신 부분은 없으신가요?

이타미 씨가 쓴 글에, "숲은 어두운 빛에 휩싸여"라는 인용이 있습니다. 그것은 확실히 제가 쓴 문장이지만 다른 것은 기억나지 않는군요. 그 자리에서 단지 재미로 만들었기 때문이겠지요. 나는 지금의 짧은 시는 물론이고 단카나 하이쿠조차도 후세에 남겨서 좋은 것은 절대적으로 적다고 생각합니다. 나 같은 사람은 논외입니다. 이타미 씨는 역시 고등학생 무렵 상급생이 무궤도 전차를 보고서 말했다는 "악마와 같은 유연성"이라는 말도 기억하고 있던 그런 사람이었습니다.

24. 혹시 돌아가실 수 있다면 몇 살로?

스물두 살로. 소설을 시작하지 않고 어학력을 확실히 키워서 와타나베 가즈오 선생님 밑에서 전문적으로 공부를 하겠습니다. 그런 다음에 언제라도 소설을 쓸 수 있었을 테니까요.

25. 앞으로 시코쿠의 고향에 돌아가실 계획은 있으신가요?

없습니다. 어머니가 돌아가신 후로 제게 고향은 없어졌습니다.

26. 인터넷으로 홈페이지를 개설하실 예정은 있습니까?

없습니다. 홈페이지라고 하는 명칭 자체, 자타에 대해 그렇게 스스럼없어서야 어떻게 하나 싶습니다.

27. '오에 겐자부로 문학관' 개설 예정은?

절대로 없습니다. 얼마 전 '요시유키 준노스케(吉行淳之介) 문학관'이라는 곳으로부터 그곳에 소장된, 요시유키 씨에게 제가 보낸 엽서를 잡지에 발표한다는 말을 듣고 원고도 전부 태워버린다고 했던 사람이 그런 것까지 모아두었나 싶어 놀랐습니다.

28. 소설 집필에 몰두하시는 시기에는 사회생활에 지장이 생기지는 않습니까?

없습니다. 소설을 매일 8시간 쓰던 때에도(제임스 볼드윈이었던가. 하루에 25시간 쓸 때에도, 라고 했던 것이 생각납니다만), 앞으로 몇 시간 책을 읽고 식사를 하고 술을 마시고 잔다는 것이 가능했고 최소한의 사회생활에 시간을 낼 수도 있었습니다. 하지만 결혼 후의 연애에까지는 시간을 쪼갤 수 없었던 탓에 내가 재미없는 인생을 보낸 이유도 명백합니다. 그것을 아쉽게 생각하지도 않습니다.

29. 스스로를 장편소설 작가라고 여기십니까?

젊은 시절 꽤나 괜찮은 단편소설 작가였습니다. 그것과 비교해서 제대로 쓴 장편이 있는지 자신 있게 말씀드리지 못하겠습니다. 하지만 언제부터인가 단편을 그만두고 장편을 쓰려고 노력했습니다. 지금도 노력 중이라고 이야기해야 할지 모르겠군요.

30. 단편소설을 쓰는 즐거움은?

내가 즐거워하며 썼던 것은 단편 연작입니다.『'레인트리'를 듣는 여인들』『새로운 사람이여 눈을 떠라』등 연작을 쓰고 있으면 한 두 작품, 정말로 잘 씌어지기도 합니다. 그리고 그것은 정말로 단편을 쓰는 즐거움을 스스로 맛보는 경험입니다.

31. 가장 좋아하는 시인 3인은?

T. S. 엘리엇, 예이츠, 블레이크.

32. 가장 좋아하는 번역가 3인은?

'내가'라고 하는 말이 송구스럽지만, 와타나베 가즈오, 니시와키 준자부로, 후카세 모토히로.

33. 이노우에 히사시 씨와 사이가 좋으신 것은 어째서입니까?

그 사람은 천재에다가 상대를 거북하게 만들지 않는 친구이기 때문입니다. 다케미쓰 도오루, 그리고 건축가 하라 히로시가 그렇듯.

34. 아베 고보 씨와 한때 절교하셨다던데 사실입니까?

대학투쟁 시기에 아베 씨에게서 전화가 와서, 『아사히신문』에서 학생들을 비판하는 대담을 준비하고 있다는 이야기를 듣게 되었습니다. 나는 그런 일은 하지 않는다고 대답하자, "그렇다면 자네가 친구라 하더라도 쓸모없네"라는 말을 듣고서 "빌어먹을 놈!"이라고 응수하고서 절교해버렸습니다. 그러고서 정말로 화해했던 적은 없었던 듯합니다. 그 사람과는 친구로 지내기보다는 천재적인 그의 작품을 읽는 편이 행복했습니다.

35. 가와바타 야스나리 씨와의 교류에서 인상에 남는 것은?

가와바타 야스나리 씨의 노벨상 수상을 축하하는, 도쿄에서 열린 모임에 갔더니, 회장 마루가 한 단 높은(그렇지만 마루이기는 한) 곳에 나란히 앉도록 해주셨는데 "나는 정말이지 **질려버렸다!**"고 말씀하셨습니다. 후에 저는 그 교훈에 따라 축하 모임을 거절했습니다. 그리고 가브리엘 가르시아 마르케스에게서 가와바타 씨의 『잠자는 미녀』의 모델

(오히려 『외팔』의 모델)을 소개해달라는 편지를 받았는데 거절했습니다. 가브리엘의 『내 슬픈 창녀들의 추억』을 읽고서 내가 옳았다는 생각이 들었습니다.

그런 가와바타 씨에게 펜클럽에서 소개받은 세리자와 고지로(芹澤光治良) 씨의 휴머니즘과 그보다 농염하면서 어딘가 어두운 색채, 그리고 프랑스 소설에 조예가 깊은 사람답게 써낸 멋진 단편들에 언제나 매혹되었습니다. 내가 만나본 일본 문단 사람 중에서 굴지의 지식인이었다고 생각하고 있습니다.

36. 작가의 자살은 괜찮은 것일까요? 혹은 용인되지 못하는 것일까요?

이 사람의 자살은(실제는 술을 너무 많이 마셔서 일어난 사고인 듯합니다만) 어쩔 수 없었다고 마음속으로 생각하는 사람은 『화산 아래서』의 맬컴 라우리뿐입니다. 나는 단테의 「지옥편 제13곡」에 나오는 자살자란, 스스로에게 폭력을 행사한 자라는 정의에 동의합니다. 다른 사람에게도 자신에게도 폭력을 사용하고 싶지 않습니다. 술집에서의 폭력 행위를 부끄럽게 여기고 있습니다.

37. 작가는 다수, 동시대의 비평가는 소수라는 현상을 어떻게 바라보십니까?

    주의 깊게 둘러보고 귀를 기울여본다면 비평가라는 간판을 내세우지는 않지만 그럼에도 참된 비평가들이 얼마든지 훌륭한 작업을 하고 있는 것을 발견할 수 있습니다.

38. 작가 지망생은 다수, 독자는 소수라는 순문학 장르의 불균형을 어떻게 생각하십니까?

    '참된 독자'는 어느 시대에도 적답니다. 멜빌의 『모비 딕』의 독자(책을 사준 사람)가 얼마나 적었던지! 내 책은 요즘은 잘 팔리지 않습니다만, 진심으로 탄식하지는 않습니다. '참된 독자'가 되겠다고 하는 분이라면 아무리 많더라도 저는 먼저 존중하겠습니다.

39. 작가가 되어서 득이 된 것은?

    말씀드릴 수 있는 것은 손해가 된 것은 없었다는 점입니다. 나는 상당히 힘든 인생을 경험하기도 했습니다만 손해를 봤다고는 여기지 않고, 뭔가 좋은 일이 있다면 단지 그것을 마음으로 받아들일 뿐이지 득이 되었다고도 생각하지 않습니다. 그리고 그런 성격의 내가 어쩌다 작가가 되어버린 인생이기에 손해와 득실을 넘어, 감사하다는 생각을 하고 있습니다.

40. 대학의 문학부는 무엇을 배우는 곳일까요?

외국어와 이 나라의 고전 언어를 읽을 수 있는 힘을 기르는 곳입니다.

41. 때때로 데모 행진에 관해 쓰시는데, 실효성은 어느 정도 있다고 생각하십니까?

없습니다. 하지만 나는 데모 행진을 할 수 있다고 하는 것 자체에서 의미를 찾고 있습니다. 헌법을 다시 만들자는 움직임이 이 나라를 뒤덮게 된다면, 데모의 인간적 의미를 확실히 보여줄 작정입니다.

42. 미스터리를 읽으시지는 않습니까?

대학 입시 공부를 하던 2년간(1년 재수했습니다) 펭귄북스 그린판으로 영어 독해력을 쌓았습니다. 존 딕슨 카의 『화형법정 Burning Court』, 애거서 크리스티의 『열 개의 인디언 인형 Ten Little Niggers』 등을 재미있게 읽었습니다.

43. 가장 좋아하는 선생님 작품 속의 등장인물은?

   최근에는 『책이여 안녕!』의 네이오, 『우울한 얼굴의 아이』의 마키(작가이면서 때때로 멜랑콜리에 빠지는 아가씨), 『체인지링』의 우라 씨. 저는 이 아가씨들 중 한 명이라면 누가 되든 다시 한 번 인생을 살아보겠습니다.

44. '싫은 타입'이라고 하면 반사적으로 떠오르는 사람은 어떤 사람입니까?

   그놈(아무리 비교해보려고 해도 다른 상대가 없는 그놈).

45. 정령, 유령, 영혼. 조금이라도 그 존재를 믿으시는 것은?

   『체인지링』에서 인간의 순결한 아기를 자기 종족의 노인과 바꾸러 온 고블린.

46. 꿈에서 가위눌릴 때가 있으십니까?

   있습니다. 어머니와 아내가 한 명의 여성(이미 나이 든)으로 둔갑해서 우리 집 식당 의자에 앉아 밖을 내다보고 있는(나에게 할 말이 있는 듯한) 광경을 보고······

47. 잠이 잘 오지 않는 밤에는 어떻게 하십니까?

그다지 지쳐 있지 않은 때에는 외국어로 된, 내가 잘 알고 있는 시를 종이에 옮겨 적고서 번역해봅니다. 좀더 지쳐서 그럴 기력조차 없을 때에는 종이에다 글을 씁니다. 그렇게 하고 있으면 어떻게든 시간이 가기 때문에. 일흔을 넘겨서는 잠들지 못하는 스스로에게 흥미를 잃고서 아무것도 생각하지 않는 사이에 잠듭니다.

48. 히카리 씨로부터 최근에 무언가 불평을 들으신 적은 없습니까?

내 목소리가 크다고 합니다. 뭔가 재미있는 것(이라고 생각하는)을 식탁에서 이야기할 때, 무심코 제 자신에 취해 음량이 히카리의 허용 범위를 넘어서는 듯해요. 히카리는 음악도 차츰 저음으로 재생하게 되어서 그에 알맞은 기계와 스피커로 바꿨습니다. 반대로 칭찬을 받은 것은 코풀기를 어려워하는 그 애를 위해 줄곧 찾고 있던 괜찮은 콧물흡입기를 마침 발견해 매일 그것을 사용할 때입니다.

49. 정해두고 거들어주는 집안일은 있으십니까?

힘쓰는 일. 제 스스로 여기저기 써둔, 그리고 아무 곳에나

널브러뜨려 놓은 원고나 집 안팎의 신문·잡지를 분리수거해 버리는 것. 고장 난 전기, 수도, 하수도의 수리. 집 전체의 책 정리. 심야에 화장실에 간 히카리를 침대 정리를 해놓고 기다렸다가 담요로 감싸주는 것(40년 동안 집에 있을 때에는 매일 밤 하고 있습니다).

50. 노벨상을 받고서 곤란해진 것이 있습니까?
없습니다. 그렇다고 곤란해지지 않게 된 것도 없습니다.

51. 노벨상 수상 후에 부자유스럽게 된 것은?
없습니다. 그렇다고 자유롭게 된 것도 없습니다.

52. 지금도 전철을 이용해 외출하기도 하십니까?
차를 타면 책을 읽지 못하기 때문에 전철을 타는 것을 원칙으로 하고 있습니다. 히카리의 이발, 콘서트 등등 그 애와 외출할 때도.

53. 협박 비슷한 것은 지금도 있나요?
있습니다. 신문에 중국에 관해 글을 쓰면 반드시. 또 무의미한 질문지에 대답만 적어서 보냈더니 무례하다며 3년 이상이나 집 주변에 비방하는 전단지를 뿌리기도 하고, 집에 직접 찾아와 딸아이를 위협한 전직 저널리스트도 있었습니다.

54. 오에 집안의 고유한 연중행사는 무엇입니까?

이것은 인기 있는 여성 에세이스트가 '이상해, 일부러 그러는 것 같아'라고 쓰기도 했습니다만, 가족들 생일에 축하받는 사람을 제외한 모든 가족이 B5 사이즈의 독서카드에 그림을 그리고 글을 적어 거실 문에 붙여둡니다. 그 방법밖에는 히카리에게 마음을 전달할 수 없었던 무렵부터 시작해서 40년간 계속하고 있습니다.

55. 부부가 함께 장을 보러 가기도 하십니까?

지금은 아내가 쉽게 지치기 때문에 제가 자전거를 타고 장을 보러 갑니다만, 아내, 히카리, 제가 걸어서 역 앞의 슈퍼마켓에 갈 때에는 짐들을 전부(!) 운반하는 역할로 따라갑니다.

56. 언제나 무척 세련되시는데 직접 옷을 고르십니까?

골랐던 적은 한 번도 없습니다. 나는 내 복장, 머리 모양 등에 관해서 아무 관심도 없습니다만, 아내는 이타미 주조의 동생이기에 그 이상의 코디네이터가 달리 있을 수 없다고 생각합니다.

57. 손자가 소설가가 되고 싶다고 한다면 어떻게 하시겠습니까?
되지 말라고 부탁하겠습니다. 좋은 독자가 되어달라고. 인생을 보다 넓게, 보다 깊게 선택하기 위해서라도. 만일 된다면 내가 가진 사전을 모두 물려주겠습니다.

58. 만약 1억 엔이 있다면 무엇을 하시겠습니까?
스웨덴 아카데미로부터 1억 엔을 받았을 때, 『히로시마 노트』 집필 이래 친구가 된 편집자 야스에 료스케에게 사용처를 맡겨두었더니, 자네에게 두 번 다시 이만한 돈은 들어오지 않을 거라며 되돌려 받았습니다. 지금까지 살 수 없었던 책을 전부 사거나, 산장을 재건축하거나 해보았습니다만, 달리 뭘 하겠다는 것도 특별히 없었는데 10년 사이에 없어져버렸습니다. 두 번 다시 **만약**은 없으니까 무엇을 하겠다고도 생각해본 적이 없습니다. 나는 스스로의 인생에 필요한 돈은 수중에 지니고 살아왔다고 생각합니다.

59. 북한의 납치사건, 지구온난화, 헌법개정. 가장 관심이 있는 사회문제는?

   헌법을 지켜낼 수 있을까 하는 것. 모든 것의 근간에 그것을 두고서 생각하고 있습니다.

60. 가장 좋아하는 정치가는?

   단테가 연옥 섬의 파수꾼으로 삼은 우티카의 카토.

61. 좋아하는 배우, 가수 등은 있습니까?

   이노우에 히사시 씨의 신작이 나올 때마다 거기에서 밝게 빛나는 한두 사람에게 열중합니다. 하지만 심약해서 직접 이야기를 해본 적은 한 번도 없습니다.

62. 대중문화에 대해서는 소양이 없다고 말씀하셨습니다. 정말입니까?

   외국 대학에 가서 1930년대에서 1950년대까지 듀크 엘링턴과 함께한 빅밴드 연주자나 가수에 대해 이야기할 때 뒤져본 적이(해적판이 범람했던 북유럽의 교수들은 강적이었습니다만) 없습니다.

63. 예전에 아카쓰카 후지오(赤塚不二夫) 씨를 평가하신 적이 있었습니다. 만화를 읽으시기도 합니까?

아카쓰카 씨 작품에 나오는 정말로 '무구한innocent' 캐릭터를 좋아했습니다. 만화라는 것을 펼쳐본다면 저는 역시 닮은 얼굴 그리기에는 유일무이한 천재인 와다 마코토(和田誠)의 카툰을 즐겨 봅니다.

64. 영화를 보러 가시기도 합니까? DVD를 보기도 하시는지?

나는 젊은 시절부터 두 시간 동안 어둠 속에 있는 것을 두려워했던(그동안은 책을 힐끗 볼 수조차 없기 때문에) 사람으로, 다케미쓰 도오루 씨의 친구이지만 그 사람과 한 번도 같이 영화를 보러 간 적이 없습니다. 비디오 시대가 되어서 처음으로 영화에 입문하게 되었습니다. DVD로 오페라를 보지만, 영화는 한정된 작품을 몇 번 되풀이해서 보는 것 외에 한가로이 즐기지는 않습니다.

65. 콘서트나 연극은 1년에 몇 회 정도 보러 가십니까?

다케미쓰 도오루 씨 곡의 연주와 히카리가 좋아하는 연주가의 콘서트, 이노우에 히사시 씨의 무대. 이런 것들을 중심으로 10회를 넘지 않는다고 생각합니다. 많은 사람들 사이에 앉아 있으면 긴장해서 대개 이상한 행동을 하는(혹은 해버릴 것 같아서) 탓에 그다지 나가지 않습니다.

66. 클래식 중에서 가장 좋아하는 작곡가는?

다케미쓰 도오루, 바하 그리고 제9번 교향곡 이외의 만년의 작품 속의 베토벤, 베르디.

67. 재즈에 대해 잘 아실 것 같은데, 어떠십니까?

좀 전에 말한 듀크 엘링턴 외에도 CD시대가 되어서 수집하기 쉬워진 장고 라인하르트에 대해서라면 **잘 압니다.** 미국 아카데미 명예회원이 됐을 때(재즈 연주가도 역시 명예회원밖에 될 수 없어서) 오넷 콜먼과 함께 선출되었습니다만, 그의 시중을 들어주러 온 맥스 로치와 당시의 황금시대에 대한 이야기를 실컷 했습니다. 프린스턴 대학에서 가르쳤을 때, 맥코이 타이너가 클럽 무대에서 말을 걸어와 히카리의 음악 이야기를 했습니다. 존 루이스의 피아노가 들어 있는 LP를 전부 모았던 시기도 있었답니다.

68. 매일 드시더라도 질리지 않을 만큼 좋아하는 음식이 있습니까?

아내가 만든 것 모두(**가끔** 먹지만 좋아하는 음식이라면 내가 만든 소꼬리 스튜).

69. 도쿄에서 가장 좋아하는 장소는 어디입니까?
 히카리와 음악을 들으면서 일을 하는 거실.

70. 가장 좋아하는 외국의 도시는?
 베를린. 높다란 나무숲에 둘러싸인 고등연구소의 커다란 아파트에서 홀로 생활했다는 조건도 있습니다만……

71. 미국이라는 나라에 대한 이미지를 말씀해주세요.
 포크너의 마지막 연인이었던 여성이 뉴욕에서 가장 좋은 집에 에드워드 사이드 룸이라는 아름다운 방을 만들었는데, 거기에 그 이름으로 불리는 친구와 함께 때때로 초대받아 무척이나 훌륭한 사람들과 이야기할 수 있었던 나라. 게다가 세계에서 가장 폭력적인 핵권력의 나라.

72. 프랑스라는 나라에 대한 이미지는?
 엑상프로방스에서 실제 10년이나 들여 준비한 '북 페스티벌'에 초대해준 여성의 나라. 거기서 최상의 통역을 해준,

역시 여성 일본문학연구자가 있는 나라.

73. 영어와 프랑스어 중 어느 쪽이 자신 있으신가요?

어떻게든 자신의 의견을 말할 수 있다는 점에서는 영어. 상대방의 이야기를 알아듣는 것이 이상할 정도로 쉽다는 점에서는 프랑스어(대학 선생님 덕분). 읽기에 있어서는 같다고 생각합니다.

74. 어학 공부에서 중요한 것은?

사전을 세심하게 찾아보는 것. 정말로 중요하다고 생각되는 문장(시에서도)은 카드에 옮겨두고 외워버릴 것. 붉은 줄을 그어둔 책을 시간이 지나 몇 번이라도 다시 읽는 것. 이해하기 어려운 문장(시에서도)은 자신의 일본어로 번역해 보는 것. 같은 작품을 두 가지 외국어로 읽어보는 습관을 기르는 것.

75. 국어사전, 영어사전은 몇 가지 종류를 가지고 계십니까?

지금 서고의 20분의 1은 사전입니다.

76. 미술, 음악, 과학을 관심이 깊으신 순으로 나열해주세요.

(실은 잘 모르지만 몰두하게 된다는 의미를 담아서) 과학, 음악, 미술. (잘 안다고 믿어버릴 때가 많은 점에서) 미술, 음악, 과학.

77. 가장 추천하는 다케미쓰 도오루 씨의 곡은?

모두 다. 특히 후기 피아노곡. 다카하시 아키 씨의 연주가 좋아요.

78. 자작 중에서 영화화, 연극화를 허락하실 작품이 있으신가요?

거의 없습니다. 내 작업은 역시 '문장'이 본질적입니다. 시험 삼아서 해보시는 분들이 대개 성공하지 못하는 것이 괴롭군요.

79. 다시 태어난다면 남성과 여성, 어느 쪽이 좋으신가요? 이유도 한마디.

다시 태어나지 않기를 바랍니다. 어쩔 수 없이 그래야 한다면 나는 여성으로 다시 태어날 생각은 없습니다. 얼마나 힘든 삶일까 하고 겁먹게 됩니다.

80. 작품을 보면 몸집이 큰 여성을 좋아하시지 않을까 하는 상상을 합니다만.

다케미쓰 씨는 큰 나무 같은 여성에게 매미처럼 **머무르고 싶다**는 꿈을 이야기한 사람입니다. 작은 사람도 좋아하는데, 다시 말하자면 나는 **어떤 거리만 유지된다면** 대부분의 여성을 좋아합니다. 그래도 엄밀히 좋고 싫음이 있지 않을까, 라고 질문하실 것 같은데, 그게 **어떤 거리만 유지된다면**이라는 것입니다.

81. 장서 정리 등은 자주 하십니까?

매일 하고 있다고 아내는 말합니다. 이상적으로는 지금의 10분의 1로 만들고 싶고, 그리고 **생을 마감하려는 날들**에 그것들 모두를 힘들이지 않고 올려다볼 수 있는 장소에 침대를 두고 싶습니다.

82. 사무를 위해 비서는 두지 않으십니까?

내 자신을 위해 여성을 부린다는 것이 싫습니다(결과적으로 폐를 끼치고 있는 분들이 있게 마련입니다만). 남자 비서는 좀 무섭기도 하고. 사무는 항상 스스로 해왔습니다. 외국 판권에 관해서는 Sakai Agency라는 최고의 전문가에게 도움을 받아왔지만요.

83. 중요한 편지나 서류는 보관하고 계십니까?

몇 개의 작은 상자에 정말로 중요한 것을 보관합니다. 그 외의 많은 편지, 서류들은 일단 처분하는 것이 책 처분과 마찬가지로 제 생활의 필수적인 일입니다.

84. 지금 가장 주의하고 계시는 것은?

와타나베 가즈오 선생님이 말씀하신 '스스로의 믿음에 빠진 기계가 되는' 것. 노년이란 정말로 그런 방향으로 하락해가는 듯해서요.

85. 오에 작품을 연구하는 대학원생, 학자들의 상담에 응해주실 용의는 있으신가요?

지금 제게는 그런 여유가 없답니다. 만약 하기 시작한다면 나는 강연이나 인터뷰 기록을 전면적으로 개정해버리는(아시는 분들은 아시지만) 성격이라 깊게 관여하지 않으면 안 되니까요. 역시나 아직 몇 년 동안은 '현역' 소설가로 살고 싶군요.

86. 노력, 집중력, 인내력. 소설가에게 가장 필요한 자질은 어느 것일까요?

   그것들 전부를 **주의 깊게** 하는 것이라 생각합니다.

87. 자부, 호기심, 오기. 이 중에 자신의 성격에 가장 맞는다고 생각하시는 것은?

   오기.

88. 가장 재회하고 싶은 고인은 누구입니까?

   아아, 와타나베 가즈오!

89. 지금도 아버지, 어머니를 잘 기억하고 계십니까?

   아버지에 관해서는 한 번도 꿈을 꿔본 적이 없습니다. 노인이 되어서도 아침 일찍 홀로 서고의 침대에서 일어나 계단 아래에서 소리가 들리기 시작하면, 아, 어머니다! 하고 생각합니다. 그게 꿈과 뒤섞여서 나는 아내가 어머니와 한 인물이 되어 그곳에 있는 것을(다시 잠들면서) 계단을 내려가 보러 갑니다……

90. 혈액형과 인간의 성질에는 관련이 있다고 생각하십니까? 덧붙이자면 무슨 형이십니까?

관련이 없다고 확실히 증명되었다는 것을 최근에 읽었습니다. 나도 없다고 생각합니다. A형입니다.

91. 좋아하는 잡지(해외의 것도 포함해서)는 있습니까?

지금은 한 권의 책으로 나온 것을 읽는 시간과 흥미가 충분하기 때문에 잡지는 읽지 않게 되었습니다.

92. 자신의 책 장정은 세세하게 주문하시는 편입니까?

장정하는 사람을 굉장히 열중해서 고릅니다. 그리고 내가 선택한 분은 정말 주의 깊어서 내 입 밖에 나오지 않은(낼 능력이 없는) 주문을 읽어내 주십니다.

93. 그림을 그리시기도 합니까?

아니요. 우리 가족은 아내 때문에 모두들 그림에 재능이 있습니다만…… 음악을 하고 있는 히카리도 사실 가장 유쾌한 개성은 그림으로 표현하고 있습니다.

94. 큰 병을 앓으신 적이 있습니까?

    없습니다. 저는 줄곧 건강했습니다. 숲 속의 아이였기 때문이겠지요.

95. 지금까지 걸작이라고 생각하는 '정의'는 무엇입니까?

    산에 온 강아지 '베이컨'에 대해 히카리가 여동생에게 정의해주었습니다. 무엇을 먹습니까? 베이컨. 무엇을 마십니까? 물. 만지면 부드럽습니까? 마치 여름 같습니다. 말〔馬〕의 몸과 같습니다.

96. 지금 거리를 둘러보시고 무언가 걱정스러운 징후는 없습니까?

    도시 전체가 그런 징후 자체라고 느낍니다.

97. 신문이나 텔레비전에서 이건 그만뒀으면 좋겠다는 말이나 표현이 있습니까?

    그만뒀으면 좋겠다의 **좋겠다**〔欲しい〕라는 것은 간사이 지방의 어투라고 어디선가 읽은 뒤로, 저는 **했으면 좋겠다, 그만뒀으면 좋겠다**라고 쓰지 않습니다. 그렇지만 '아름다운 나라〔美しい國〕' '늠름한〔凜とした〕' '닭살 돋다〔鳥肌立つ〕'

'~력〔力〕' 등은 싫습니다.

98. 어린아이와 이야기하거나 노는 것은 좋아하십니까?
    좋아합니다. 하지만 두렵습니다.

99. 가장 좋아하는 동물은? 애완동물은 기르고 계십니까?
    정원에 오는 야생 조류 가운데 직박구리와 비둘기, 까마귀 이외에는 모두 좋아합니다. 스스로는 어떤 애완동물과도 연 없이 지내고 싶다고 생각해왔습니다. 특히 개의 경우에는 개 산책을 시키고 있던 부인이 빈손으로 거닐고 있는 나에게(다시 말해 무언가 생각할 것이 있는 타인에게) 말을 걸어오려고 할 때, 벌컥 화가 치밀 정도로 싫습니다(개가 아니라 개를 키우는 사람이).

100. 아쿠타가와상 후보에 오른 무라카미 하루키 씨의 『바람의 노래를 들어라』를 좋게 평가하지 않으신 것은 어째서입니까?
    나는 그 얼마 전에 커트 보네거트(주니어라고 하던 시절)를 자주 읽었기 때문에 그런 구어적인 말버릇이 직접 일본어에 이식되어 있는 것을 좋게 평가할 수 없었습니다. 나는 그러한 표층적인 것 아래에 있는 무라카미 씨의 실력을 간파할 실력을 지닌 비평가가 아니었습니다.

101. 다시 태어나더라도 소설가가 되실 건가요?

    다시 태어나지 않기를 바라고 있습니다. 하지만 만약 다시 태어난다면 나에게는 더 이상 소설로 쓸 것이 없겠지요. 이 생애에서의 재능이라든지 스케일, 수준 등을 따지지 않는다면, 어쨌든 나는 소설가로서 게으름 피우지 않고 일했다고, 환생을 주관하는 존재가 있다면 그렇게 이야기할 생각입니다.

102. 잘 모르는 곳에서 어찌할 바를 몰랐던 경험을 하신 적이 있습니까?

    지금 여기서. 그런 기분이 사라지지 않는군요.

103. 심리학, 정신분석을 사용한 비평의 접근법을 어떻게 생각하십니까?

    융만큼은 출중한 사람이라고 생각합니다. 게다가 융이 가진 그러한 비평적 시각의 **모호함**, 불철저함이야말로 그의 출중함의 **원인**이라고 생각합니다. 대체로 그런 종류의 접근의 대부분에 대해서는, 너는 너 자신에게 그것을 적용해서 얼마만큼이라도 재미있는 성과를 얻었더냐? 하고 물어보고 싶은 생각이 듭니다.

104. 지금 가장 바라는 것은?

동아시아의 비핵화. 그놈(다수)의 소멸.

105. 게임이나 도박에는 전혀 흥미를 느끼지 못하신다는 것은 정말입니까?

정말입니다. 소설가로서 게임에 흥미가 없는 것은 약점이지요. 도박에 흥미를 느끼지 못하는 것은 인생에 시간이 얼마 남아 있지 않은 이상 당연하다고 생각합니다. 도스토옙스키가 그러하지 않았냐고 질문한다면 도스토옙스키를 논하면서 그 정도의 졸렬한 것을 들고 나오느냐고 반문하겠습니다.

106. 무인도에 단 한 권의 책만 가지고 간다면 무엇을 고르시겠습니까?

그 시점에서 가장 큰(손에 들 수 있는 범위에서) 태양전지식 전자사전.

인 터 뷰   후 기

도쿄 세타가야구 세이조, 울창하게 정원수가 자라나 그윽한 모양새의 한 모퉁이. 나무로 만든 쌍바라지 앞에 서서 차임벨을 누르자 유카리 부인이 쾌활하게 맞이해주신다. 앞뜰에는 정성을 들인 장미꽃들이 아느작거리고 있지만, 거의 그날의 목적 때문에 정신이 없어서 감상할 여유가 있었던 적은 없다.

현관에서 왼편으로 거실을 지나자, 한 단 높은 안쪽 식당의 스테레오 앞에서 낮게 흘러나오는 음악에 전신을 맡긴 채 듣고 있는 히카리 씨가 있다. 남쪽으로 난 창문을 등지고 놓여 있는 오래된 짙은 밤색의 안락의자가 오에 선생이 언제나 앉으시는 곳으로, 바로 조금 전까지 화판 위에 원고를 쓰고 계셨는지 그 여운이 공기를 타고 전해진다. '조용한 생활'을 깨뜨린 침입자는 잔뜩 긴장하게 된다.

어떻게든 옆에 있는 소파에 몸을 앉히자 순식간에 대화가 시작되면서 또 다른 시간이 흐르기 시작한다. 여기는 현실의 세계일까? 그렇지 않으면 이 집 주인의 소설 세계와 이어진 공간일까? '이제는 어느 게 진실이고 어느 게 아닌지, 내 자신이 쓴 것이지만 헷갈립니다.' 농담인 듯 이야기하는 작가를 따라 이곳에 앉으니, 문득 정말이지 허실의 경계가 흔들리는 순간이 있다……

오랫동안 접해왔던 사람들은 모두들 알고 있는 일이지만, 작가 오에 겐자부로 선생은 그 정도로 매력적인 이야기꾼이다. 이렇게 해서『요미우리신문』문화부 담당기자라는 직함으로 지난 15년 동안 회견을 수십 차례나 거듭해왔다. 대부분은 신작소설 발표를 계기로 한 인터뷰였고 노벨상 수상을 전후로 한 취재를 위해, 또 연재소설『2백 년의 아이들』이나 에세이 등의 원고를 받기 위해서 방문한 적도 있었다.

그러던 중 언제부터인가 이 작가와 작품에 대한 수많은 비평이 동시대적으로 계속되고 있는 것을 보고, 또한 훌륭한 작가가 훌륭한 비평가인 것은 당연한 일이기도 하지만 이렇게까지 적절하면서도 통렬하고 집요한 '오에 겐자부로'에 대한 비평가는 작가 자신뿐이지 않을까— 확신하게 되었다.

어떻게 해서든 오에 선생의 이야기를 통째로 기록해두고 싶었다. 하지만 그분의 머릿속은 항상 '다음 소설'에 대한 생각으로 가득 차 있다는 것이 통렬하게 전달되어왔다. 장시간에 걸쳐 폐를 끼칠 용기는 갖지도 못했다. 그러던 중 2005년 여름에 '수상한 2인조' 3부작의 완결을 계기로,『신초』의 편집장인 야노 유타카(矢野優)

씨가 인터뷰를 할 수 있도록 주선해주었다. 그때 『책이여 안녕!』의 무대를 연상시키는 기타카루이자와의 산장에도 찾아가서 처음으로 소설을 쓰기 시작한 무렵의 옛이야기도 들을 수 있었다. 『요미우리 신문』입사동기인 영상부의 하시모토 히로미치(橋本弘道) 차장이 그것을 읽고서 케이블 방송에서 오에 선생의 연속프로그램을 꼭 제작하고 싶다며 인터뷰어를 맡아주면 안 되겠냐고 등을 떠밀었다. 작가 생활 50년을 일단락 짓는 자작 소설의 연속 강의 같은 인터뷰의 취재와 수록을 부탁드린다는 기획안을 말씀드렸더니 흔쾌히 받아주셨다. 이유는 이 책의 첫머리에 나온 그대로이다.

2006년 3월 말부터 매달 한 차례씩 수록한다는 계획이 구체화되어 대략 10년을 주기로 5회에 걸쳐 주요 작품들을 재독하면서 각각의 시기에 오에 선생이 하신 발언이나 당시 일어난 일들을 살펴보았다. 더불어 각 회마다 약 20개의 질문을 드릴 것을 제안했고 질문에 써주신 답변들을 대본 삼아 촬영에 들어갔다.

본 촬영에 들어가 카메라가 돌아가기 시작하자 애드리브도 많이 들어갔고 녹화는 휴식도 없이 두 시간을 넘기기도 했다. 에히메 현의 오세 중학교와 계곡 마을이 내려다보이는 산 중턱으로도 촬영을 갔지만, 대부분은 자택의 서재에 카메라를 설치해 촬영을 했다. 납작 엎드린 채 쭈뼛쭈뼛 나오던 내 질문도 의욕적인 스태프들이 지켜보는 가운데 회를 거듭할수록 차츰 용기가 붙어 무심코 가십과 같은 흥미를 쫓기도 하고 탈선하기도 했다. 카메라의 존재조차도 어느 틈엔가 잊어버리고서 그 장소에 있던 모든 사람이 숨을 죽이고 조용히 귀를 기울이게 되었다. 그다지 유쾌하지 않은 질문도 적지 않았다고 생각한다. 그럼에도 불구하고 '이쯤 하지요'라며 오에 선생이 중단을 요구하신 적은 단 한 차례도 없었다.

이런 모습은 장남 히카리 씨가 작곡한 음악 87곡을 삽입하고 작가 오자와 세라(小澤征良) 씨와 배우 오자와 유키요시(小澤征悅) 씨 형제가 번갈아가며 내레이션을 하는 식으로 제작되어 2007년 1월 1일부터 저녁 프로그램으로 닷새 동안 총 5시간에 걸쳐 방송되었고, DVD도 5월부터 요미우리신문사에서 발매되었다.

하지만 시간상 아쉽게도 방송에서 생략된 부분도 많으며 복잡하게 얽혀 있는 내용에 처음으로 밝혀지는 수많은 에피소드, 이러한 세세한 즐거움까지 남김없이 제대로 전달하기 위한 방법이 필요하게 되었다. 그래서 단행본으로 낼 때에는 신초샤 출판부의 스즈키 지카라(鈴木力) 씨의 조언에 따라 『신초』의 인터뷰도 포함하는 등, 전체를 여섯 장으로 재편성하고 질문도 폭넓게 추가해서 교정쇄가 다시 오고 가기 시작했다. 그에 따라 오에 선생님의 대답도 각 방면에서 과격할 정도로 충분히 늘어나 애매한 부분이 없어졌다. 그런 가운데 소설 본문의 인용을 질문 안에 포함시킨 것은 50여 년 동안 몇 번에 걸쳐 변모해온 오에 선생의 문장이 가지고 있는 그때 그때의 절실한 아름다움을 다시 한 번 떠올리게 하기 위한, 혹은 젊은 독자들이 발견하게 되는 실마리를 제공하고 싶은 의도에서였다.

1996년에 신초샤에서 간행된 『오에 겐자부로 소설』 전10권에서 주로 인용했는데, 소설집에 딸려 나온 월보를 엮은 『'나'라는 소설가 만들기』에서 질문의 힌트를 많이 얻었다. 이 책은 각 작품별, 시대별로 문학적 대결을 되돌아본 에세이집으로, 이번의 연속 인터뷰는 인상 깊었던 그 책의 내용이 진짜인지 확인했던 것이라고 할 수 있을지도 모르겠다. 다만 그 책에서는 기술하지 않았던, 각각의 소설의 배경이 된 실생활에서의 다양한 사실들이 상당 부분 밝혀지지 않았나 생각한다.

"작품의 총체가 이 세계에서 살아가고 있는 나의 또 하나의 경험으로서 축척되기도 했다"(『'나'라는 소설가 만들기』)는 오에 선생. 극단적으로 말하자면 오에 선생은 현실 세계와 자신이 만든 소설 세계, 두 가지 인생을 살아왔다. 그리고 『그리운 시절로 띄우는 편지』 이후 이 두 가지 인생은 분리할 수 없을 정도로 교차하며 공명하고 있다. 역시 오에 선생은 '일본 근현대의 사소설을 해체시킨 인간'이라고 불릴 만한 작가이지 않을까?

깊게 실감한 적이 있다. 오에 선생의 두 가지 인생을 아우르는 궁극의 꿈이란 바로 작가 자신과 히카리 씨의 영혼이 문학과 음악, 이 두 가지 상상력의 뿌리를 깊숙이 결합시키려는 게 아닐까 하는 것이었다. 히카리 씨의 Rejoice, 공생을 위협하는 세계에의 Grief 사이에 서서, 꿈의 현실화를 지향하는 오에 선생의 '조용한 생활'은 현재까지 매일 결사적으로 지속되어왔다. 그러면서 어제도 새로운 소설의 첫번째 원고를 탈고함과 동시에 오키나와 전투 중에 일본군이 주민들에게 자결 명령을 내린 적은 없었다는 교과서의 내용을 바꾸도록 요구하는 항의편지를 문부과학성에 보내셨다……

작가 생활 '60년째'는 '아마도 없겠지요'라고 작가 자신은 끝을 맺었다. 하지만 이 점에 대해서는 달리 생각한다. 눈앞의 오에 선생은 한층 더 예사롭지 않은 기백을 발산하고 계셨다. 그만큼 건재하시기 때문에 끝없이 질문을 던질 힘도 생겨났다. 내 역량이 부족하여 파고들지 못한 영역도 많이 남았고, 단편소설이나 평론에 대한 언급도 충분하지 못했지만 '이것을 물어보고 싶었다'라고 생각하는 독자나 연구자들의 바람에 보답할 만한 내용이 되었다면 기쁘겠다.

마지막으로 다시 한 번, 오에 선생님께 마음 깊이 감사의 말씀을 드리고 싶다. 기나긴 시간 동안 취재에 응해주셔서 정말 감사했습니다.

2007년 4월

오자키 마리코

옮긴이의 말

노작가의 육성으로 쓰는 자서전

작가에 대한 평전은 얼마든지 많다. 작가가 생전에 스스로에 대해 쓴 자서전도 있다. 이 책의 일본어판 제목은 '오에 겐자부로─작가 자신을 말하다'이다. 일본어판 표지에는 책 제목을 사선으로 가로질러 오에 겐자부로가 만년필로 쓴 '大江 par lui-meme(그 자신에 의한 오에)'라는 프랑스어가 섞인 자필도 보인다. 아마도 프랑스의 명문출판사 쇠이유Seuil에서 나오는 평전 시리즈 제목('누구누구 par lui-meme')을 의식해 일부러 쓴 듯하다.

이 책은 소설가 오에 겐자부로의 작가생활 50년을 맞아 기획한 대담집이다. 『요미우리신문』 문예부의 오자키 마리코 기자가 이야기를 끄집어내는 역할을 했다. 따라서 엄밀한 의미에서의 '대담'은 아니다. 오카자키 기자는 긴 호흡으로 오에의 문학을 지켜본 사람답게 사전에 꼼꼼히 준비했고, 노련하게 인터뷰를 진행했다. 상대역이자 주역인 오에 겐자부로는 말의 울림과 전달력을 잘 아는 사람이었다. 적지 않은 노령임에도 그의 말 한마디 한마디는 조리 있고 또한 힘이 배어 있다. 게다가 이 노작가가 대담에 임하는 자세의 진지함이란! 이 점만으로도 그는 고집스럽게 '대가'임을 거부하는 세상에 몇 안 되는 대가임에 틀림없다.

이번 대담을 위해 오에 겐자부로는 데뷔 당시부터 50년간 쓴 소설을 모두 꺼내서 다시 읽었다고 한다. 장편소설만 하더라도 20여 권을 훌쩍 넘는 방대한 분량이다. 단순히 성실한 성품만으로는 설명하기 힘든 대목이다. 문학을 대하는 그의 자세는 진지함을 넘어 비장하기까지 하다.

일본에서는 대담을 책의 형태로 꾸며 내는 일이 드물지 않은데, 아무래도 대화 형식이다 보니 내용이 느슨해지는 경우도 있다. 그러나 이 책은 좀 다르다. 대담집에 끼어들기 십상인 잡담 한마디 찾아보기 힘들다. 꼼꼼하게 준비한 질문에 내내 솔직하고 성실하게 답변하고자 하는 노작가의 모습이 무척이나 인상적이다.

오에 겐자부로는 흔히 말하는 달변가는 아니다. 그럼에도 그의 육성에는 듣는 사람의 마음을 붙들어 매는 힘이 있다. 글에서는 찾아볼 수 없었던, 친밀하게 호소하는 무언가가 있다. 나는 일본과 한국에서 오에의 강연을 여러 차례 들은 적이 있다. 현란한 수사도 자극적인 표현도 없지만 그의 맨 목소리는 듣는 사람들을 가깝게 끌어들인다. 그렇다고 가볍거나 선정적이지도 않다. 때때로 섞여 나오는 유머도 결국에는 그의 진지한 표정과 말의 울림 속에 묻혀버린다. 그가 강연할 때의 모습을 보고 있노라면 오에 겐자부로라는 작가는 갈구하기 위해서, 그리고 호소하기 위해서 문학의 끈을 붙들고 있는 사람임이 절로 와닿는다.

나는 도쿄 세이조에 있는 그의 자택을 서너 차례 방문한 적이 있다. 사적인 대화에서조차도 그는 '허투루' 말을 하는 사람이 아니었다. 예의를 잃지 않는 온화한 말씨 속에서 전달하고자 하는 메시지는 명확했고, 말하는 사람의 감정과 뜻이 온전히 전해졌다. 글이 아닌 말로 접하는 오에 겐자부로는 분명히 특별한 체험이다. 그런 의미에서 이 대담집은 소중하다.

대담은 '소설가 오에 겐자부로'의 문학 역정을 모두 여섯 시기로 나눈 시간여행 방식으로 진행된다. 어린 시절 일본의 변방 시코쿠의 산골마을에서 할머니가 자주 들려주던 옛날이야기에서 '이야기'와 말에 대해 흥미를 느끼게 되었다는 데서부터 마쓰야마의 고등학교에서 만나 친구에서 처남으로까지 발전한 이타미 주조에 대한 회상으로 이어진다.

대학시절의 회고에서는 단연 한 사람의 인물에게 초점이 모아진다. 불문학자이자 도쿄 대학 교수였던 와타나베 가즈오이다. 오에 겐자부로는 고교 시절에 와타나베의 저서를 읽고 도쿄 대학 불문과에 입학했지만, 쟁쟁한 스승들의 학문적 무게에 짓눌려 학자가 되는 길을 일찌감치 포기했다. 그 대신 소설을 통해서 "오에 겐자부로라는 인간을 실현하고자 했다." 와타나베 교수에게 이끌려 휴머니즘의 위대함을 깨달았고, 그에게서 배운 '관용tolerance'의 정신이 자신의 삶과 문학의 버팀목이 됐다고 오에는 말한다.

동시대 일본 문인이나 문단 상황에 대한 오에의 솔직한 견해를 듣는 것도 책 읽는 즐거움을 안겨준다. 에토 준이나 이시하라 신타로와 같은 보수 성향의 작가들에 대한 비판적 입장은 단호하기까지 하다. 대중적 인기를 누리는 무라카미 하루키나 요시모토 바나나와 같은 작가에 대한 견해도 흥미롭다. 귄터 그라스, 작고한 에드워드 사이드와 같은 유명 작가, 비평가 들과의 교우에 대한 이야기를 듣다 보면 오에가 지향하는 작가 윤리라는 것이 무엇인지 쉽게 드러난다.

올해로 78세를 맞는 그는 "오에 겐자부로라고 하는 엄청난 재능을 지닌 작가가 나타나서 작가 지망생들은 붓을 꺾었다"는 전설의 주인공이다. 노벨문학상을 놓친 미시마 유키오로 하여금 "가와바타 야스나리 다음은 오에 겐자부로일 것이다"라고 공언하게 했을 정도로 1960년대 일본문학계의 군계일학과 같은 존재였다. 그러나 '난해하다'는 평과 함께 70년대 중반부터 오에 소설의 독자는 급감한다. 대담에서 노작가는 이와 관련하여 낮은 자세로 엄정하게 자신의 소설을 해부한다. "일본의 문학시장이 일반적으로 쇠퇴했다는 것과는 별도로 내 자신에게 문제가 있었다고 봅니다. 예를 들어 문장 작법을 두고 생산적인 반성을 하지 않았다고 자성하고 있습니다.

지금도 내 문학 생활을 두고 크게 후회하는 점들은 바로 이 문제로 집중됩니다." "게다가 그 원인은 새로운 문학이론이나 문화이론에 빠져들어서, 혼자서 책을 읽고 재미있다고 생각한 내용을 소설로 쓰는 패턴의 폐쇄된 회로에 갇혀 있었기 때문입니다." 지나칠 정도로 솔직한 토로이다. 노벨문학상 작가의 반성문을 읽는 것은 독자로서는 생경하고 당혹스런 경험이다. 그러나 한편으로 문학에 대한 그의 겸손하고 금욕적인 태도는 형언하기 힘든 묵직한 감동을 자아낸다.

대담의 행간에서 읽을 수 있는 오에의 정치적 신조는 분명하다. 시대를 살아가는 작가의 윤리적 자세를 끊임없이 자문하는 가운데, 오에는 전후 민주주의자로서의 가치관을 작가 활동의 근간으로 삼게 된다. 베트남전쟁 반대 운동, 히로시마 반핵운동 등에 참가하는가 하면, 천황제를 비판한 소설을 발표해 우익의 협박을 받기도 했고, 일본 천황이 노벨문학상 수상자에게 수여하는 문화훈장을 거부했다. 평생에 걸쳐 우직하게 관철해온 정치노선은 국내에서 많은 적을 만들어왔지만, 그는 여전히 꼿꼿하다.

소설가이자 지식인 오에 겐자부로를 이해하는 키워드는 '망명자exile'이다. 책 속에서 오에는 "고향을 잃은 망명자는 언제까지나 안주하지 않고 중심을 향해 비판하는 힘을 지속한다"는 에드워드 사이드의 발언을 소개한다. 1980년대 후반 오에와 사이드가 처음

만났을 때 두 사람 모두 "이 사람과는 꼭 만날 줄 알았다"는 생각을 공유할 정도로 두 사람은 서로 살아온 길이 닮았다. 사상적 동지로서의 사이드에 대한 경의를 담아 오에는 덧붙인다. "나도 고향에는 돌아가지 않는 망명자로서 중심을 비판하는 장소에서 일을 하고 싶다는 태도를 안보반대 운동 때부터 점차 굳혀온 사람입니다."

    2012년 들어 그가 다시 뉴스에 등장하는 일이 잦아졌다. 제2의 후쿠시마 재앙을 막기 위해 결집된 '원자력발전 반대 10만 명 집회'에서 예의 단호한 표정으로 발언하는 오에 겐자부로의 모습이 거기에 있었다.

    이런 이유 때문에 한국인에게는 '지식인 오에 겐자부로'의 모습이 보다 익숙하다. 그러나 그는 말한다. "권력을 반대하는 입장으로 늘 살아왔지만, 데모에 가담하긴 했어도 그것을 소설가로서의 생활보다 상위에 두지는 않았습니다." 사회에 대한 작가의 윤리도 중요하지만 더 좋은 소설을 쓰고자 하는 작가정신이야말로 그의 50년에 걸친 문학인생의 든든한 버팀목이었음을 알게 해준다.

    이 책은 '소설가 오에 겐자부로'의 면모를 구석구석 들춰 보여준다. 영화를 보지 않는 이유에 대해 그는 이렇게 대답한다. "두 시간 동안이나 책을 힐끗 볼 수조차 없기 때문에." 새벽 6시면 일어나 생수 한 잔을 마시고 오후 2시까지 꼬박 여덟 시간 글을 쓴다. 나머지 시간 대부분은 책을 읽는다. 스물두 살의 나이에 소설가가 된 오에 겐자부로에게 글을 쓰고 책을 읽는 일은 오래된 '인생의 습관'이다.

책이 나오기까지 생각보다 많은 시간을 소요했다. 소설가 오에 겐자부로의 방대한 독서량은 역자들에게는 감당하기 버거운 무거운 짐이었다. 다행히 문학과지성사 김은주 씨의 도움을 받아 간신히 출판할 수 있었다. 감사의 마음을 표하고 싶다.

오에 겐자부로의 50년 문학인생을 담은 이 소중한 육성을 독자들에게 전할 수 있어 기쁘고 행복하다.

역자를 대표하여
윤상인

오에 겐자부로 연보

1935년   1월 31일 일본 시코쿠(四國) 에히메 현(愛媛縣) 오세에서 출생. 어렸을 때부터 메이지유신 전에 일어난 농민봉기에 관한 이야기를 조모로부터 되풀이해 들으며 자람.
1945년   제2차 세계대전 종료. 10살의 나이에 패전을 맞이함.
1950년   고향 에히메 현에 있는 우치코 고등학교에 입학.
1951년   마쓰야마히가시 고등학교로 전학, 일생의 친구이자 훗날 처남이 되는 이타미 주조와 만남.
          평생의 스승이 되는 와타나베 가즈오 선생의 책 『프랑스 르네상스 단장(斷章)』을 읽고 그가 교수로 있는 도쿄 대학 진학을 목표로 하게 됨.
1954년   도쿄 대학 문학부에 입학.
1955년   도쿄 대학 고마바 캠퍼스의 교내지 『학원(學園)』에 「화산(火山)」이 게재됨. 활자화된 소설로는 최초로 세상에 내놓은 작품임.
1956년   불문과에 진학.

1957년	도쿄대학신문에 게재된「기묘한 작업(奇妙な仕事)」이『마이니치 신문』에 언급되면서 주목받음. 문예지『문학계(文學界)』에「죽은 자의 사치(死者の奢り)」발표.
1958년	단편집『죽은 자의 사치』, 첫 장편소설『짓밟히는 싹들(芽むしり仔擊ち)』, 단편집『보기 전에 뛰어라(見るまえに跳べ)』출간. 「사육(飼育)」으로 아쿠타가와상 수상. 1956년에 수상한 이시하라 신타로에 이어 공동으로 최연소 수상자가 됨.
1959년	대학 졸업. 졸업 논문은「사르트르 소설에서의 이미지에 대해」. 장편소설 『우리들의 시대(われらの時代)』출간.
1960년	영화감독 이타미 만사쿠의 딸이자 이타미 주조의 여동생 이타미 유카리와 결혼. 미일안전보장조약에 반대하는 '안보비판을 위한 모임'에 참여. 중국 북경에 가서 일본 젊은 작가 대표로 마오쩌둥을 만남. 이시하라 신타로, 에토 준, 다니카와 슌타로 등 젊은 문화인들과 '젊은 일본의 모임'을 결성. 단편집『고독한 청년의 휴가(孤獨な靑年の休暇)』출간.
1961년	중편「세븐틴(セヴンティーン)」과「정치소년 죽다(政治少年死す)ー세븐틴 제2부」를『문학계(文學界)』에 발표. 우

	익 단체로부터 협박을 받음.
	소련, 유럽 등 여행, 사르트르와 인터뷰를 함.
1962년	장편소설 『늦게 온 청년(遅れてきた靑年)』 출간.
1963년	두개골 이상으로 지적 장애를 가진 아들 히카리 출생. 히로시마 방문.
	1958년에 재일한국인 소년이 고등학교 옥상에서 여고생을 교살한 사건을 다룬 『절규(叫び聲)』 출간. 중단편집 『성적 인간(性的人間)』 발표.
1964년	『일상생활의 모험(日常生活の冒險)』 출간.
	「하늘의 괴물 아구이(空の怪物アグイー)」 발표.
	히카리의 탄생을 기점으로 쓴 자전적 소설 『개인적 체험(個人的な體驗)』으로 제11회 신초샤 문학상 수상.
	「굶어죽는 아이 앞에서 문학은 유효한가?─사르트르를 둘러싼 문학 논쟁」 발표.
1965년	평론집 『엄숙한 외줄타기(嚴肅な綱渡り)』 출간. 이 책에서 안전보장조약에 반대하는 결의 표명.
	히로시마를 수차례 방문했던 경험과 세계원수폭금지대회에 참가한 경험을 토대로 원폭피해자들의 고통과 그들을 보살피는 이들에 관한 르포르타주 『히로시마 노트(ヒロシマ, ノート)』 발표.

1967년	『만엔 원년의 풋볼(万延元年のフットボール)』 발표. 이 작품으로 다니자키 준이치로상 최연소 수상.
1968년	김희로 사건 발생. 「정치적 상상력과 살인자의 상상력(政治的想像力と殺人者の想像力)——우리에게 김희로란 누구인가」 발표. 『개인적 체험』의 영어판 출간. 산문집 『지속하는 의지(持續する志)』 출간.
1969년	중단편집 『우리들의 광기를 참고 견딜 길을 가르쳐달라(われらの狂氣を生き延びる道を教えよ)』 출간.
1970년	강연집 『핵 시대의 상상력(核時代の想像力)』 간행. 오키나와가 아직 일본으로 반환되지 않았을 당시의 오키나와 문제를 다룬 『오키나와 노트(沖繩ノート)』 출간.
1971년	중편 「손수 우리의 눈물을 닦아주시던 날(みずから我が涙をぬぐいたまう日)」 「달의 남자(月の男)」 발표. 이 작품들에서 천황제에 대해 비판적으로 논함.
1973년	장편 『홍수는 나의 영혼에 이르러(洪水はわが魂に及び)』로 노마문예상 수상. 작가론 「동시대로서의 전후(同時代としての戰後)」 출간.
1974년	솔제니친 석방 탄원서 등에 서명. 『문학 노트(文學ノート)』 출간
1975년	김지하 시인 탄압에 항의하여 오다 마코토 등과 함께

　　　　　도쿄 긴자거리에서 48시간 단식 투쟁 결행.

1976년　멕시코의 명문 사립 엘 콜레히오 데 메히코에 객원교수로 재직.

　　　　『개인적 체험』의 주제를 심화시킨 『핀치러너 조서(ピンチランナー調書)』 출간.

1979년　여동생에게 보내는 여섯 통의 편지로 구성된 장편 『동시대 게임(同時代ゲーム)』 발표.

1982년　영혼을 치유하는 나무를 테마로 한 연작단편집 『'레인트리'를 듣는 여인들(「雨の木」を聽く女たち)』 출간.

　　　　'핵전쟁의 위기를 호소하는 문인들의 성명'에 발기인으로 참여.

1983년　『'레인트리'를 듣는 여인들』로 제34회 요미우리 문학상 수상. 새와 소통하는 장애아의 성장을 그린 『새로운 사람이여 눈을 떠라(新しい人よ目覺めよ)』 출간. 이 작품으로 제10회 오사라기 지로상 수상.

　　　　특별연구원으로 캘리포니아 대학 체재.

1984년　성과 죽음과 희생에 대한 고찰이 담긴 단편집 『어떻게 나무를 죽일 것인가(いかに木を殺すか)』 『일본 현대의 휴머니스트 와타나베 가즈오를 읽다(日本現代のユマニスト渡辺一夫を讀む)』 출간.

1985년　　연작단편집『하마에 물리다(河馬に&嚙まれる)』출간.

1986년　　『하마에 물리다』로 가와바타 야스나리 문학상 수상. 할머니에게 들은 산골마을의 전설/신화를 소설화한『M/T와 숲의 이상한 이야기(M/Tと森のフシギの物語)』출간. 「전후 문학에서 오늘의 곤경에 이르기까지(戰後文學から今日の窮境まで)」강연.

1987년　　자전적 소설『그리운 시절로 띄우는 편지(懷かしい年への手紙)』출간.

1988년　　평론집『새로운 문학을 위하여(新しい文學のために)』『최후의 소설(最後の小說)』, 장편소설『퀼프 군단(キルプの軍團)』출간.

1989년　　『인생의 친척(人生の親戚)』출간. 장편에서 처음으로 여자를 주인공으로 하고, 아이를 잃은 여자의 비극과 재기의 과정을 그림.
　　　　　브뤼셀에서 유러팔리아 문학상 수상 및 강연.

1990년　　『치료탑(治療塔)』『조용한 생활(靜かな生活)』출간.
　　　　　『인생의 친척』으로 이토 세이 상 수상.

1991년　　『치료탑 혹성(治療塔惑星)』출간.

1992년　　단편집『내가 정말 젊었던 시절(僕が本當に若かった頃)』, 산문집『인생의 습관(人生の習慣)』출간.

1993년　『우리의 광기를 참고 견딜 길을 가르쳐달라』로 이탈리아 몬테로 상 수상.

『타오르는 푸른 나무(燃えあがる緑の木)』 제1부 『'구세주'의 수난(「救い主」が毆られるまで)』 출간.

1994년　『타오르는 푸른나무』 제2부 『흔들림 — 배설레이션〔搖れ動く(ヴァシレーション)〕』 출간.

각 분야에서 국제적으로 공헌한 이에게 수여하는 아사히상 수상.

10월 노벨문학상 수상. 그 직후에 천황이 수여하는 문화훈장과 문화공로상을, "나는 전후 민주주의자이므로 민주주의 위에 군림하는 권위와 가치관을 인정할 수 없다"라고 하여 수상을 거부.

1995년　『타오르는 푸른 나무』 제3부 『위대한 세월(大いなる日に)』 출간.

산문집 『회복하는 가족(恢復する家族)』 출간.

1996년　미국 프린스턴 대학에서 강의. 『일본의 '나'로부터의 편지(日本の「私」からの手紙)』 출간.

산문집 『느슨한 유대감(ゆるやかな絆)』 출간.

1999년　『공중제비돌기(宙返り)』 상·하 출간. 이후의 창작활동은 오에 자신의 말을 빌려 '만년의 작업 Late Work'이

　　　　　　　라고 불린다.

2000년　　평생의 친구이자 처남인 이타미 주조 자살을 계기로 집필한 '수상한 2인조' 1부 『체인지링(チェンジリング)』 출간.

　　　　　　　미국 하버드대학 명예박사학위 수여.

2001년　　촘스키와의 왕복 서간, '새 역사교과서를 만드는 모임' 비판.

　　　　　　　산문집 『말하기 어려운 탄식으로(言い難き嘆きもて)』 출간.

2002년　　'수상한 2인조' 2부 『우울한 얼굴의 아이(憂い顔の童子)』 출간.

　　　　　　　에드워드 사이드와의 왕복 서간.

　　　　　　　프랑스 정부로부터 레지옹 도뇌르 훈장을 수여받음.

2003년　　『2백 년의 아이들(二百年の子供)』 『폭력에 항거하는 오에 겐자부로의 왕복 서간(暴力に逆らって書く大江健三郎往復書簡)』 출간.

　　　　　　　일본 자위대의 이라크 파병 비판.

2004년　　전쟁을 하지 않도록 규정한 헌법 제9조의 개정을 막기 위해 가토 슈이치, 쓰루미 슌스케 등과 함께 9조회를 결성하여 전국 각지에서 강연회를 함.

2005년　　'수상한 2인조' 3부 『책이여 안녕!(さようなら私の本

요!)』 출간.

2006년 오에 겐자부로의 작가생활 50주년, 고단샤(講談社) 창립100주년을 기념하여 오에 겐자부로 상을 창설. 오에 겐자부로 1인 단독 심사로 운영. 상금 대신 수상작을 영어, 불어, 독어 등으로 번역 출판해줌으로써 젊은 작가들의 해외 진출을 지원.

중국사회과학원 외국문학연구소의 초청을 받아 중국으로 가서 난징대학살기념관 등을 방문. 베이징대 부속 중학교에서 열린 강연에서 고이즈미 준이치로 전 총리의 야스쿠니 신사 참배 비판.

2007년 작가 등단 50주년 기념 작품 『아름다운 에너벨 리 싸늘하게 죽다(臘たしアナベル―リイ・總毛立ちつ身まかりつ)』 발표.

2009년 익사한 아버지의 죽음을 그려내려고 한 작가의 행동을 다양하게 표현한 장편 『익사(水死)』 출간.

2012년 2011년 후쿠시마 제1원전 사고를 계기로 '탈원전' 운동을 주도하며, 7월 도쿄 요요기 공원에서 10만 명이 참여하는 '사요나라(안녕) 원전 집회'의 발기인으로 활동 중.